THE EVOLUTION OF
URBAN
INDUSTRIES

城市产业进化论

规模·效率·生态

黄浩森　著

社会科学文献出版社
SOCIAL SCIENCES ACADEMIC PRESS (CHINA)

序

自工业革命开始，工业化与城市化相辅相成，交织螺旋发展，并形成以制造业为主的城市产业。进入后工业化阶段，随着工业企业转移及分散化的产业结构变化，城市产业演变为服务业占据主导地位。不管是城市经济学还是产业经济学，城市产业一直是研究热点，涌现一大批文献：围绕城市集聚与扩散的生产率优势，分别从城市规模、经济密度等与生产率之间的正向关系；产业就业人口对城市规模的弹性；城市拥有更多样化的产业基础及产业专业化程度不断提高；马歇尔外部经济的产业集聚与雅各布外部经济的多样化产业的知识外溢等角度研究城市产业，揭示城市产业的特点、发展轨迹、对经济增长的贡献。本书在前人研究基础上，系统深入分析现代城市与产业发展的互动关系，特别是从影响城市与产业互动关系进化的历史脉络、现存因素、未来趋势等不同角度，探索城市与产业相互作用的机理，从中揭示城市与产业互动规律。

长期以来，对于城市的产业结构变化，主要通过两种效应来解释其内在动力。一是收入效应，即收入增加带来消费需求变化，由此推动产业结构升级；二是价格效应，即由劳动生产率变化所引致的不同产品相对价格的变化，导致产业结构升级。此外，产业的资本集中度、产品的替代弹性等因素也在其中发挥相应作用。对城市产业结构升级机制的研究，主要集中于集聚效应、竞争效应和产业集群等。无疑，这种高度抽象的决定性变量，具有很强的解释力，不仅可用于城市产业发展分析，也适用于一般意义上产业结构变化分析。本书基于新的视角，从城市与产业互动关系中找出影响其的关键"媒介"，即城市功能、城市空间、生产要素和微观主体，通过这些关键"媒介"所起作用的研究，阐明了城市与产业互动本质是一种共生关系，并具体分析了这些因素在不同阶段促进城市与产业互动的独特作用和方式，揭示了这种共生关系随时间推移表现出"规模—效率—生态"的进化逻辑及城市产业发展的阶段变化。在当今信息技术发展和创新作用日益加强的情况下，通过产业空间集群、先进生产要素和微观主体创新来进行城市产业结构升级分析，抓住了新产业和新经济发展的关键。这在很大程度上扩展了研究视野，更适合于分析城市产业发展变化，补充和完善了城市产业结构升级的动力机制研究。

　　本书还尝试通过构建实证模型，对城市与产业互动发展阶段进行定量划分，验证四大影响因素在不同发展阶段对城市与产业互动的影响关系，并评估了四大影响因素的贡献度。这更有助于我们加深对城市与产业互动关系的理解。特别是针对以生态一体、创新驱动为主要特征的互动关系新阶段，构建了生态一体化发展指数，对我国一线和新一线城市的生态一体化发展水平进行评估，得出了一线城市的四大因素子系统得分整体较均衡且极差较小，新一线城市的四大因素子系统得分个性化特征显著等结论。这些实证研究使本书思想观点更加充实和完整，并提供了更大的信息量。本书最后提出在城市与产业互动发展新阶段，要以创新驱动为内核关键、生态一体为主要形式、以人为本为价值取向等新观点，有重大理论与现实意义。目前，乃至今后相当长的时期内，随着城市的全球化，经济和文化活动越来越重要，城市之间对于文化和艺术的投资与消费的竞争越来越激烈，创新和创新人才越来越成为城市产业结构升级的关键力量。科技、文化上的创新，战略、模式、业态方面的创意，正在打破传统的城市与产业互动关系，把创造力的地位提到了新的高度，重新定义了城市生产率优势、空间位置和产业发展。

总之，本书的理论分析和实证研究开拓了城市产业研究的新视角，有助于推进城市产业研究深化。书中的一些研究结论及新观点，给人以较大启发。当然，作为一种理论新探索，本书也不免有一定缺陷与不足。如需要进一步准确提炼城市与产业互动的内涵及概念界定，深入阐述现阶段城市与产业互动中新偏好的形成、技术和制度的创新、新资源的创造，以及一系列大型的动态的创新产业集群等；论述不够深入等。期待作者有新的大作尽早面世。

上海全球城市研究院院长

周振华

2024 年 4 月 23 日

目　录

前　言 　　　　　　　　　　　　　　　　　　　　　　　　　　　　1

第一篇　国内外典型城市发展与产业变迁

第一章　西方现代化道路下城市发展与产业变迁历程　　　　　　　3
　第一节　伦敦——工业文明的先行者　　　　　　　　　　　　　　3
　第二节　东京——大都市圈的后起之秀　　　　　　　　　　　　　12
　第三节　西雅图——龙头企业加持的赶超者　　　　　　　　　　　20

第二章　中国式现代化道路下城市发展与产业变迁历程　　　　　26
　第一节　上海——功能引领下建设全球城市的排头兵　　　　　　　27
　第二节　深圳——要素资源运筹的高手　　　　　　　　　　　　　35
　第三节　成都——战略牵引内陆城市突围的奋进者　　　　　　　　43

第三章　现代城市产业的进化逻辑和影响因素　　　　　　　　　59
　第一节　现代城市产业进化逻辑　　　　　　　　　　　　　　　　59
　第二节　现代城市和产业互动发展的影响因素　　　　　　　　　　62

第二篇 四大影响因素及其作用机理

第四章 城市功能——引导产业支撑城市能级跃升	69
第一节 创造经济价值——工业生产功能崛起	70
第二节 服务改造生产——功能多元化拓展	71
第三节 塑造城市竞争力——功能体系建构	73

第五章 城市空间——调整城市产业布局的承载	82
第一节 产业空间——生产活动载体迭代升级	83
第二节 市域空间——从中心集聚到差异化功能分区	90
第三节 区域空间——在更大范围优化经济布局	95

第六章 生产要素——不断演进的独特力量源	99
第一节 劳动力——可塑性带来的增值发展	99
第二节 土地——稀缺性带来的约束与改进	107
第三节 金融资本——逐利性带来的更新迭代	112
第四节 技术——创造性带来的持续动力	119
第五节 数据——非消耗性和渗透性带来的叠加赋能	126

第七章 微观主体——构成城市经济活动的单元	132
第一节 城市居民——市场最大的"消费者"	132
第二节 现代企业——城市产业的"螺丝钉"	138
第三节 有为政府——不是奢侈品,是必需品	145

目录

第三篇 现代城市与产业互动发展的阶段性特征与影响因素实证分析

第八章 现代城市与产业互动发展的阶段性特征分析   153
  第一节 阶段划分量化方法与衡量指标   153
  第二节 数据处理及划分结果   157

第九章 现代城市与产业互动发展的影响因素检验   163
  第一节 检验思路和检验方法   163
  第二节 样本城市选择与变量指标设定   169
  第三节 四大影响因素在不同阶段的影响关系   181

第十章 两阶段下四大影响因素的贡献度评估   190
  第一节 评估思路和评估方法   190
  第二节 城市功能因素的贡献度评估   197
  第三节 城市空间因素的贡献度评估   205
  第四节 生产要素因素的贡献度评估   211
  第五节 微观主体因素的贡献度评估   217

第四篇 现代城市与产业生态一体化发展评价

第十一章 现代城市与产业生态一体化发展评价总体框架   227
  第一节 评价指标体系构建   227
  第二节 评价思路与评价方法   228
  第三节 评价对象与指标选择   230

第十二章	现代城市与产业生态一体化发展指数测算	243
第一节	现代城市与产业生态一体化发展指数测算过程	243
第二节	现代城市与产业生态一体化发展指数评价结果	249

第十三章	现代城市与产业生态一体化发展子系统评估	254
第一节	城市功能指数分析	255
第二节	城市空间指数分析	263
第三节	生产要素指数分析	266
第四节	微观主体指数分析	271

第五篇　面向未来的一些探讨及建议

第十四章	在技术演进趋势中把握未来产业"新风口"	279
第一节	新一轮科技革命带来产业变革	279
第二节	现代城市培育未来产业的重点领域选择	280
第三节	培育未来产业需要明确时序和抓手	282

第十五章	以构建创新生态链建强创新策源功能	284
第一节	构建创新生态链的目的和意义	284
第二节	创新生态链的基本构成	285
第三节	建强现代城市创新策源功能新思路	286

第十六章	创新型企业需求牵引科技成果产业化	290
第一节	需求拉动——科技成果转化更为高效的路径	290
第二节	创新型企业在需求端的主体作用尤为突出	291
第三节	城市发挥创新型企业需求牵引作用的着力点	292

目录

第十七章 构建多维度网络化协作的产业生态   296
- 第一节 构建产业生态是城市经济组织方式的重大变革   296
- 第二节 产业生态的基本构成   298
- 第三节 现代城市构建产业生态的关注重点   299

第十八章 核心城市带动区域生态一体化发展   303
- 第一节 区域竞争升级：从城市到城市群   303
- 第二节 核心城市具有引领区域生态一体化发展的作用   305
- 第三节 发挥核心城市作用需找准连接点   309

第十九章 居民消费新热点牵引城市产业迭代升级   312
- 第一节 消费逐渐成为城市经济增长的"第一驱动力"   312
- 第二节 居民消费呈现新趋势、新热点，催生产业新风口   314
- 第三节 现代城市发挥消费牵引作用的路径探析   318

第二十章 "双碳"引领城市产业绿色低碳转型   322
- 第一节 全球气候变化引发城市产业发展新思考   322
- 第二节 "双碳"目标对城市产业发展带来的影响   323
- 第三节 健全低碳发展正向激励机制是关键   324

参考文献   330

后　记   332

前　言

以中国式现代化全面推进中华民族伟大复兴，赋予五千多年的华夏文明以现代力量，是中国为丰富和发展人类文明形态作出的世界性贡献。我国已经实现了向城市社会的历史性跨越，城市作为一个国家经济、政治、文化、社会等方面活动的中心，对发展全局的引领作用从未如此明显，城市现代化建设成为中国式现代化建设的重要引擎。

产业是城市的物质技术基础、保障城市有序运转的关键支撑、满足居民对美好生活向往的核心依托。始于18世纪60年代的工业革命开启了城市现代化进程，无论是城市还是产业，都经历了从规模扩张到效率提升的动态演进，正在迈向生态一体化发展新阶段，这就需要明大势、识大局，用系统思维、发展眼光，重新认识新时代新阶段现代城市与产业发展的互动关系。

因此，本书着眼影响城市与产业关系进化的历史脉络、现存因素、未来趋势，探索性开启城市与产业的相互作用研究。在纵向时间演替、横向多重因素交织中归纳、验证和研判城市产业演进的客观规律，正是本书谋篇的主线。而充分认识和把握这个客观规律，既要从外在表征着手，梳理城市产业演进的阶段特征，也要从内在联系着手，探寻影响城市与产业互动的关键"媒介"，并厘清其在不同阶段发挥的不同作用。正是在这样的考虑之下，最终架构起本书的五个部分，力图为深入探讨城市产业提供新视角。

观全局方可明规律，明规律才能成镜鉴。本书第一篇"国内外典型城市发展与产业变迁"，在长时间序列中条线梳理了伦敦、东京、西雅图、上海、深圳、成都等城市的现代化发展历程，从不同制度、不同层次的城市产业变迁特征中归纳一般规律。分析发现，城市与产业互动的本质是一种共生关系，并且这种共生关系随着时间的推移，表征出从"量"的提升到"质"的提高再到"能"的飞跃的进化逻辑，进而带来了"以规模扩张为主要特征—以效率提升为主要特征—以生态一体、创新驱动为主要特征"的阶段变化，而在这一过程中，对两者互动产生关键影响的因素通常是城市功能、城市空间、生产要素、微观主体。

那么这些因素是如何促进城市与产业互动的？第二篇"四大影响因素及其作用机理"，进一步从四个影响因素切入，解构分析各因素在不同阶段促进城市与产业互动的独特作用和方式。具体来看，城市功能在城市塑造和提升自身竞争力过程中起到了定向作用，其是主导产业集聚、叠加的结果，更是城市发展演进的定位依据和方向指引。城市空间是经济发展在地理上的集中体现，为各类产业发展提供了必要的支持和保障，同时又肩负着城市持续发展的重任。生产要素是社会财富创造的基础和经济增长的主要源泉，为产业的发展提供了生产资料和养分，也是城市兴盛繁荣的动力。微观主体是市场经济下组织、分配、使用资源的基本单元，作为产业演进升级和结构调整的执行者，对于城市提升发展活力和形成强大竞争力具有基础性、主动性、异质性作用。

当然，仅通过定性归纳经验事实，总结出具有普遍意义的结论或规律，往往让人觉得是结果导向下的主观价值判断。为了提高从"应该是什么"到"是什么"的确定性和科学性，第三篇"现代城市与产业互动发展的阶段特征与影响因素实证分析"通过构建实证模型，对城市与产业互动发展所呈现的发展阶段进行定量划分，验证不同发展阶段影响因素对城市与产业互动的影响关系和影响程度。实证分析也确实支撑了以一线城市、新一线城市为代表的中国城市鲜明的"规模—效率—生态"的进化逻辑，并且四大影响因素及其子要素是造成上述阶段演变最为普遍的原因。

当下，中国城市相继进入以生态一体、创新驱动为主要特征的新阶段，需要从"过去时"的历史验证转变为"正在进行时"的现状评估。因此，第四篇"现代城市与产业生态一体化发展评价"创新构建起生态一体化发展指数，对我国一线和新一线城市的生态一体化发展水平进行评估。评估结果表明，这些城市的生态一体化发展指数得分均呈增长趋势，其中，北京、上海、深圳、广州4个一线城市得分领跑前四，呈现较高的城市与产业生态一体化发展水平；9个新一线城市得分排名存在波动，其中成都发展势头强劲，得分一路上升，排名增幅位列13个评估城市之首。从四大因素子系统评估结果看，一线城市的四大因素子系统得分排名整体较均衡且极差较小，新一线城市四大因素子系统得分排名个性化特征显著。

面向未来，现代城市能否在全球城市体系与网络中保持不掉队，甚至实现进位发展，关键就在于能否成功找到并准确把握城市功能、城市空间、生产要素、微观主体四大影响因素促进城市与产业互动发展的重点。第五篇"面向未来的一些探讨及建议"，瞄准以生态一体、创新驱动为主要特征的新阶段，展望影响因素促进城市与产业互动发展的未来重点，简单来讲：首先，"创新驱动"是内核关键，应从把握未来产业"新风口"、构建创新生态链、发挥创新型企业需求牵引作用等方面奋力开拓新局；其次，"生态一体"是主要形式，应从优化产业生态、推动区域生态一体化等方面主动应对变局；最后，"以人为本"是价值取向，应从关注居民消费新热点、探索绿色低碳发展转型等方面积极回应布局。

文字是静止的，但城市产业是不断进化的。如果能通过这本书，引起更多研究者对中国式现代化道路下城市产业发展的关注，那么无疑实现了笔者的最大心愿。

第一篇

国内外典型城市发展与产业变迁

城市发展与产业变迁是一个复杂且深刻的过程，既受区位条件、资源禀赋、市场环境的影响，又受战略布局、国际竞争、技术革新、社会氛围等交织演进的影响。探索城市与产业的发展变迁历程，既需要条线梳理，也需要有大视野，这对于把握城市发展与产业变迁的阶段特征与共性规律至关重要。全球超过4万个城市中，有已经处于金字塔顶部的，也有大量还在奋力提升位势能级的。本篇在梳理城市发展与产业变迁方面，选择了欧洲先发城市的代表伦敦、亚洲后起之秀的代表东京、北美洲具有鲜明特点的西雅图，以及中国一线城市中的上海、深圳和新一线城市中的成都作为观察对象。观察对象虽然不多，但既考虑了资本主义和社会主义两种制度下的城市，也考虑了老牌"塔尖"城市和崛起中的城市，希望能够以"管中窥豹"的方式探讨这一宏大命题。

第一章　西方现代化道路下城市发展与产业变迁历程

现代化肇始于西方，随工业革命和资产阶级革命产生，可以说是由工业化和资本增值逻辑推动，本质上是以追求资本的无限增值和对剩余价值的占有为目的的人类社会演进过程。西欧少数国家在现代化浪潮里率先形成强劲的经济增长势头和巨量的社会财富，继而被世界各国纷纷效仿。在西方现代化进程中，城市通常遵循工业化、城镇化、信息化"串联式"发展路径，跟随产业发展需要开始生长、扩张，呈现基于微观经济活动趋势与规律的"自然生长"特征，随后又因为解决经济活动趋利性、扩张性和市场机制固有缺陷引发的一系列发展失衡问题，开始"主动调控"。由于不同城市的历史基因、发展基础与制度环境不同，尽管同属西方文明，其各自的现代化发展道路也呈现一定的差异。

第一节　伦敦——工业文明的先行者

从罗马时期的伦底纽姆到现今的国际化大都市，伦敦承载着丰厚的历史文化底蕴，是英国的标志性城市，也是近代以来世界政治经济舞台风云变幻的主要参与者，曾引领全球工业、文化、金融等多个领域的发展潮流。作为工业文明的主要发源地之一，伦敦经历了"工业主导—服务业主导—创新型现代产业体系"相对完整的产业演进历程，也从16世纪的地缘性中心城市成长为位居世界城市塔尖的全球城市，成为西方现代化道路下，城市与产业互动发展的代表和模范，在一定程度上甚至定义了西方现代城市与产业的互动关系。

一 工业革命推动产业和劳动力大军快速集聚

16世纪以来，伦敦凭借优越的地理位置和港口条件，成为英国国内产品的主要输出港口、进口货物的主要口岸、国际转运贸易的中心[1]。到18世纪初期，伦敦进口额和出口额分别占到英国进口总额和出口总额的80%和70%[2]。第一次工业革命爆发以后，国际贸易业务进入鼎盛时期，从18世纪末到19世纪初，伦敦掀起了码头建设热潮，沿泰晤士河伦敦桥向下游延伸10公里的区域，形成了英国当时第一大港口区——伦敦码头区，其总面积超过20平方公里[3]。

同时，第一次工业革命推动了伦敦纺织业的繁荣，棉纺织业最先采用机器进行生产，纺织机器的大量制造和使用，又推动了采矿业、冶铁业的发展，并带动了产业链上下游的集聚，伦敦开始形成以煤炭、纺织、炼铁、化工为主的工业生产体系。海外贸易和工业生产的快速发展催生了对结算、融资等金融服务的大量需求，到18世纪末，伦敦的银行数量超过了60家，欧洲金融中心的地位已见雏形。由此，在工业产品生产能力大幅提升的支撑下，伦敦成为全球性生产资料的流入地和工业品的流出地，口岸功能、区位优势与工业发展相互赋能，推动伦敦跃升为当时的世界贸易中心、航运中心和经济中心。

---

[1] 褚劲风、崔元琪、马吴斌：《后工业化时期伦敦创意产业的发展》，《世界地理研究》2007年第3期，第23~28页。
[2] 王传辉：《国际金融中心产生模式的比较研究及对我国的启示》，《世界经济研究》2000年第6期，第73~77页。
[3] 王传辉：《国际金融中心产生模式的比较研究及对我国的启示》，《世界经济研究》2000年第6期，第73~77页。

第一章　西方现代化道路下城市发展与产业变迁历程

工业革命极大地改变了伦敦原有的经济结构，工业占国民经济的比重大幅提高，大批农村劳动力加入产业工人大军，人口由1600年的20万人[1]增长到1901年的600万人[2]，伦敦成为当时欧洲人口规模最大的城市。顺理成章地，伦敦工业行业的劳动力占比大幅增加，据相关统计，在1700年，伦敦地区劳动者中约有23%从事织布业和服装业，约有9%从事皮毛业，约有9%从事金属制造业，约有8%从事建筑业[3]。

人口的涌入推动城市快速扩张，加速了伦敦郊区的城市化进程，以运河、公路、铁路为主要运输网络的交通体系，提高了伦敦与周边近畿郡（如埃塞克斯郡、肯特郡、萨里郡、米德塞克斯郡等）来往的便捷度，为这些近畿郡纳入大伦敦范围奠定了基础。

二　规模扩张的困惑与调整

工业发展对劳动力和土地的大量需求，吸引人口进一步在伦敦及周边城市集聚，城市空间的扩张下"大伦敦"[4]的概念逐渐出现了。1939年，大伦敦地区人口达到了860万人，人口密度达到了5443人/公里^2。[5] 人口与工业过度集聚带来的交通拥堵、环境污染、房价高涨、公共服务供给不足等"城市病"逐渐凸显，伦敦开始以联动新交通设施与新城建设来疏解中心城区的工业与人口。首先是地铁建设为伦敦向外扩张延伸提供了重要条件，1863年世界第一条地铁（即伦敦现有的汉姆斯梅斯线）应运而生，地铁很快成为伦敦公共交通系统的重要组成部分，到20世纪初，伦敦已经拥有一个相对完善的城市地铁系统，建成12条地铁线路，

---

[1] 赵煦:《英国早期城市化研究——从18世纪后期到19世纪中叶》，华东师范大学博士论文，2008。

[2] 陆伟芳:《19世纪伦敦的产业分工与角色》，《史学月刊》2017年第3期，第77~85页。

[3] Stephen Inwood, *A History of London*, London: Macmillan, 1998。

[4] "大伦敦"包括伦敦城、内伦敦和外伦敦，共1580平方公里、33个区，其中伦敦城是中心城区，面积为1.6平方公里。

[5] 陆伟芳:《19世纪伦敦的产业分工与角色》，《史学月刊》2017年第3期，第77~85页。

总长约460公里[1]。随着伦敦政府介入交通规划建设领域，交通服务与城市发展规划开始相匹配，伦敦地铁逐渐向郊区拓展延伸。随后兴起的新城建设是疏解中心城区工业与人口的另一重要举措，1944年，伦敦在《大伦敦规划》（County of London Plan）中划定城市规划面积6731平方公里、人口1250万人，提出构建"城市内环—近郊圈—绿带圈—乡村外环"的城市空间发展格局，并在距离伦敦中心城区48公里左右的乡村外环地带规划了8座新城，用以承接迁出中心城区的人口和部分工业，以及附近农村的进城人口，力图实现职住平衡。为提高新城的吸引力，这些新城在给予入驻企业税收优惠的同时，也为迁入的人口提供住房优惠等支持。一时间，新城吸引了包括宝洁、葛兰素史克、奔驰、奥迪等在内的多家国际知名企业入驻。根据2001年伦敦人口普查数据，伦敦8个新城共承载了近60万人，远超新城规划设计之初的人口总规模（见表1-1）。

表1-1 伦敦首批8座新城

新城	规划建设时间	距中心城区距离（公里）	规划人口规模（万人）	规划用地规模（平方公里）	2001年人口数量（万人）
Stevenage（斯蒂文乃奇）	1946年	50	6	25.3	8.2
Crawley（克罗利）	1947年	51.5	5	24	10.1
Hamel Hempstead（汉默·汉普斯泰德）	1947年	42	6	23.9	8.3
Harlow（哈罗）	1947年	37	6	25.9	8.8
Hatfield（海特菲尔德）	1948年	32	2.5	9.5	3.2
Welwyn Garden City（韦林田园城市）	1948年	32.2	5	17.5	4.4

[1] 杨绍波：《英国伦敦轨道交通概览》，《综合运输》2003年第2期，第58~59页。

续表

新城	规划建设时间	距中心城区距离（公里）	规划人口规模（万人）	规划用地规模（平方公里）	2001年人口数量（万人）
Basildon（贝丝尔登）	1949年	48	5	31.7	10.0
Bracknell（布莱克奈尔）	1949年	48	2.5	13.4	7.1

资料来源：迈克尔·布鲁顿、希拉·布鲁顿、于立等：《英国新城发展与建设》，《城市规划》2003年第12期，第78~81页；谈明洪、李秀彬：《伦敦都市区新城发展及其对我国城市发展的启示》，《经济地理》2010年第30期，第1804~1809页。

三 有的放矢重塑要素资源配置力

随着世界航运向深海港口发展，以及城市发展空间狭小、环境容量不足、土地价格昂贵、劳动力成本上涨等内部制约日益突显[1]，20世纪60年代后期，伦敦强大的制造业出现明显衰落，大量工厂停业关闭，部分工业企业加快向伦敦周边城市转移。1961年至1981年间，伦敦制造业就业人口从145万人减少到了65万人[2]。与此同时，英国政府先后启动了金融服务业自由化改革和金融监管体系改革，推动了金融保险业的迅猛发展，这使得金融保险业成为当时伦敦最大的就业部门和经济支柱，法律、会计、广告、设计等知识密集型服务业也随之逐步分化出来，成为伦敦服务经济乃至整个产业体系的重要支撑，伦敦服务业进入快速发展阶段（见图1-1）。由此，伦敦也实现了由制造业驱动型城市向要素配置型城市的转变。

这一时期，伦敦城市空间发展也出现了外围卫星城配套功能建设不足导致吸引力下降的问题，8座新城更多成为外地人到伦敦的"借宿地"，

---

[1] 周振华：《伦敦、纽约、东京经济转型的经验及其借鉴》，《科学发展》2011年第10期，第3~11页。

[2] 邓智团、宁越敏：《功能型国际金融中心的成长与运行研究》，《世界地理研究》2009年第3期，第3页。

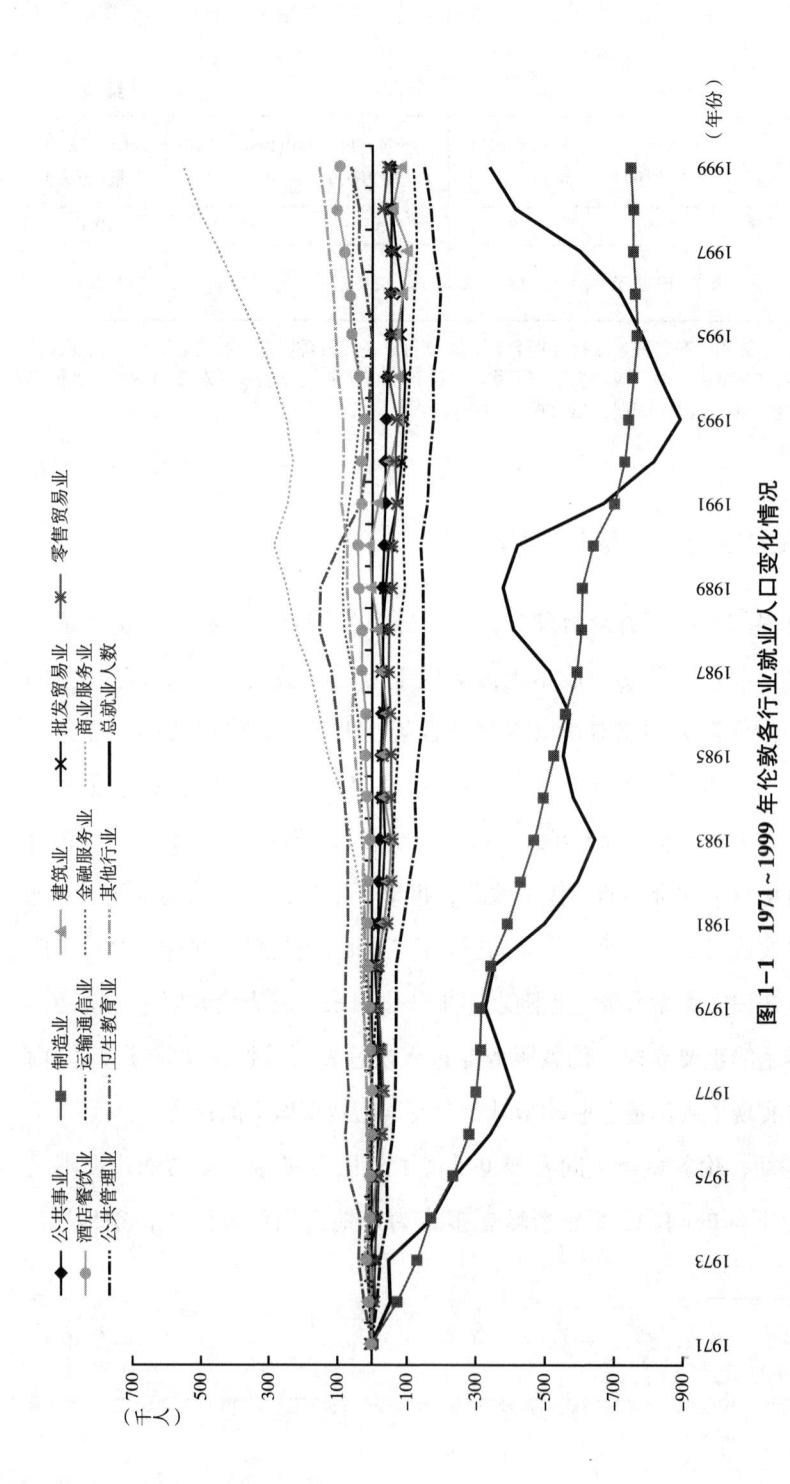

图 1-1 1971~1999 年伦敦各行业就业人口变化情况

注：纵轴数值为相对值，代表与上年相比的数量变化。

资料来源：Planning for London's Growth, 伦敦政府官网, https://www.london.gov.uk/。

其疏解伦敦中心城区人口、产业的效果大减，一定程度上甚至为伦敦带来了新的城市运行压力，如环线交通负荷过重、城市管理服务效能偏低，等等。因此，1969年伦敦政府发布的新一版《大伦敦发展规划》在1944年规划基础上，又提出在伦敦8座新城之外发展第二圈新城，选择在距伦敦70~100公里的米尔顿凯恩斯、南安普顿、朴次茅斯开展城市规划建设，并借助新的交通干线来改变"摊大饼"式的发展方式和相对封闭的城市发展格局，以便在更大的城市群区域优化布局产业与人口。

然而，在郊区和外围城市快速发展的同时，伦敦中心城区却面临制造业迁移后产业与人口空心化的现实困境，1961年到1981年间，内伦敦[1]每平方公里的人口由顶峰的10939人减少到7597人[2]。为重现中心城区的繁荣，伦敦提出了城市复兴计划，开始关注中心城区市民对城市品质与活力的追求，其中具有代表性的是金丝雀码头的成功转型。金丝雀码头作为曾经世界上最繁忙的港口，自1960年伦敦港口贸易开始萎缩后逐渐没落，成为泰晤士河上最后一个关闭的大型贸易港口，也标志着港口引领伦敦城市发展时代的彻底结束。1980年，伦敦开始着手重振港口区，实施建筑更新、水系重塑、开放空间建设、功能置换等一系列改造计划，期望将港口片区打造成具有金融、酒店、商业、文化、商旅等复合功能的城市商务区。凭借毗邻伦敦金融城的地理优势，金丝雀码头逐渐集聚了汇丰银行、花旗银行、摩根大通、惠誉评级、毕马威会计师事务所等众多大型银行的全球或欧洲总部、专业服务公司总部，成为伦敦第二金融城。

四 运筹高端资源增强全球城市竞争力

到20世纪90年代，伦敦中心城区通过金融、文化、创意、信息、科

---

[1] 内伦敦，包括伦敦金融城以及威斯敏斯特市、卡姆登区、肯辛顿和切尔西区、萨瑟克区等13个自治市。
[2] 上海大都市圈规划微信公众号，https://mp.weixin.qq.com/s/9xKiKQq-yfAzhGD45z8WaQ。

技等高端服务业高密度集聚、高频率交互,形成了对全球高端资源要素的配置能力。此时,伦敦开始主动谋划以城市战略定位、核心功能牵引城市产业转型升级,并提出了新的城市发展愿景——创意之都,其城市定位也由原来的政治中心、经济中心、贸易中心、文化中心、金融中心再次扩展到创意中心,并着力推动创意产业成为伦敦除金融业以外的第二大支柱产业,以便获取更强大的全球城市产业竞争力。到2016年,伦敦金融保险、文化创意、信息通信、科技研发等高端服务业占比达到42.7%,制造业占比则降为2.1%。其中,金融保险、信息通信等产业主要集中在中心城区,文化创意、科技研发以及仓储物流、部分先进制造业则主要分布在城市近郊。

表1-2 1995年、2008年和2016年伦敦各行业产值比较

单位:百万英镑,%

产业门类	1995年 产值	1995年 占比	2008年 产值	2008年 占比	2016年 产值	2016年 占比
公共事业	2	1.2	3.8	1.3	4.7	1.2
制造业	10.6	6.7	7.8	2.6	8.5	2.1
建筑业	6.9	4.3	13.7	4.6	19.5	4.9
批发零售贸易;机动车修理	17.4	11	25.6	8.7	31.3	7.9
仓储物流	10.8	6.8	13.8	4.7	16.8	4.2
住宿及餐饮服务	4.4	2.8	8	2.7	12.1	3.1
信息通信	15.7	10	30.5	10.4	40.9	10.3
金融与保险	21.8	13.8	49.8	16.9	59.7	15.1
房地产业	20.6	13.1	42.1	14.3	63.3	16
科技研发	14	8.8	32.9	11.1	49.8	12.6
行政与辅助服务	7.3	4.6	14.9	5	20.9	5.3
公共行政和国防;强制性社会保障	6.5	4.1	10.9	3.7	12.3	3.1
教育	6.8	4.3	13.9	4.7	17.4	4.4

第一章　西方现代化道路下城市发展与产业变迁历程

续表

产业门类	1995年		2008年		2016年	
	产值	占比	产值	占比	产值	占比
健康与社会活动	7.2	4.6	15.1	5.1	20	5
文化创意	6.2	3.9	12.3	4.2	18.8	4.7
总计	158.1	100	295	100	395.9	100

资料来源：regional, sub-regional and local gross value added estimates for London, 1997-2016, 伦敦政府官网, https://www.london.gov.uk/sites/default/files/cin-note-57_gva_2018_final.pdf。

伦敦也更加意识到金融保险、文化创意、科技研发等高端服务业集聚带来的城市产业生态化、场景化的发展需要，主动将高端服务业的发展与中心城区的复兴联动起来。在2004年政府发布的《大伦敦空间发展战略》中，大伦敦正式划分为伦敦城、西伦敦、东伦敦、南区和港口五大核心片区。其中，伦敦城定位为金融中心和贸易中心，是伦敦作为全球城市的管控中心；西伦敦定位为政治中心和文化中心，是英国王宫、首相官邸、议会政府、博物馆所在地；东伦敦、南区、港口分别定位为重点工业区、工业商务区、港务综合区，并强化片区整体的转型升级。伦敦新的城市发展导向注重各片区间差异化、非均衡和功能互补发展，并特别明确了将主要的城市开发、基础设施建设向中心城区倾斜的空间发展优先权。此后，在2008年修订的《大伦敦规划》中，伦敦又瞄准发展"紧凑型城市"，规划了机遇性增长地区、强化开发地区和复兴地三类片区发展策略。其中，大伦敦中心城区为强化开发地区，主要巩固伦敦全球城市的地位；传统港口和工业区林立的东伦敦作为最重要的优先开发地区，布局了较多的机遇性增长地区，以打造"泰晤士河门户"。2011年，伦敦政府在东伦敦肖尔迪奇区规划建设科技城，力图打造伦敦"硅环"，一大批新兴科技公司在这里崛起，思科、英特尔、亚马逊、Twitter、高通、Facebook、谷歌等科技巨头进驻这一片区，东伦敦一跃成为欧洲成长最快的都市科创社区。

第二节　东京——大都市圈的后起之秀

明治维新拉开了日本现代化的序幕，作为日本首都的东京，当仁不让地成为这场变革的急先锋，在系列改革措施和发展规划的助推下，东京以惊人的速度脱颖而出，在短短几十年内便跻身国际大都市之列。从封闭走向开放、从衰落走向繁荣，东京逐步形成了由点（东京市中心）、连线（京滨和京叶沿海）、带面（向内陆延伸）的区域经济网络，为其在全球竞争舞台上保持领先地位提供了强大的支撑和持续的动力。

一　产业向东京"一极集中"

19世纪60年代，为了追赶上西方发达国家，日本中央政府加强对全国经济的规划运筹，确立了以东京为主的都市优先发展战略。在强力的政策推动下，以三井、三菱、住友、安田为首的日本四大财阀先后落户东京，带动了资本、人口等资源加速向东京汇集，东京由单纯的政治中心转为政治中心、制造中心。1940年，东京人口规模超过720万，约占当时日本人口的10%，工厂超过2万家，其从业人员达到了80万人[1]，大城市的规模经济和集聚效应显著提升。

20世纪50年代，日本基于战后复苏、地域狭小、资源缺乏、国内市场有限的国情，确立了"贸易立国"战略，大力发展出口型工业，扩大对外贸易。在此背景下，东京依托面向太平洋的地理优势和产业基础条件，通过以海外贸易带动制造业振兴，并充分利用世界各地资源和西方发达国家先进技术，迅速发展成为带动日本经济发展的增长极，形成了"一极集中"。这一时期，东京的工业企业主要生产化纤产品和电冰箱、电视机、

---

[1] 东京都统计局官网，http://www.toukei.metro.tokyo.jp/tnenkan/tn-index.htm。

洗衣机等新式家用电器，以制造业为主导的产业结构逐渐形成，同时，由于新生产技术、工艺的普及应用，制造业技术含量显著提升。到1960年，东京集聚了日本11.1%的工业企业和15.4%的工业从业者[1]，使得东京城市面积持续扩张，人口规模再次攀升。1952~1960年，东京建筑用地总面积从27053万平方米迅速膨胀至35550万平方米，其中工业用地面积从3365万平方米上升至4700万平方米，人口密度也从3368人/公里^{2}提升到4531人/公里^2（见图1-2）。由于城市基础设施和服务配套相对缺位，东京也出现了资源要素承载能力与产业、人口不相匹配的突出问题，交通拥堵、环境恶化、产出效率下降等"城市病"成为阻碍城市产业持续发展的主要矛盾。

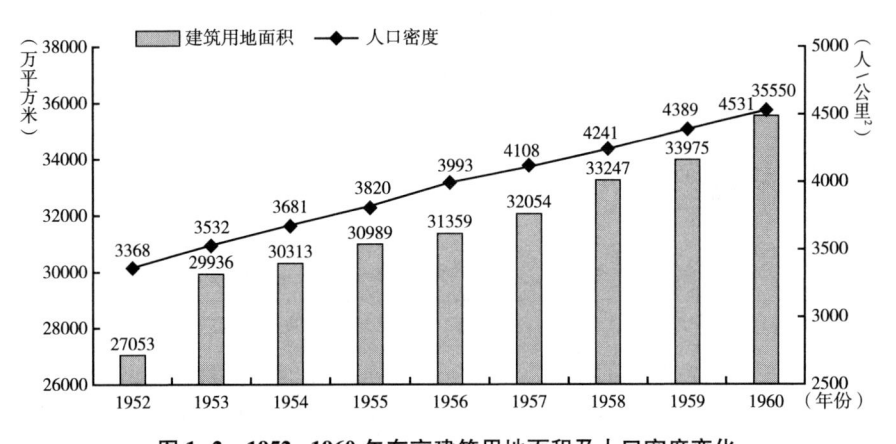

图1-2 1952~1960年东京建筑用地面积及人口密度变化

注：人口密度=年末人口数/年末土地面积。
资料来源：东京都统计局官网，http://www.toukei.metro.tokyo.jp/tnenkan/tn-index.htm。

二　空间重构推动城市产业转型升级

"一极集中"和规划缺位导致了东京的产业和人口布局极不协调，城

---

[1] 东京都产业劳动局官网，https://www.sangyo-rodo.metro.tokyo.lg.jp/。

市扩张无序蔓延。为了解决这一问题，从20世纪50年代末期开始，日本陆续出台了一系列首都都市圈发展规划[1]（见表1-3）。在首都都市圈发展规划的引导下，东京经历了由相对封闭的"极核"走向更加广泛的区域合作和空间整合。1958年、1968年，日本先后制定了第1、第2次《首都圈基本计划》，分别提出推行"绿化带+卫星城"和"大规模城市改造+城市外围地区开发"的城市发展策略，以期引导东京的城市空间重构和产业布局优化。但由于规划建设的卫星城与东京距离过近，并缺乏足够的人口吸引力和产业承载力，未能达到日本政府所希望的疏解东京产业人口、分担首都非核心功能的目标。为此，日本政府在1976年、1986年、1999年，又先后制定了第3~5次《首都圈基本计划》，计划在埼玉、千叶、神奈川等已具备发展基础的东京周边城市建立"业务核城市"，以"业务核城市"为圆心打造多个空间相对独立、产业相互协作的小城市圈（见图1-3）。经过5次规划调整，东京都市圈开始逐步形成，东京不再是"孤岛"，而是都市圈的核心城市。

表1-3 东京五次《首都圈基本计划》主要情况

规划时期	背景	地域对象	区域整顿方向	规划目标
第一次（1958~1975年）	应对人口、产业向东京的集中，建设与政治、经济、文化中心相称的首都圈	离东京市中心半径约为100公里的地域	在东京市区周围设立幅宽约为10公里的"绿色屏障"地带（近郊地区），抑制市区的膨胀；在东京周围开发一定数量的工业城市，以吸收增加的人口和产业	集中制约，防止都市蔓延
第二次（1968~1975年）	经济高速增长和社会形势变化，对"绿色屏障地带"构想重新认识以及与之相应的近郊整备地带确定	东京、埼玉、千叶、神奈川、茨城、栃木、群马、山梨等8县市	提高现有城区的中枢功能，进行城市空间的再开发；在近郊整备地带有计划地进行市街区开发，并与绿地空间保持和谐；在周边开发地区继续进行卫星城市建设	大都市复合体

---

[1] 日本首都都市圈发展规划每10年左右修订一次。

第一章　西方现代化道路下城市发展与产业变迁历程

续表

规划时期	背景	地域对象	区域整顿方向	规划目标
第三次(1976~1985年)	应对由第一次石油危机引起的经济、社会形势的变化	东京、埼玉、千叶、神奈川、茨城、枥木、群马、山梨等8县市	沿袭控制首都圈扩张发展的基本基调,提出要形成"多核多圈型"的区域结构,重新构筑东京大城市圈(即"一都三县"的联合城市圈),要在东京周边地区战略性地培育"业务核城市"	多中心大都市复合体
第四次(1986~1998年)	根据人口缓慢增长及国际化、高龄化、信息化、技术革新等社会形势变化,面向21世纪制定规划	东京、埼玉、千叶、神奈川、茨城、枥木、群马、山梨等8县市	强调重新构筑"多核多圈型"的区域结构,推动部分政府机构从东京市中心转移出去,进行重新配置。为了实现上述目标,在计划期间内,东京周边地区的"业务核城市"建设正式进入实施阶段	独立都市组团结构
第五次(1999~2015年)	以多样价值观为基础的个人活动的活跃化;高龄化、人口减少局面的到来;信息化、国际化的发展;环境意识及行动的提高	东京、埼玉、千叶等8县市,并包含从广域合作角度考虑的周边地域	在东京圈形成环状据点城市群的"分散型网络结构",要在东京市中心和其他城市中心积极进行城市空间的再配置和再开发	分散性网络构造

资料来源:张季风:《日本如何进行都市圈建设——以东京圈为例》,《人民论坛》2020年第5期,第122~125页。

同时,为实现东京都市圈多中心城市的发展模式,东京的产业以"内部重组、外部辐射"的形式开始调整。通过大力支持企业从欧美国家引进先进技术来更新生产设备和工艺,东京加速推动产业结构调整。出版印刷业、电气机械制造业产值占工业总产值的比重在1960~1978年分别提高了12.1%、7.2%[1]。东京都市圈内其他地区则借助放射状交通系统承接了东京部分生产职能和工业企业(见表1-4),形成了京滨工业带和京叶工

---

[1] 日本经济产业省官网,http://www.meti.go.jp。

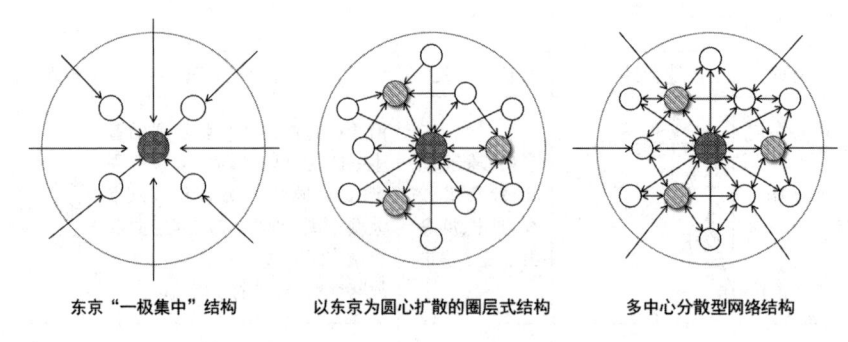

东京"一极集中"结构　　以东京为圆心扩散的圈层式结构　　多中心分散型网络结构

图1-3　东京空间组织形态演变示意

业带,神奈川、埼玉、千叶等业务核城市产业开始大发展,1960~1978年,神奈川、埼玉、千叶的工业产值年均增速分别达到13.5%、16.9%和20.3%[1]。

表1-4　东京都市圈内部功能分布

地区	功能
东京	国家政治中心、经济中心、金融中心、信息中心、科教文化中心
多摩地区	高科技产业、研究开发机构、商业、大学的集聚之地,重点承担生产制造、研发、商务、商业等功能
神奈川县	主要为工业聚集地和国际港湾,重点承担先进制造、创新研发、对外贸易、国际交流等功能
埼玉县	是政府机构、商务职能集聚之地,主要承担国际商务、宜居生活、商务服务等功能
千叶县	主要为国际空港枢纽、海港枢纽、工业集聚地,重点承担国际商务、对外贸易、门户枢纽、国际航运、临空制造等功能

到1999年,在空间重塑和产业调整的共同作用下,东京三次产业结构比达到0.3:22.1:77.6[2],东京完成了从工业主导向服务业主导的转

---

[1] 日本经济产业省官网,http://www.meti.go.jp。
[2] 日本经济产业省官网,http://www.meti.go.jp。

变，知识密集型产业尤其是高端生产性服务业持续向中心城区聚集。20世纪90年代末，东京法律服务业、信息服务业与调查业、广告业的从业人员占日本同类产业从业人员的比重均超过40%（见图1-4）。此外，制造业向高附加值环节升级也一直延续到20世纪90年代，电气机械业、运输机械业在产业结构中的占比在这一时期平稳扩大，工业布局整体呈现高附加值产业向东京中心城区集聚、重化工产业向东京都市圈其他区域转移的特征。

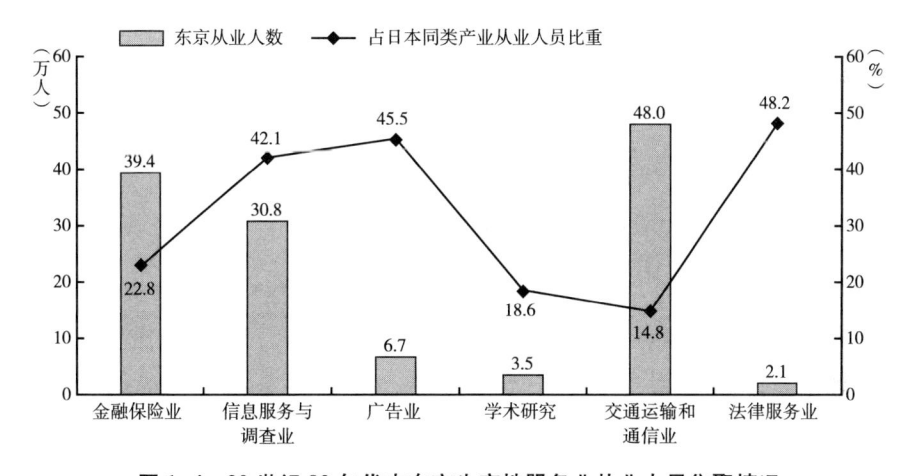

图1-4 20世纪90年代末东京生产性服务业从业人员集聚情况

资料来源：日本总务省统计局官网，http://www.stat.go.jp。

这一时期，东京都市圈人口流动则呈现了外部集聚与内部扩散并行的特征。20世纪60年代以来，日本人口加速向以东京为核心的都市圈集中，东京都市圈人口占全日本人口的比重从1960年的18.9%提升到2000年的26.3%，人口净增加了1555.4万人，年均复合增长率高达1.58%，成为日本城市化进程中人口的主要承载地。从东京都市圈人口规模内部变动来看，东京人口增长相对较缓，而神奈川、埼玉、千叶则成为新增人口的主要吸纳空间，1960~2000年，东京人口净增长291.3万人，年均复合增长率0.71%；外围三县人口净增长1360.2万人，年均复合增长率3.79%（见表1-5）。

表1-5　1960~2000年主要普查年份东京都市圈城镇化人口规模

单位：万人

年份	东京	埼玉县	千叶县	神奈川县	东京都市圈
1960	890.8	89.6	66.3	241.1	1786.4
1970	1087.6	212.6	170.6	429.0	2411.3
1980	1129.4	378.1	295.2	610.9	2869.7
1990	1159.1	487.3	384.1	730.7	3179.6
2000	1182.1	542.6	419.7	794.9	3341.8

资料来源：日本总务省统计局官网，http://www.stat.go.jp。

三　聚焦科技创新构建竞争新优势

20世纪80年代以来，日本处于经济衰退和通货紧缩的泥潭里，为了尽早摆脱困境和重塑竞争优势，日本经济产业省在2001年推出了系列产业集群发展政策措施，突出以科技创新（对核心技术、顶尖工艺的研发和应用）来提升其产业在全球的竞争实力和主导地位。2014年，东京政府制定了《东京都长期愿景》，将东京定位为国际商务中心、国际金融中心和科学研究中心，尤其注重吸引全球性企业总部、研发中心入驻，强化科技创新、金融赋能和产业升级的良性循环。在政府立法与积极的政策扶持下，东京推动制造业集群和研发基地协同串联、互补互促，形成了独具一格的"工业（集群）+研发（基地）+政府（立法）"的发展模式，以微电子、新材料、生物科技等为代表的产业实现了高速发展，东京也逐渐成为集高端制造基地、金融中心、信息中心、航运中心、科研和文化教育中心于一体的全球城市。

同时，日本制定了《科学技术基本计划》[1]，大力实施科研基础设施建设和教育体制改革，积极培育适应创新驱动的人才和高技术企业，强化东京创新活动的聚合效应，为高端产业发展匹配创新资源。到2021年，东

---

[1] 日本通过《科学技术基本法》后，自1996年起，每五年制定一次规划未来10年的科技振兴计划。

京筑波科学城汇聚了日本30%的科研机构、40%的科研人员、50%的政府科研投入。此外，东京基于都市圈有序的产业分工体系，依托千叶、神奈川等地积淀形成各类制造业集群，形成了"研发—生产—制造—销售—再研发"创新循环体系，科技创新成果井喷式涌现。2022年，在世界知识产权组织（WIPO）发布的全球创新指数中，东京都市圈PCT国际专利申请和科学出版物数量稳居全球首位，已成为全球科技创新产出最强的代表性区域[1]。

此外，高能级龙头企业以及大量的中小企业成为东京构筑产业竞争新优势的重要支撑。东京几乎入驻了世界上所有著名的大型跨国企业，2022年拥有37家世界500强企业总部（见表1-6），其中，丰田、佳能、索尼等本土企业已成为东京参与全球科技竞争的重要基石。中小企业也成为东京打通科技与产业双向赋能通道的关键一环。东京发达的制造业体系，不仅依靠三菱、川崎重工这些大型制造业企业，也依赖于A-one精密、木村制作所、旭化成等诸多优秀的中小型企业。为了充分发挥中小企业的创新创造作用，东京先后出台了"次世代创新推动计划2020""东京都加速构建中小制造企业生态系统项目"等政策措施，从资金、技术、信息等方面支持中小企业进行新技术与新产品研发，促进产业分工的细化和专业化。正是在政府的支持引导下，东京形成了由巨头企业和大量隐形冠军企业共同构成的创新型企业集群。

表1-6 2022年入驻东京的世界500强企业总部名单

单位：家

产业	数量	公司及排名
金融保险业	9	第一生命控股有限公司(167)、软银集团(234)、三菱日联金融集团(240)、东京海上日动火灾保险公司(253)、MS&AD保险集团控股有限公司(309)、日本明治安田生命保险公司(377)、损保控股有限公司(383)、日本三井住友金融集团(388)、日本瑞穗金融集团(404)

[1] 世界知识产权组织（WIPO）：《2022年全球创新指数报告》，2022年。

续表

产业	数量	公司及排名
批发零售业	8	三菱商事株式会社(41)、日本伊藤忠商事株式会社(78)、三井物产株式会社(88)、Seven & I 控股公司(147)、丸红株式会社(157)、丰田通商公司(172)、住友商事(279)、Medipal 控股公司(489)
电子电器业	5	索尼(116)、三菱电机股份有限公司(351)、佳能(444)、富士通(446)、东芝(480)
汽车制造业	3	丰田汽车公司(13)、本田汽车(61)、日产汽车(161)
运输及通信业	3	日本电报电话公司(83)、日本邮政控股公司(94)、日本 KDDI 电信公司(281)
石油化工业	3	引能仕控股株式会社(140)、日本出光兴产株式会社(250)、三菱化学控股(401)
电力及能源业	2	日立(131)、东京电力公司(290)
钢铁金属业	1	日本制铁集团公司(214)
机械制造业	1	日本三菱重工业股份有限公司(418)
生物制药业	1	武田药品公司(448)
轮胎制造业	1	普利司通(484)

资料来源:《2022 年世界 500 强排行榜》,《财富》,2022 年。

第三节　西雅图——龙头企业加持的赶超者

好莱坞电影《西雅图不眠夜》赋予了西雅图浪漫气质,星巴克的诞生也让这里成为美国咖啡文化的代表。然而,西雅图的名片远不止于此,全球航空业领袖波音公司、世界最大软件制造商微软公司、国际电子商务巨头亚马逊,等等,这些均是西雅图亮眼的标签。这座城市崛起并逐渐走向世界舞台中央起始于军事航空工业的蓬勃发展,第二次世界大战促成了波音公司的壮大,为西雅图由渔港城镇转向航空之城插上了腾飞的翅膀,而高科技产业生力军微软公司的入驻则掀起了西雅图高科技发展之风,使西雅图在信息化时代扶摇直上。

第一章 西方现代化道路下城市发展与产业变迁历程

一 枢纽地位助力要素积累

西雅图早期发展与其丰富的森林矿产资源以及临近海湾的区位优势是不可分离的，木材加工业、渔业、采煤业、造船业等一度成为其支柱产业，西雅图也由此成为美国西海岸的木材生产和贸易中心。19世纪末，美国横贯北美洲大陆的铁路网铺设至西雅图，使西雅图成为美国西北部陆海联运的重要交通枢纽，再加上阿拉斯加兴起了淘金热，西雅图作为通往阿拉斯加的重要港口，是淘金者的必经之地，由此迎来了城市发展的突飞猛进。其城市人口从1900年的8万人增加到了1910年的23.7万人，十年间增长近两倍，使西雅图成为美国西北部太平洋地区仅次于波特兰的第二大城市。大量移民的进入不仅为西雅图经济发展提供了丰富的劳动力资源，还推动西雅图完成了城市的初步建设，为后续吸引巨头企业奠定了基础。

二 波音公司入驻成就"航空之城"

初期的航空制造业极度依赖水、木材等资源和港口、铁路等基础设施[1]，拥有丰富自然资源和便利交通条件的西雅图成为波音公司安营扎寨的首选地。1917年，波音公司入驻西雅图，波音公司腾飞[2]的背后离不开西雅图在资源要素和基础设施建设方面的支持。西雅图积极推动波音公司子系统供应商以及零部件生产商在波音总装厂周边布局，由此形成美国首屈一指的航空制造产业集群，也造就了西雅图的兴盛繁荣。到20世纪中叶，西雅图的军火产量（主要是军用飞机）位列美国西部第三，城市人口由1910年的23.7万人增长到1960年的55.7万人（见图1-5），整个城市已然成为具有军工一体化特征的现代都市。同时，航空制造业对物流

---

[1] 早期飞机起降的主要场地是水面，木材是飞机制造的主要材料。
[2] 受益于一战爆发后美国意识到拥有空中军事力量的战略重要性，联邦政府投入巨资发展军事航空工业，波音公司迅速发展成为全球第一大飞机制造商。

服务的巨大需求,也推动西雅图港完成了多式联运的升级改造,成为美国第二、西海岸第一的集装箱港口,其作为美国西部桥头堡的地位开始显现。

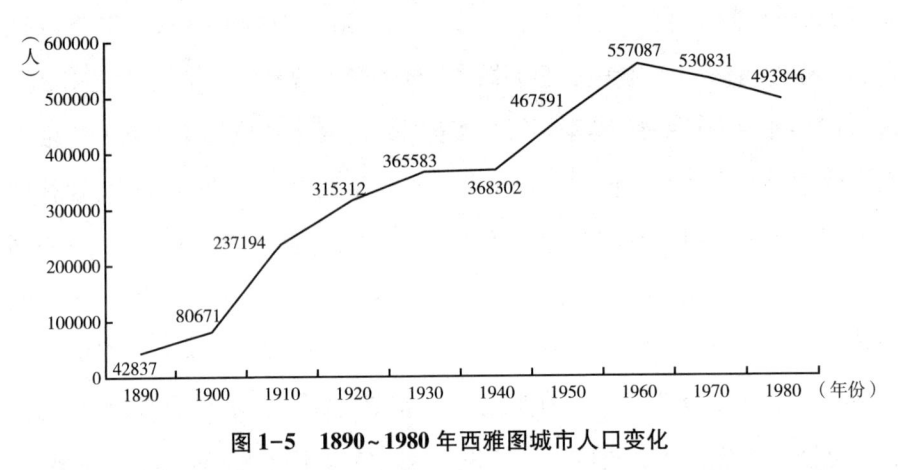

图 1-5　1890~1980 年西雅图城市人口变化

资料来源:华盛顿财务管理办公室(Washington office of financial management)官网,https://ofm.wa.gov/washington-data-research/population-demographics/decennial-census。

由于航空产业显著的溢出效应,波音公司的产业链供应链向西雅图外围延伸,形成了以西雅图总部基地为核心、周边的伦顿及埃弗里特总装厂为支撑、西雅图大都会地区为配套的大西雅图航空产业集群,并集聚了1000余家航空配件供应商。产业布局牵引城市空间整合,西雅图开始联合北部斯诺霍米什郡与南部皮尔斯郡等地区的城市,形成南北带状发展的"大西雅图"空间格局,这进一步提升了西雅图"航空之城"的地位和产业影响力。

三　科技巨头落户推动"科技新城"崛起

20 世纪 70 年代,美国掀起了一场以信息技术为代表的科技风暴,西雅图借助华盛顿大学的加持和航空产业发展以来奠定的城市化基础,成功吸引微软公司入驻。同时,西雅图敏锐地抓住这一契机,顺势调整了发展方向，提出"通往高科技未来的十步骤"（10 Steps to a High Tech Future），对城市与产业的新一轮发展做出了细致规划。其一系列举措成功吸引和孵化了众多高科技企业，这当中部分企业已经成长为如今的全球龙头企业，如亚马逊（全球最大的电商平台之一）、Expeida（全球最大的在线旅游公司之一）、T-mobile（全球最大的移动电话公司之一）等。这些高科技企业的集聚为西雅图的持续繁荣和产业升级注入了强大动力，西雅图逐步形成了全球领先的信息技术、生命科学、清洁能源等高新技术产业集群。这一时期，大量科技型企业与高端人才的涌入也带动了服务业的发展，科技服务、金融、高端零售等现代服务业迅速兴起，并孕育了一系列全球连锁品牌，如咖啡品牌星巴克、连锁超市Costco、高档商场Nordstrom等。经过多年的发展，西雅图的就业结构也出现了较大的调整，现代服务业的就业人口规模大幅提升，科技服务、零售业的从业人员占比分别从1995年的8.37%、7.38%增加至2021年的13.67%、14.21%（见图1-6）。此外，波音公司将总部迁至芝加哥，在大西雅图地区仅保留商用客机的研发生产中心，这推动西雅图由空间分散的"园区"格局，向具有城市综合功能与开放性的"城区"格局转变。加之西雅图对旧工业集聚区、旧城区进行系统改造和生态修复，打造了集科研、商务、居住、生活、娱乐等功能于一体的新型城区，使其成为吸引高科技企业、高端人才的热门地区，多次被《福布斯》[1]评为"美国最适合商业和职业发展的城市"（Best Places for Business and Careers）。

为适应微软等科技巨头崛起和波音总部迁出对城市带来的变化，在《西雅图大都市区2040远景规划（Vision 2040）》的顶层设计下，西雅图大都市区开始向多中心、组团式、网络型有机舒展的城市空间结构

---

[1]《福布斯》是美国福布斯公司一本商业杂志，以金融、工业、投资和营销等主题的原创文章著称。该杂志因其提供的列表和排名而为人熟知，包括最富有美国人列表（福布斯400）和世界顶级公司排名（福布斯全球2000）等。

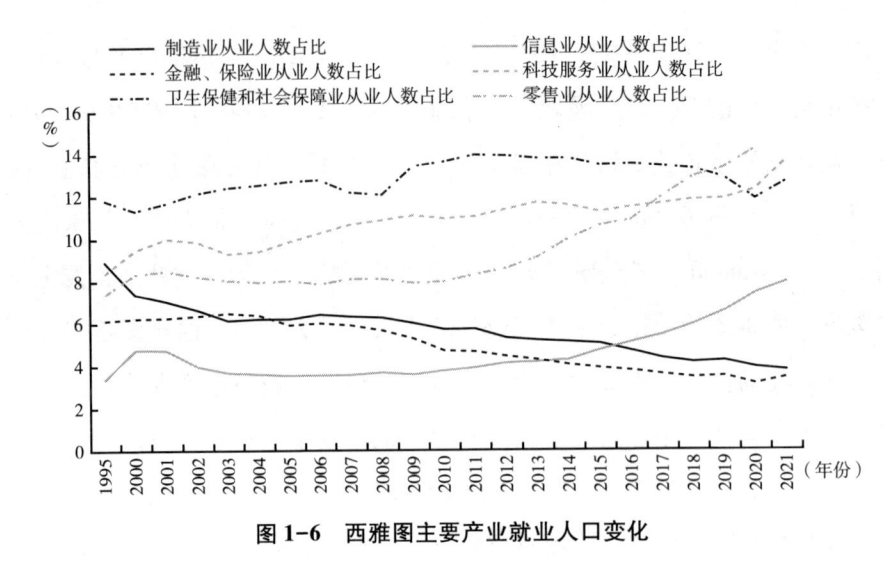

图1-6 西雅图主要产业就业人口变化

注：此处属于2—Digit Naics categories 统计方式，制造业对应31/32/33—Manufacturing，信息业对应51—Information，金融、保险业对应52—Finance and Insurance，科技服务业对应54—Professional, Scientific and Technical Services，卫生保健和社会保障业对应62—Health Care and Social Assistance，零售业对应44/45—Retail Trade。其中，卫生保健和社会保障业包括生命科学产业、保健业、护理业等。

资料来源：华盛顿就业保障部门（Washington State Employment Security Department）官网，https://esd.wa.gov/labormarketinfo/monthly-employment-report。

发展（见表1-7），这样的转变使西雅图成为整个大都市区的金融中心、商业中心、总部办公中心。同时，大都市区还规划了27个区域增长中心和8个制造业/工业中心作为经济发展和城市建设的重点，力图实现高新技术产业、现代服务业以及航空制造业的错位发展，以及"产—城—人"的协调发展，由此，西雅图成功塑造了可持续发展的空间格局与产业布局。

表1-7 西雅图大都市区职能分工特征

序号	片区	主要功能	资源及特征
1	中部西雅图	面向海湾的中心商务区（金融、商业、总部办公）	滨海优势地区/高度密集效益

续表

序号	片区	主要功能	资源及特征
2	南部塔科马	双港及产业园区（生物技术、航海和制造业、替代能源、食品供应、航空制造、海港物流等产业）	依托塔科马国际机场和西雅图港带动，形成多元复合型的南部产业区，聚集了大批国际知名企业和尖端生物技术产业集团
3	北部埃弗里特	旅游度假/高档居住区/高等院校	以华盛顿大学西雅图分校为龙头，形成科技研发、旅游度假、高等院校集聚区
4	东部贝尔维尤	生态及高端社区/企业总部	微软总部落户西雅图东部，有效带动了该片区发展
5	西部布雷默顿	岸线利用/航海经济	西部沿海岸地区，航海经济发达，且岸线利用与保护兼顾

此外，为更好地集聚和培育创新型企业，西雅图致力于构建具有竞争力的城市创新体系，充分挖掘科技巨头和高校的优势资源，不断强化创新创业服务功能，创建了多个科技创新社区、高科技产业孵化器，如西北高科技产业孵化器主要承接华盛顿大学的科技创新成果，清洁能源等产业新兴领域和相关新兴企业不断在这里诞生。2015年，在国际知名创业研究机构 StartupBlink[1] 公布的全球创业生态系统指数热门城市（Global Startup Ecosystem Index: Top Cities）中，西雅图的创业生态系统居世界第12位，其良好的创新创业环境保障了城市与产业发展源源不断的活力。

---

[1] StartupBlink 是专注于全球创业生态系统的国际知名研究机构，每年发布一次全球最全面的全球创业生态系统指数报告——Global Startup Ecosystem Index 2023，对1000个城市和100个国家的创业生态系统进行排名。

第二章　中国式现代化道路下城市发展与产业变迁历程

早在新中国成立之初，中国共产党人就对中国建设什么样的现代化作出初步回答，而后又立足现实国情、时代所需以及阶段特征不断丰富和更迭。中国式现代化建设既汲取了西方现代化道路的一些有益经验，又克服了西方现代化模式的弊端，始终坚持"社会主义"的根本属性和"人的自由全面发展"的价值取向，是人口规模巨大、全体人民共同富裕、物质文明和精神文明相协调、人与自然和谐共生、走和平发展道路的现代化。与西方"串联式"发展路径不同，中国创造性探索出工业化、信息化、城镇化、农业现代化在同一时期叠加的"并联式"发展道路，客观上也更加注重城市与产业的整体发展、统筹发展、协调发展。中国现代城市发展虽然起步较晚，但趁着全球化浪潮，在社会主义制度优势和改革开放政策加持下，城市与产业的互动实现了跨越式、赶超式发展。中国于2010年成为世界第二大经济体，国内生产总值达到40万亿元，2022年更是跃上120万亿元台阶，其中，4个一线城市和15个新一线城市地区生产总值约占国内生产总值的1/3[1]，

---

[1] 资料来源：根据各城市统计局官方数据整理。根据新一线城市研究所公布的2023年《城市商业魅力排行榜》，一线城市包括北京、上海、广州、深圳，新一线城市包括成都、重庆、杭州、武汉、苏州、西安、南京、长沙、天津、郑州、东莞、青岛、昆明、宁波、合肥。

成为中国经济发展的重要支撑，也引领了中国现代城市与产业发展的新潮流。

第一节　上海——功能引领下建设全球城市的排头兵

上海背靠长江、面向太平洋，自1843年开埠后，逐渐成为中国对外交往的重要窗口，并因国家战略需要、经济发展驱动和地理条件适宜而愈加繁荣。从远东第一大都会到新中国最大工业基地，再到如今名副其实的国际经济、金融、贸易、航运、科技创新中心，一路走来，上海坚持开放引领，积极探索开放、改革、发展的良性互动和一体推进，成为代表国家参与全球产业合作与竞争的关键门户枢纽和具有全球知名度、影响力的国际大都市。

一　"综合性工业城市"建设奠定发展基石

新中国成立伊始，上海以支撑国家大规模工业化建设为使命，先后实施了三次工业大改组，沿着"资源要素驱动—资本要素驱动—技术要素驱动"递进的产业发展路径，历经"轻纺工业—重化工业—高新技术产业"的产业结构演变，成为以生产制造为主导的"综合性工业城市"。新中国成立初期，上海先是基于国家对机电、钢铁、石化等工业产品的大量需求，推动政策和投资向相关重工业全面倾斜，建设了上海第五钢铁厂、上海重型机器厂等一批国家骨干企业，重工业在全市工业总产值中的占比从1949年的不到10%快速增至1962年的40.4%[1]，成为上海经济发展的支柱。而后，基于国家产业体系升级的需要，1963年，上海提出要发展成为

---

[1]　上海通志编纂委员会编《上海通志》，上海人民出版社、上海社会科学院出版社，2005。

我国重要的先进工业和科学技术基地[1]，开始推动"高精尖"工业的发展，明确了大力发展新技术、新工艺、新材料、新设备的总体思路，在半导体、高温合金、激射光等先进新兴工业领域积极推进高端新型产品的自主研制，先进工业俨然成为上海驱动经济增长和城市发展的核心动力，这导致在1964年到1982年间，上海工业增加值占地区生产总值比重持续保持在70%以上水平。改革开放的"春雷"一响，资金、技术、人才等国际资源纷纷涌入上海，加速了上海工业技术改造和产品升级，钢铁领域的宝钢、轿车领域的上汽大众、通信领域的上海贝尔成为改革开放之初上海"洋为中用"的三面旗帜，此时，虽然上海工业增加值占地区生产总值比重有所下降（见图2-1），但在国际影响力、区域辐射力方面开始明显上升，发展质效更优。

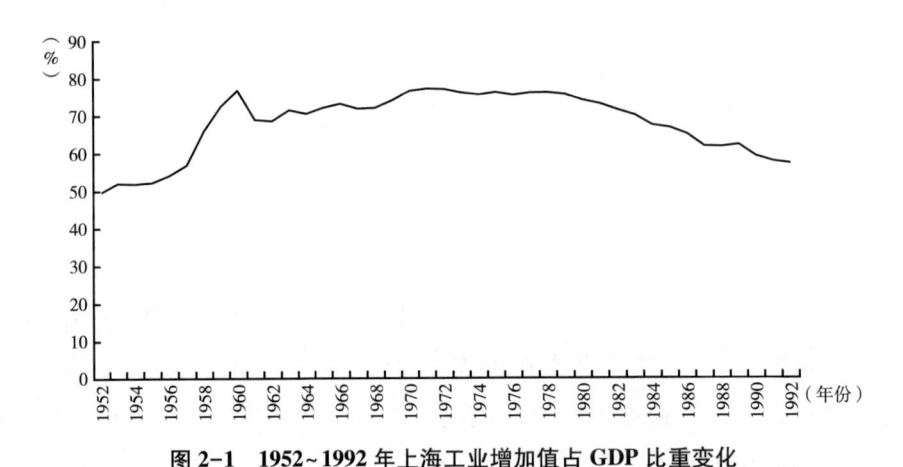

图2-1　1952~1992年上海工业增加值占GDP比重变化

资料来源：上海市统计局编《上海统计年鉴1993》，中国统计出版社，1993。

为了支撑工业发展，上海以建设"卫星城"的方式开拓了承载工业生产功能的新空间。1958年，国务院批准将江苏省的宝山、嘉定、奉贤、青

---

[1] 1963年12月召开的中共上海市第三届党代会提出把上海建设成为我国先进工业和科学技术基地的奋斗目标。

浦、松江等10个县[1]划归上海，使上海可规划面积扩大了近10倍。次年，上海便提出"逐步改造旧市区、严格控制近郊工业区、大力发展卫星城"的城市建设和发展总思路。上海按照与市中心距离在25~30公里的选点原则，规划建设了闵行、吴泾、安亭、嘉定、松江5个卫星城来支撑中心城区人口的有序疏解和工业的合理化布局。这5个卫星城规划容纳总人口达100万[2]，以机电工业、化学工业、汽车工业、精密无害工业、仪表轻纺工业为主要发展方向，短短几年内便快速成长为上海经济发展的新增长极。例如，1958~1960年3年间，五大卫星城之一的闵行累计产出机电设备21万台（件），总价值超4.7亿元[3]。这些卫星城的快速发展也为上海人口规模化集聚提供了更多的空间和资源，使得上海城市人口在短短20年间翻了一番，由1950年的498万人增长到1970年的1072万人[4]。

二 融入全球经济带动城市产业全面升级

改革开放的不断深入为上海城市产业发展提供了源源不断的动力，党的十四大正式确立了上海"一个龙头、三个中心"[5]的发展定位。上海肩负着建设国际化大都市、代表中国参与全球竞争的责任使命，需要构建更高端和更多元的产业结构和城市功能来提升城市国际竞争力。这时，上海一方面重视发挥服务经济的促进和辐射作用，开始瞄准打造金融中心、贸易中心，正式提出"三二一"产业发展方针，金融服务、物流服务、商

---

[1] 1958年1月，国务院批准将江苏省的宝山、嘉定、上海3个县划归上海市，11月，又将金山、南汇、川沙、奉贤、青浦、松江、崇明7个县划归上海市。
[2] 黄啸：《上海第一批卫星城建设》，《上海党史与党建》2010年第2期，第18~20页。
[3] 忻平、陶雪松：《新中国城市建设与工业化布局：20世纪五六十年代上海卫星城建设》，《毛泽东邓小平理论研究》2019年第8期，第63~70页。
[4] 上海通志编纂委员会编《上海通志》，上海人民出版社、上海社会科学院出版社，2005。
[5] "一个龙头、三个中心"：1992年10月12日，中国共产党第十四次全国代表大会上提出，以上海浦东开发开放为龙头，进一步开放长江沿岸城市，尽快把上海建成国际经济、金融、贸易中心之一，带动长江三角洲和整个长江流域地区经济的新飞跃。

贸服务等异军突起，信息传输服务、商务服务、技术服务等也实现集聚发展，使得服务业占GDP比重从1992年的36%上升到2009年的60%[1]，且于1998年首次超过工业，成为上海经济发展的新支柱。另外，上海努力寻找工业发展的新引擎，以科技创新引领发展动能转换，1992年，上海全面启动张江高科技园区建设，在浦东新区开发开放的先试先行政策推动下，张江高科技园区先后承接了极大规模集成电路制造装备及成套工艺、"核高基"（核心电子器件、高端通用芯片及基础软件）、重大新药创制等国家重大专项任务，重大科技基础设施和高端研发机构加速集聚，高新技术产业开始呈现量的快速扩张和质的实际提升。经过10余年的调整，上海形成了由电子信息工业领衔、以高技术产业为主导、以支柱工业为基础、以都市工业为特色的制造业新结构[2]，2004~2009年，高技术产业、电子信息产品制造业总产值占工业总产值比重均稳定在20%以上水平（见图2-2）。

上海生产功能转型、产业结构调整客观上带来了一定程度的结构性就业矛盾，对此，上海提出实施"再就业工程"[3]，通过积极开展职业技能培训、创新创业辅导，为产业转型储备了大量技能型、知识型、创新型劳动力，每万职工拥有专业技术人员数从1990年的2196人上升至2008年的5587人（见图2-3）。同时，"聚焦张江"战略[4]更是让上海成为各类高

---

[1] 上海市统计局编《上海统计年鉴2010》，中国统计出版社，2010。
[2] 根据《上海统计年鉴》统计口径，高新技术产业包括信息化学品制造、医药制造业、航空航天器制造、电子及通信设备制造业、电子计算机及办公设备制造业、医疗设备及仪器仪表制造，支柱工业包括电子信息产品制造业、汽车制造业、石油化工及精细化工制造业、精品钢材制造业、成套设备制造业、生物医药制造业，都市工业包括服装服饰业、食品加工制造业、包装印刷业、室内装饰用品制造业、化妆品及清洁洗涤用品制造业、工艺美术品、旅游用品制造业、小型电子信息产品制造业。
[3] 上海共建立了308个再就业服务中心，通过大规模职业培训、创业辅导、职业介绍等提升劳动者就业创业能力，解决了百万下岗员工就业问题。
[4] 1999年8月，上海市委、市政府正式提出实施"聚焦张江"战略，要举全市之力推进浦东张江高科技园区的发展，使张江成为具有全球竞争力的高科技园区，努力成为实施"科教兴国"和"人才强国"战略的重要基地。

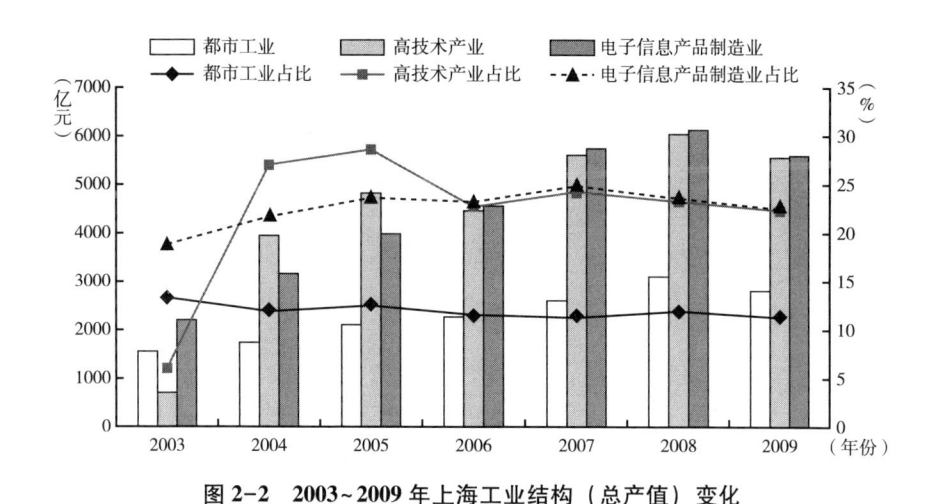

图 2-2　2003~2009 年上海工业结构（总产值）变化

资料来源：上海市统计局编《上海统计年鉴 2009》，中国统计出版社，2009。

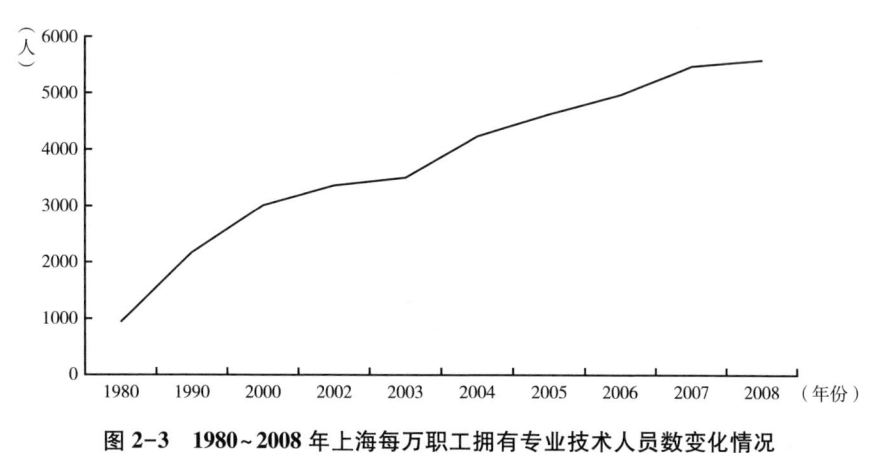

图 2-3　1980~2008 年上海每万职工拥有专业技术人员数变化情况

资料来源：上海市统计局编《上海统计年鉴 2009》，中国统计出版社，2009。

端创新要素集聚的高地。在该战略引导下，上海争取布局了上海同步辐射光源、上海超级计算中心等一批重大科技基础设施，集聚了中科院上海高等研究院、中科院上海药物研究所等众多科研机构，建立起了产学研协同的创新体系，2000 年到 2008 年期间，上海发明专利授权量增长了近 14

倍，国际领先的科技成果从45项增至125项[1]。不难看出，城市功能的丰富和迭代有效推动了上海的城市产业发展向"内涵式提升"加速转变。

这一时期，上海的城市空间结构也发生了深刻变化。围绕实现中心城区功能优化和有序疏散的目标，上海开始调整以工业生产功能为主的卫星城，通过整合原卫星城、县城以及重点发展地区，建设了嘉定、松江、临港、闵行、宝山等服务功能完善、人口集聚能力更强的郊区新城，积极推动重大功能性项目、重大产业基地、重大基础设施落户郊区新城，逐步形成"中心城—新城—中心镇——般镇—中心村"五级城市空间体系。同时，为了进一步做强开发开放功能，上海建设了以浦东国际机场、外高桥港区、上海信息港等为核心的功能性、枢纽型重大工程，以及越江工程、轨道交通、高速公路等基础设施，形成了融汇全市、辐射长三角、面向世界的基础设施网络体系。此外，上海还打造了以金融贸易功能为特色的国家级开发区——陆家嘴金融贸易区，作为上海对外开放的探路者和金融中心建设的核心区。在此基础上，服务经济的强辐射特征促使产业布局范围向外延展，上海与周边城市的产业联系度不断提高，以上海都市圈为基本单元的区域经济一体化发展格局逐渐显现。

三 "五型经济"支撑城市功能能级再跃升

商业文化、工业精神、广阔的腹地支撑是上海所具备的城市基因，这使其在世界经济舞台上引人注目、独具魅力。在技术重塑、规则重组、格局重构的新时代，上海也最有希望率先代表中国迈入全球城市的顶级"俱乐部"。2009年，党中央、国务院正式赋予上海打造国际经济中心、国际金融中心、国际贸易中心、国际航运中心的重大使命任务。"十四五"时期，上海进一步提出强化全球资源配置、科技创新策源、高端产业引领和

---

[1] 上海市统计局编《上海统计年鉴2009》，中国统计出版社，2009。

开放枢纽门户"四大功能",深化国际经济、金融、贸易、航运、科技创新"五个中心"建设,发展包含创新型经济、服务型经济、开放型经济、总部型经济、流量型经济的"五型经济"。为此,上海以张江科学城为核心建设具有全球影响力的科技创新中心核心承载区、综合性国家科学中心,其已建和在建的国家重大科技基础设施达到14个[1],集聚了上海脑科学与类脑研究中心等一批代表世界科技前沿发展方向的高水平研究机构,为上海乃至全国提升源头创新能力和科技综合实力奠定了坚实的基础。同时,上海大力提升关键核心技术竞争力、打造产业高质量发展新动能,初步构建起具有全球竞争力的"三大先导产业+六大重点产业+四大新赛道产业+五大未来产业"的产业体系[2],并以制造服务化、服务型制造为牵引,引领发展总集成总承包、个性化定制、柔性制造等"两业融合"新业态、新模式。

随着产业向价值链高端迈进,上海市域空间格局和产业布局模式也发生了新的转变。一方面,上海按照独立的综合性节点城市定位推进嘉定、青浦、松江、奉贤、南汇"五大新城"建设,并推动各类产业要素和公共资源加快向这些新城集聚。"五大新城"规划常住人口达到385万人,在地理空间上均处于上海重要的区域廊道上,是优化重塑超大城市空间布局、加强与近沪城市连接的重要节点(见表2-1)。另一方面,上海将发展"园区经济"作为城市核心功能的重要承载,以建设优势更优、强项更

---

[1] 国家发展和改革委员会、上海市人民政府:《上海市建设具有全球影响力的科技创新中心"十四五"规划》,2021年9月10日。

[2] "三大先导产业+六大重点产业+四大新赛道产业+五大未来产业":2023年5月18日,上海市人民政府印发《上海市推动制造业高质量发展三年行动计划(2023—2025年)》,提出建设"2+(3+6)+(4+5)"现代化产业体系,其中,"3"代表三大先导产业,包括集成电路、生物医药、人工智能,"6"代表六大重点产业,包括电子信息、生命健康、汽车、高端装备、先进材料、时尚消费,"4"代表四大新赛道产业,包括数字经济、绿色低碳、元宇宙、智能终端,"5"代表五大未来产业,包括未来健康、未来智能、未来能源、未来空间、未来材料。

强、特色更特的特色产业园区为重点，聚力突出高投资强度、高创新浓度、高经济密度的小尺度空间对资源要素的集聚和辐射效应，推动土地、资金等要素向优势领域的科技前沿需求和价值链高端环节倾斜，以形成提升城市能级和核心竞争力的关键支撑。除此之外，上海还进一步发挥区域核心城市的龙头带动作用，积极推动长江三角洲（覆盖上海、江苏、浙江、安徽三省一市，面积达35.8平方公里，该区域以占全国4%的国土面积和不到10%的人口，创造了占全国近1/4的经济总量）区域一体化发展，努力促成长三角城市群共性与个性相得益彰、合作与竞争相互促进、集聚与辐射相辅相成的高质量一体化发展格局。

表2-1 上海"五大新城"规模及定位

单位：万人

新城	规划人口规模	功能定位
嘉定新城	70	沪宁廊道上的节点城市，以汽车研发及制造为主导产业，具有独特人文魅力、科技创新力，辐射服务长三角的现代化生态园林城市
松江新城	110	沪杭廊道上的节点城市，以科教和创新为动力，以服务经济、战略性新兴产业和文化创意产业为支撑的现代化宜居城市，具有上海历史文化底蕴和自然山水特色的休闲旅游度假胜地和区域高等教育基地
青浦新城	65	沪湖廊道上的节点城市，以创新研发、商务贸易、旅游休闲功能为支撑，具有江南历史文化底蕴的生态型水乡都市和现代化湖滨城市
奉贤新城	75	滨江沿海发展廊道上的节点城市，杭州湾北岸辐射服务长三角的综合性服务型核心城市，具有独特生态禀赋、科技创新能力的智慧、宜居、低碳、健康城市
南汇新城	65	滨江沿海发展廊道上的节点城市，以先进制造、航运贸易、海洋产业为支撑的滨海城市，是以自贸区制度创新、产业科技创新、智慧文化创新为动力的我国新一轮改革开放的先行试验区

资料来源：上海市规划和自然资源局：《上海市城市总体规划（2017-2035年）》，2017年12月15日。

上海为不断强化以"四大功能"和"五个中心"建设引领"五型经济"发展,将培育科技创新型企业作为"先手棋"。自2011年起,上海就在全国率先实施"专精特新"中小企业培育工程,并出台科技企业(尤其是中小型科技企业)的梯度培育政策[1],在强化融资服务、提升企业自主创新能力、积极拓展国内外市场等方面进行政策支持。目前,上海基本形成由科技型中小企业、科技小巨人企业和科创板上市企业组成的有层次、有梯度的科技创新企业群。截至2022年底,上海累计获批的国家级专精特新"小巨人"企业数量高达507家,仅次于北京(591家)[2],拥有科创板上市企业78家、总市值1.42万亿元(列全国首位)[3],未来城市竞争所需的微观基础在不断增强。

第二节 深圳——要素资源运筹的高手

1980年,深圳经济特区横空出世,成为我国改革开放打响第一炮的地方,这里因改革开放而生、因改革开放而兴、因改革开放而强。回首其40余年的发展历程,从经济特区到中国特色社会主义先行示范区,深圳始终承担着改革开放和建设社会主义市场经济探路者的重要使命,其依托先试先行的制度优势和地处粤港澳大湾区核心的地缘优势,成为创业者的寻梦乐园,用"深圳速度"创造了一个又一个"深圳奇迹"。

一 特区设立带来第一波发展红利

1978年之前,深圳只是一个边陲小镇,几乎没有适合现代产业发展的

---

[1] 梯度培育政策包括《上海市促进中小企业发展条例》《关于加快促进"专精特新"中小企业创新驱动、转型发展的意见》《上海市发展"专精特新"中小企业三年行动计划(2015-2017)》《上海市"十四五"促进中小企业发展规划》等。
[2] 根据工业和信息化部四批次专精特新"小巨人"企业名单整理。
[3] 根据Wind数据库相关数据整理。

要素环境。在经济特区设立之初，深圳依靠毗邻香港的区位优势以及产业转移的浪潮，大力发展"三来一补"[1]产业，积极承接来自香港的加工装配生产环节。1979年1月，国务院批准在蛇口建立中国第一个外向型经济开发区——蛇口工业区，打响了中国改革开放的"第一炮"。这一时期，深圳先行在工资制度、劳动用工制度、价格制度等方面进行市场化改革，营造出优于其他地区的制度环境，由此迎来了"百万劳工下深圳"的局面，也吸引了诸多有一定技术实力的港资、台资企业在深圳投资设厂，实现了劳动力、资金、技术等生产要素的初步积累。深圳的产业结构也由以农业为主向以加工贸易为主转变，并逐步形成以电子、纺织、食品、轻工等为重点的外向型工业体系。

生产要素的集聚加速了城市空间的重构，深圳慢慢扩张出工业区、城区等现代城市板块。为了保障工业发展有充足的承载空间，深圳规划建设了上步、八卦岭等十大工业区。同时，深圳还按照"规划一片、开发一片、收益一片"的总体思路，重点在罗湖、蛇口、沙头角等原关内区域[2]进行大规模城市空间规划与建设，建设了一批时兴的文化、旅游、商业服务等城市设施。但受制于当时的发展阶段，关外区域的城市化建设则相对滞后，城市功能和产业辐射能力还比较弱。

二 以技术引进开发为核心破局

在全国改革开放不断深化扩大和其他城市承接产业转移高潮兴起的背景下，深圳依靠传统要素投入以及政策红利所带来的竞争优势逐渐被其他

---

[1] "三来一补"：改革开放初期创立的一种企业贸易形式，即"来料加工""来样加工""来件装配"与"补偿贸易"，是由外商提供设备、原材料、来样等，中方提供工地、厂房、劳动力，按照外商要求组织生产、加工装配，全部产品外销，中方收取加工费的一种贸易方式。

[2] 深圳经济特区成立时划分了一条特区管理线，"关内""关外"则是以深圳特区管理线分界。"关内"是深圳经济特区，包括罗湖区、福田区、南山区、盐田区，"关外"则包括宝安区、龙岗区、光明新区。2018年1月6日，国务院撤销了深圳经济特区管理线。

第二章 中国式现代化道路下城市发展与产业变迁历程

城市迎头赶上。此时的深圳开始调整发展思路和方式,明确了以技术升级牵引城市产业转型的路径,希望通过加大先进技术投入来抵消过度依靠资本和劳动力投入而出现的边际效益递减的影响。自20世纪90年代以来,深圳重点引进、消化和吸收14项关键技术(见表2-2),逐步形成以计算机及软件、通信、微电子等为主导的高新技术产业集群,到2008年,实现高新技术产品产值近9000亿元,其中拥有自主知识产权的产品占比达到59%[1]。同时,深圳还大力改造提升传统优势产业,推动珠宝、钟表、玩具等传统产业向高技术、品牌化升级,由此带动了工业设计和电子商务的兴起,使得深圳成为中国第一个、全球第六个"设计之都"[2]。

表2-2 深圳在20世纪90年代重点发展的14项关键技术

序号	技术
1	集成电路、大功率晶体管CAD的设计和生产工艺
2	计算机及软件和工程技术
3	激光存储技术、激光声像设备及器件的制造技术
4	液晶显示大面积成模技术及液晶电视制造技术
5	光线通信、卫星通信、移动通信技术及其产品制造技术
6	数控技术及数控装置、伺服装置和数控机床制造技术
7	精密模具CAD/CAM技术
8	固体摄像技术及其应用产品制造技术
9	片状元件生产技术及表面贴装技术
10	数字电视、高清晰度电视产品及其器件制造技术
11	磁敏、光敏、热敏等新材料及传感器制造技术
12	医药生物工程技术及其应用产品制造技术
13	石油精炼、合成材料及其应用产品制造技术
14	高档时装设计与纺织品后整理技术

资料来源:深圳市人民政府:《深圳市科学技术发展规划(草案)(1990—2000)》,1990年9月30日。

[1] 深圳市人民政府:《深圳市政府工作报告2009》,2009年2月23日。
[2] 2008年,深圳正式被联合国教科文组织认定为中国第一个、全球第六个创意城市网络"设计之都"。

随着产业技术层次向高级化方向演进,深圳的生产性服务业开始加快发展,尤其是依托深交所、深圳港等得天独厚的平台资源,深圳的金融、物流等现代服务业异军突起,2008年,深圳金融业增加值增速达到21.5%,超过北京、上海,首次位列全国第一,深圳港集装箱吞吐量、深圳机场旅客吞吐量分别达到全球第四、内地第四[1],深圳作为全国重要的金融中心与航运贸易中心的地位愈加凸显。

同时,技术要素的集聚离不开创新平台、创新中介、创投机构的支撑,深圳的城市创新功能也开始丰富壮大起来。这一时期,深圳政府积极推动建设了产权交易中心、南方国际技术交易市场,成立了高新投、创新投等创投机构,设立了"高交会"等创新交流合作平台,积极营造有利于技术要素集聚和发展的环境,由此孵化出华为、中兴、华强等一批创新型企业,以及深圳清华研究院等面向高科技成果产业化的科研机构。同时,为了解决高校科研资源不足的问题,深圳还创新建设了虚拟大学园,联合国内外知名大学在高新技术产业园开展教育、研发以及技术转移等活动,进一步拓宽了技术、人才的集聚渠道,为城市产业的创新发展提供支撑。

此时,深圳的城市形态也开始由以园区厂房为主向以中央商务区高档楼宇为主转变。2008年,深圳办公楼、商业用房的竣工面积占全市房屋竣工面积的10%,远高于1991年的3.9%[2],随着福田区CBD、罗湖区CBD、南山区CBD逐步崛起,城市人口规模进一步扩大,深圳常住人口从1991年的226.76万人增加到2008年的876.83万人[3],正式进入了超大城市的序列。

为了应对城市人口持续聚集以及满足高新技术产业发展的需要,深圳对城市空间进行了新的规划调整,城市发展的重点由原关内区域拓展到整

---

[1] 深圳市人民政府:《深圳市政府工作报告2009》,2009年2月23日。
[2] 深圳市统计局编《深圳统计年鉴2009》,中国统计出版社,2009。
[3] 深圳市统计局编《深圳统计年鉴2010》,中国统计出版社,2010。

个市域范围。深圳确立了以经济特区为中心城,以西、中、东三条放射轴为基本骨架梯度发展的网络组团空间结构[1]。其中,特区是全市的行政、经济、文化中心,西部轴线是港深穗城市带上的交通枢纽干线之一和重要的工业地带,中部轴线是特区中心组团的外围配套组团以及国际交流功能的重要辅助区域,东部轴线则是珠江三角洲地区重要的工业基地。同时,深圳围绕高新技术产业、新兴产业、优势传统产业划定了九大产业集群区(见表2-3),并在产业集群区内按照生态型、集约化的理念建设了一批新型产业园区,推动相关企业向这些产业链条化、管理规范化的新型产业园区集中。

表 2-3 深圳九大产业集群区

序号	名称	发展重点
1	福永—沙井高新技术产业基地	发展计算机及其配件、通信设备、电子元件、电气机械、文化办公机械、交通运输设备及化学原料等产业
2	光明—石岩高新技术产业基地	发展化合物半导体、平板显示、生物医药与医疗器械、集成电路、计算机与通信等产业
3	龙华—坂田高新技术产业基地	发展计算机与通信、平板显示等产业
4	宝龙—碧岭—大工业区高新技术产业制造基地	发展集成电路、计算机与通信、生物医药与医疗器械、新材料、新能源、汽车及汽车电子与配件等先进制造业
5	公明—松岗优势传统产业基地	发展电子元器件、五金、塑胶、化工、内衣、钟表、模具等优势传统产业和高新技术配套产业
6	观澜—大浪优势传统产业基地	发展汽车整车制造、汽车电子及配件等产业,发展家具、服装、塑胶、五金、专用仪表制造等相关配套产业及优势传统产业
7	布吉—南湾—横岗—平湖优势传统产业基地	发展家电、眼镜制造等优势传统产业和高新技术配套产业
8	龙城—坪地新兴产业制造基地	发展高新技术产业,建设新型显示器及相关配套产品、半导体照明、生物工程等产业基地
9	葵涌—大鹏新兴产业研发基地	发展高科技研发等生态环保和智力密集型新兴科技产业

[1] 深圳市规划和自然资源局:《深圳市城市总体规划(1996-2010)》,1996年12月18日。

值得关注的是，深圳尤其注重各类科技企业的发展，将其作为高新技术突破发展的主力军和中坚力量。深圳政府采取积极有效的政策举措，营造良好的知识产权保护环境、充分竞争的市场环境和鼓励创新容忍失败的社会氛围，引导、鼓励、支持企业通过模仿学习、消化吸收、自主研发形成其核心技术。在此背景下，深圳培育了3万多家科技创新型企业和近2万家国家高新技术企业，形成了特色鲜明的"6个90%"[1]，崛起了华为、中兴、比亚迪、大疆、迈瑞等一批具有全球影响力的本土企业。同时，围绕这些企业促进上下游企业集聚，新一代互联网、无人机、新能源、新材料、医疗器械等新兴产业开始崭露头角，成为深圳产业发展的新兴增长点。

三 创新型要素推动高质量发展

经过三十多年发展，深圳的产业整体迈入高端门槛后，要在全球分工体系中继续攀升，开创性技术的探索应用就越来越重要，而传统的"吸收—模仿—改进"模式难以满足这样的需要。面对新的挑战，深圳将实现自主创新作为城市能级提升和产业再升级的主导战略，通过进一步集聚和发挥核心技术、高层次人才、创投资本等创新型要素的作用来构建新的竞争优势。

此时，深圳立足于自主创新来高水平规划、高起点布局战略性新兴产业（2012~2022年深圳战略性新兴产业增加值如图2-4所示），在5G技术、3D打印、柔性显示、石墨烯太赫兹芯片等领域达到全球领先水平，大幅提升了深圳产业在全球价值链中的竞争位势。而面向更加前沿的领域，深圳则瞄准攻关策源技术、颠覆性技术，前瞻布局合成生物、空天技

---

[1] "6个90%"：90%以上的创新型企业是本土企业、90%以上的研发机构设立在企业、90%以上的研发人员集中在企业、90%以上的研发资金来源于企业、90%以上的职务发明专利出自企业、90%以上的重大科技项目发明专利来源于龙头企业。

术、脑科学与类脑智能等未来产业及技术平台，力争掌握未来发展和竞争的主动权。

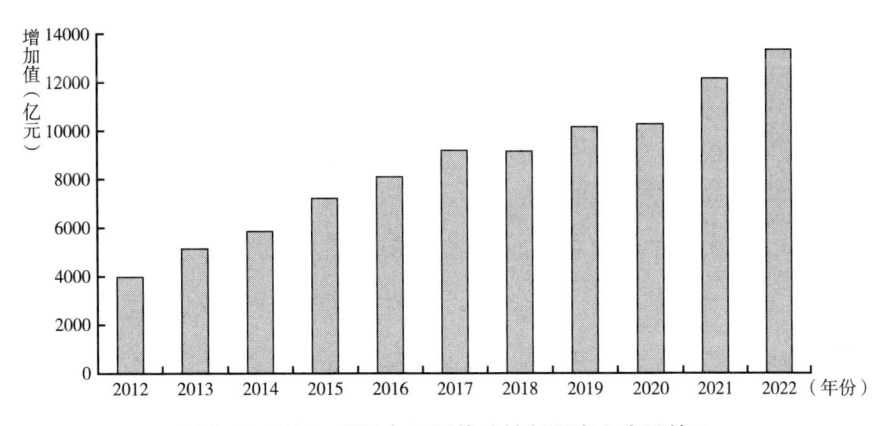

图 2-4 2012~2022年深圳战略性新兴产业发展情况

资料来源：深圳市统计局编《深圳统计年鉴2022》，中国统计出版社，2022。

在人才引智方面，深圳2008年就开始搭建集聚高层次人才的相关政策体系，从人才引进、培养、评价、激励、保障、服务等方面不断完善优化，为城市与产业发展集聚了一大批顶尖人才、领军人才、高层次创新创业团队。截至2022年底，深圳专技人才和技能人才总数达629.07万人，累计认定高层次人才2.23万人，引进留学归国人员超19万人[1]。

深圳向自主创新型城市进军的背后，创投资本的力量也不可小觑。深圳相继成立了千亿级市投资引导基金、百亿级天使母基金，涌现了东方富海、达晨创投等一大批本土风投创投企业。截至2021年底，在深圳登记的管理基金数量达1.98万只、管理基金规模达2.27万亿元[2]，分列全国第二、第三。深圳还按照"一产业集群，一专项基金"的思路组建产业基

---

[1]《深圳对人才吸引力持续强劲》，深圳特区报百家号，https://baijiahao.baidu.com/s?id=1765685517656855734&wfr=spider&for=pc。

[2]《〈关于促进深圳风投创投持续高质量发展的若干措施〉的政策解读》，深圳市地方金融监督管理局官网，http://www.jr.sz.gov.cn/sjrb/xxgk/zcfg/zcjd/zjjd/content/post_9683478.html?eqid=e2b3af2e000320080000000364420556。

金群支持战略性新兴产业和未来产业发展，截至2023年9月底，已围绕合成生物、智能传感器、新能源汽车、生物医药等产业组建了4只专项基金，基金目标规模达165亿元[1]。深圳强劲的资本活力为其产业创新发展注入了强大动力。

为突破城市空间的刚性限制，深圳深化与周边城市的联动发展，进一步增强城市要素资源配置能力。例如，深圳与香港共建的河套深港科技创新合作区，在寸地寸金的深圳面积达到3.02平方公里[2]，由于在合作区内深港双方可以实现人才、资金、技术和信息等要素高效便捷流动，该合作区成为深圳承载综合高端科研项目的原始创新策源地。又如，深圳与汕尾共建深汕合作区作为深圳的"经济飞地"，深汕合作区总面积更是达到468.3平方公里，该合作区采用"深圳总部+深汕基地"的发展模式，为深圳企业提供了更大的发展空间，有效支撑了深圳产业的"腾笼换鸟"和转型升级。在城市内部，深圳还系统谋划构筑高品质产业空间，规划建设了总面积约300平方公里的20个先进制造业园区，打造横向协同、纵向贯通的产业集群生态体系，不仅为战略性新兴产业及未来产业发展提供了更高效、更适宜的承载空间，还促成了产业之间的合作创新和资源共享。通过这一系列举措，深圳基本形成了紧凑集约、弹性增长的城市空间，为建成具有全球影响力的创新创业创意之都奠定了坚实基础。

当前，深圳作为多重国家战略的交会地，肩负着建设具有全球重要影响力的经济中心、科技创新中心、消费中心、物流中心、金融中心等重大战略任务。2019年中共中央、国务院印发《粤港澳大湾区发展规划纲

---

[1] 深圳市科技创新委员会：《关于深圳市"20+8"第一批产业基金管理机构遴选结果的公示》，2023年9月18日。
[2] 河套深港科技创新合作区总面积约3.89平方公里，其中深圳园区面积3.02平方公里，香港园区面积0.87平方公里。

要》，提出在"9+2"区域[1]建立互利共赢的区域合作关系，以提升整体实力和全球影响力，并明确了深圳作为区域发展核心引擎要引领粤港澳大湾区深度参与国际合作。同年，党中央作出支持深圳建设中国特色社会主义先行示范区的重要部署，赋予深圳在要素市场化配置、营商环境、科技创新体制、对外开放、公共服务体制、生态环境和城市空间治理等方面更大的改革自主权，还提出以深圳为主阵地建设综合性国家科学中心，推动深圳朝着竞争力、创新力、影响力卓著的全球标杆城市前进。在国家和广东省的全力支持下，深圳充分释放"双区"[2]驱动效应，构建日趋完善的"基础研究+技术攻关+成果产业化+科技金融+人才支撑"全过程创新生态链，在中信所[3]发布的《国家创新型城市创新能力评价报告》中连续四年蝉联第一，其已经从传统要素驱动型城市成功转型创新驱动型城市，城市产业发展的内生动力持续增强。

第三节 成都——战略牵引内陆城市突围的奋进者

作为古蜀文明的发祥地，成都承载着三千余年的人文底蕴，享有"扬一益二""列备五都"的历史盛誉。在"三线建设"[4]、西部大开发、"一带一路"倡议、成渝地区双城经济圈建设等系列国家战略部署下，成都肩负起维护国家安全稳定发展的"战略大后方"、国家向西向南开放的

---

[1] "9+2"区域：广东省广州市、深圳市、珠海市、佛山市、惠州市、东莞市、中山市、江门市、肇庆市九个城市以及香港特别行政区、澳门特别行政区。
[2] "双区"：粤港澳大湾区、中国特色社会主义先行示范区。
[3] 中国科学技术信息研究所（简称中信所）是科技部直属的国家级公益类科技信息研究机构，于2019年起对97个地级和副省级国家创新型城市的创新能力进行评价，发布《国家创新型城市创新能力评价报告》。
[4] "三线建设"：我国自20世纪60年代中期开始从备战出发而进行的以国防工业建设为中心的战略大后方建设项目。成都为三线建设的重点城市之一，建成了多个以国防科技为主的企业单位和科研院所，形成了较完善的交通能源、基础工业及国防工业体系。

前沿阵地等重大使命。在外部的有利环境不断转化为城市发展成果的过程中，成都开辟了具有内陆城市特质的跨越式发展新路径。

一 依托"三线建设"成为全国工业重点建设城市

新中国成立之时，成都的农业生产占绝对主导地位，三次产业结构比例为73.4∶9.7∶16.9[1]，工业生产能力相对落后，绝大部分工业日用品由外地供给。随着国家"一五""二五"计划的实施和"三线建设"的开展，成都在中央统筹下布点了一批拥有专业技术设备和人才队伍的工业项目，由此走上了"植入式"的工业发展道路。到1978年，成都在机械工业、电子工业、航空航天、装备制造、石油化工等现代工业领域已经具备了一定的基础，也推动三次产业结构比例调整为31.8∶47.2∶21.0[2]，成都成为新中国四大电子工业基地[3]之一。为了配合"三线建设"，国家从其他省市调整搬迁了一批科研院所、高等院校到成都（中国科学院成都分院、电讯工业研究所等一批科研院所相继新建或从沿海城市调整入蓉），并推动四川大学、西南交通大学等学校合并、重组和组织调整，而后（1956年）在成都成立了中国首家电讯工学院——成都电讯工程学院（即现今电子科技大学）。这些都为成都建设西南科技中心奠定了基础[4]。

国家在成都统筹布点的重点工业企业主要集中于城市东郊[5]和青白江区，植入的工业项目呈现高度集中的空间布局特征。其中，东郊布局西南无线电器材厂、成都通用无线电测量仪器厂等项目后，各类大中小型电子配套企业相继入驻，使东郊逐步成为成都电子工业基地的主要承载地，

---

[1] 成都市统计局编《成都统计年鉴2022》，中国统计出版社，2022。
[2] 成都市统计局编《成都统计年鉴2022》，中国统计出版社，2022。
[3] 新中国四大电子工业基地：北京、上海、武汉、成都。
[4] 《奋进历程辉煌巨变——中华人民共和国成立70年四川要事辑录一》，人民代表大会常务委员会官网，http：//www.scspc.gov.cn/rdzt/gq70/hh70n/201909/t20190926_36683.html。
[5] 东郊的地理范围涵盖了锦江、成华两区近40平方公里的面积，其中工业用地约14平方公里。

而青白江区则成为成都化工工业的核心区。"三线建设"时期还有部分以军工生产为主的企业相继迁至成都其他区县,如成都无缝钢管厂在金堂设立分厂,进一步扩大了成都工业生产分布范围。与之相匹配的交通基础设施也得以加快完善。1956年中央军委总参谋部批准将成都双桂寺机场划归民航使用,并更名为成都双流机场,同年,宝成铁路建成通车,成都在西南地区的交通枢纽地位大幅提升。

专栏2-1 成都电子工业起航之路

成都在工业化进程中,历经国家"一五"计划、"二五"计划和"三线建设",逐步成为全国电子工业基地之一,为信息化发展奠定了基础。"一五"计划期间,苏联援助中国建设的156项重点工程中有电子工业9项,其中4项布局在成都。同时,国家在成都布局我国第一个电子工业研究所(第十研究所)、我国第一所电子工科大学(成都电讯工程学院,现电子科技大学),为电子工业发展提供了必要的人才和技术支持。"二五"计划时期,国家在成都布局建设了一批国防事业急需的通信导航、地面雷达以及电子元件、电子测量仪器、电子专用设备、电真空专用材料等领域重点项目,重大项目落地提升了成都电子工业的水平和地位。1964年,中共中央作出了在西南地区进行"三线建设"的重大战略决策,成都成为我国战略大后方的重要承载。一批航空、航天、船舶、电子、核工业等领域的重要项目、科研单位迁入成都。与此同时,成都先后组建、扩建一批企事业单位,形成以中央企业为骨干、地方企业配套发展的工业布局。

资料来源:陶武光、王荣轩:《成都五十年:1949~1999》,中国统计出版社,1999;成都市社科院编《成都市志》,四川出版集团·巴蜀书社,2006。

二 改革开放掀起乡镇经济发展热潮

改革开放以来,成都持续推进企业改革和农村改革,极大地推动了乡镇经济的快速发展。成都积极实施部分大型企业的异地改造[1]，地处中心城区的50余个轻工企业先后在郫县（现郫都区）犀浦镇、新都大丰镇、双流机投镇建立了轻工生产园区。在争当工业排头兵的浪潮下，成都的乡镇工业园区、乡镇工业小区和各类开发区建设如火如荼。不断涌现的乡镇企业［1978~1990年成都乡镇企业数量（按行业分）见图2-5］、外资合资企业、沿海搬迁企业和大小不一的各类工业园区，使成都的产业空间布局由集中集聚向多点开花转变，形成"村村点火、镇镇冒烟"的发展态势。1990年全市乡镇企业工业总产值达到68.89亿元，占全市工业总产值的27.4%，其中，乡镇企业轻工业总产值占全市轻工业总产值的35.1%[2]，成为成都工业化发展的重要力量。至2002年，成都工业开发（园）区达到了116个。

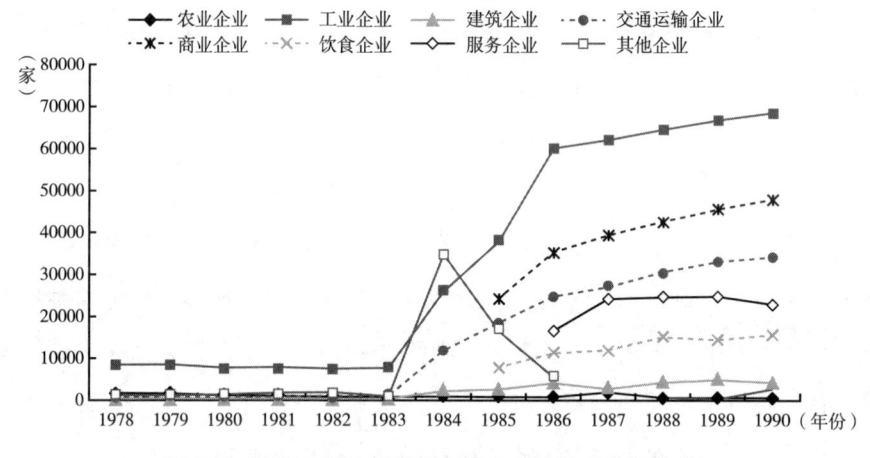

图2-5　1978~1990年成都乡镇企业数量（按行业分）

资料来源：成都市社科院编《成都市志·乡镇企业志》，四川出版集团·巴蜀书社，2006。

---

[1] 利用市区企业的区位优势和"级差地租"的差异，出让市区土地，筹集资金在郊区兴建轻工城。
[2] 成都市社科院编《成都市志·乡镇企业志》，四川出版集团·巴蜀书社，2006。

专栏 2-2　成都提出"八字方针"促进电子工业发展和优化提升

1978 年，中共中央召开全国科学大会，要求集中力量在电子计算机等八个影响全局的综合性科学技术领域、重大新兴技术领域和带头学科做出突出成绩，我国包括信息技术在内的科技事业迎来了发展的春天。在改革开放方针指引下，成都提出了"调整、改革、整顿、提高"的"八字方针"。

一方面，成都推进电子工业产品结构调整，加快重点工程建设和技术改造的步伐。在蓉国有电子仪表工业企业先后实施技术引进和技术改造 160 余项，全系统累计完成总投资 24.15 亿元，相继建成一批生产自动化程度较高、具有一定规模的生产线和重点工程项目。其中不乏获得国家奖励的企业，例如，成都无线电七厂获国家引进技术改造现有企业全优奖，宏明无线电器材厂获国家技术进步先进企业全优奖，红光电子管厂获国家企业技术进步奖。

另一方面，成都推动国营企业市场化改革，提高其市场竞争力。成都面向国营工业小企业推进自负盈亏、以税代利的试点，并在有条件的企业先后试行了各种形式的经济责任制改革，使国营电子企业得以更好地适应市场变化，进一步推动了电子工业的发展和升级。1983 年，电子工业部在蓉的宏明无线电器材厂等 18 个企事业单位由国防工办划归市电子仪表工业局归口管理，为成都的电子工业发展提供了更广阔的空间和更多的机遇。

资料来源：陶武光、王荣轩：《成都五十年：1949~1999》，中国统计出版社，1999；成都市社科院编《成都市志》，四川出版集团·巴蜀书社，2006。

乡镇经济的发展在很大程度上改变了城市空间结构和城乡发展面貌。随着都江堰、彭州、邛崃、崇州等小城市以及一大批小城镇的迅速发展，成都城镇体系结构逐步得到完善，市域内形成了"特大城市—小城市—建制镇——一般乡镇"的城镇规模等级体系[1]。在这一过程中，成都的城市规模与建成区都在不断扩大，成都的行政区划由5区2县调整为9区4市（县级）6县，市域面积也由3861.02平方公里增加到12390平方公里，市区建成区面积由40.2平方公里增加到228.1平方公里，扩展了4倍之多（见表2-4）。随着中心城区制造业成规模地向外转移扩散，城市空间由中心城区向周边地域呈圈层状扩散，加之城郊快速路、二环路、三环路、绕城高速等交通干线的建成通车，近郊区[2]开始分担中心城区的城市功能，逐步发展成为小城市或中等城市，加快推动了农业人口向非农业人口的转化，非农人口比重由1978年的22.3%提升至2001年的34.8%[3]，提高了12.5个百分点。

表2-4　1978~2001年成都市域面积、市区面积与市区建成区面积

单位：平方公里

年份	市域面积	市区面积	市区建成区面积
1978	3861.02	—	40.2
1979	3861.02	—	40.2
1980	3861.02	—	—
1983	12390	—	—
1986	12390	—	—
1987	12390	—	70
1988	12390	—	81.9
1989	12390	—	83.2
1990	12390	1382	87.1
1991	12390	1382	84.9
1992	12390	1382	88.9
1993	12390	1382	92.2

[1] 李霞、阎星等：《改革开放40年成都经济发展道路》，四川人民出版社，2018。
[2] 近郊区包括青白江区、龙泉驿区、新都区、温江区、双流县（现双流区）、郫县（现郫都区）。
[3] 数据根据户籍人口构成计算得出。资料来源于成都市统计局编《成都统计年鉴2002》，中国统计出版社，2002。

续表

年份	市域面积	市区面积	市区建成区面积
1994	12390	1382	97.1
1995	12390	1382	129.0
1996	12390	1418.3	138.1
1997	12390	1418.3	144.1
1998	12390	1418.3	192.2
1999	12390	1418.3	202.3
2000	12390	1418.3	207.8
2001	12390	1418.3	228.1

注：根据《中国城市统计年鉴》，市域面积为城市的全部行政区域的面积，包括城区、辖县、辖市；市区面积为所有城区面积，不包括辖县、辖市；市区建成区面积是指市区内实际已成片开发建设、市政公用设施和公共设施已基本具备的区域。

资料来源：成都市统计局编《成都统计年鉴2002》，中国统计出版社，2002。

三 西部大开发战略推动融入全球产业分工体系

21世纪前后，全球掀起了新一轮产业转移浪潮，发达国家开始将劳动密集型产业和部分资本、技术密集型产业向发展中国家转移。恰逢我国开始实施西部大开发战略，成都作为中国西部地区的重要城市，成为承接国内外产业转移的重要地区，相继引进了一些跨国企业的产业项目。2003年，英特尔落户成都高新区，建设了英特尔全球晶圆预处理三大工厂之一和全球最大的芯片封装测试中心之一，也为成都电子信息产业新一轮发展拉开了序幕。2008年，一汽大众生产基地落户成都经开区，陆续带动吉利、沃尔沃、神龙等汽车企业到蓉投资建厂，并推动一汽大众EA211发动机项目、吉利动力总成系统、德国博世底盘系统等重大产业项目投产，成都汽车产业由此实现从无到有、由小到大的快速发展。正是借助承接跨国公司产业全球布局和我国东部地区产业转移的契机，成都构建了电子信息、机械、汽车、石油化工等八大特色优势产业[1]，并且两头在外、大进大出的外向型经济特征显著。到2012年底，八大特色优势产业实现增加值2118.3亿元，占全市规模以上工业比重约为81.8%。2012年成都工业企业特色优势产业发展情况如图2-6所示。

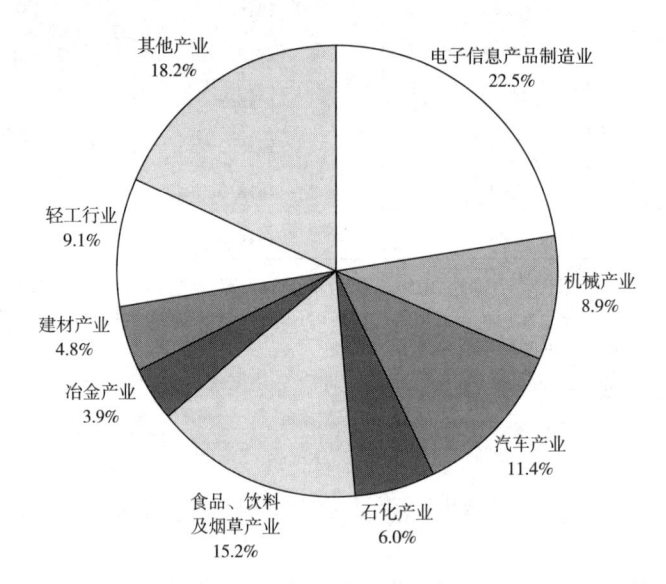

图2-6 2012年成都工业企业特色优势产业发展（增加值）情况

资料来源：成都市统计局编《成都统计年鉴2013》，中国统计出版社，2013。

专栏2-3 成都深入链接全球电子信息产业分工体系，加快促进两化融合发展

成都抢抓西部大开发和扩大开放战略机遇，积极推动集成电路、软件、通信设备等产业发展。

2000年，成都将发展电子信息产业提升为"一号工程"。2003年英特尔成都工厂落户，推动了大批芯片产业链上下游、左右岸企业的集聚，其后高新区成功扩区，带动了全市电子信息产业的快速发展。2006年成都电

---

[1] 八大特色优势产业包括汽车、电子信息、冶金、食品饮料、石油化工、建材、轻工、机械。

第二章　中国式现代化道路下城市发展与产业变迁历程

子信息产业产值规模跨上三百亿元新台阶,确立了在西部地区的引领发展优势。与此同时,成都被商务部认定为"国家软件出口创新基地",并成为全国首批"服务外包基地城市",软件产业规模从2003年的66亿元跃升至2006年的180亿元,从业人员达6.5万余人,为成都打造"中国软件名城"坚实了基础。

成都还持续优化完善通信基础设施,积极布局培育云计算、物联网、电子商务等新兴产业,加速工业化和信息化融合发展。2009年成都云计算中心正式建成并投入使用。2011年成都发布全国首个城市物联网产业发展规划,为打造国内算力供给高地和具有较强国际竞争力及辐射带动能力的物联网感知技术创新聚集地厚植了发展优势。2011年11月,成都又获批"国家电子商务示范城市","中国银联移动电子商务基地"及"中国银联电子票据创新业务中心"也在蓉正式挂牌,推动了全市产业与电子商务深度融合,为西部地区推进两化融合转型提供了示范。

资料来源:成都市社科院编《成都市志》,四川出版集团·巴蜀书社,2006;李霞、阎星等:《改革开放40年成都经济发展道路》,四川人民出版社,2018。

重大产业转移项目的落地加速了城市空间格局的重构。为了更好地承接英特尔等龙头项目落地吸引的协作配套企业,2003年,成都将高新区面积由7平方公里扩大到35.5平方公里,并作为电子信息产业主要承载区持续推动产业集聚发展。同年,成都开始推进城乡统筹发展,提出"三个集中"[1]的发展思路,将116个工业园区调整为21个工业集中发展区。2008年成都进一步明确"一区一主业"的发展导向,形成了圈层式产业梯度布局、错位竞争的格局,中心城区重点发展以软件、电子信息、创意设计、生物医药为主的高新技术产业和总部经济,第二圈层重

---

[1] "三个集中":工业向集中发展区集中、土地向规模经营集中、农民向集中居住区集中。

点发展以机械制造、机电制造、汽车及零部件制造为主的现代制造业，第三圈层重点发展以轻工机械制造、塑料制造、食品饮料制造、冶金建材等为主的特色产业。到2012年，成都工业集中发展区内规模以上工业企业增加值在全市的占比达到81.4%[1]，产业集中集约和转型发展的成效明显。

表2-5 成都工业集中发展区"一区一主业"产业定位

序号	名称	重点支持产业
1	成都高新区	电子信息（含软件）及生物医药产业
2	成都经开区	以汽车整车（含工程机械）及配套零部件为主的现代制造业
3	成都石化基地	石化产业
4	锦江区	以创意设计及电子信息服务为主的企业总部
5	青羊区	以航空模具产业为主的企业总部
6	金牛区	以电子信息服务为主的企业总部
7	武侯区	以轻工设计及软件开发为主的企业总部
8	成华区	以机电研发为主的企业总部
9	温江区	电子机械产业
10	青白江区	冶金建材制造业
11	新都区	精密机械制造业（新繁镇：家具产业）
12	都江堰市	机电及软件产业
13	彭州市	塑料制造业
14	邛崃市	天然气化工产业
15	崇州市	以制鞋为主的轻工业
16	金堂县	新型建材制造业（淮口镇：纺织制鞋业）
17	双流县	光伏光电及机电产业
18	郫县	精密机电制造业（安德镇：川菜原辅料加工业）
19	大邑县	轻工机械制造业
20	蒲江县	食品饮料制造业
21	新津县	以新能源、新材料为主的化工产业

资料来源：《成都市人民政府关于加快工业集中发展区建设发展的试行意见》，2008年1月30日。

---

[1]《2012年12月成都工业统计月报》，成都市统计局官网，https://cdstats.chengdu.gov.cn/cdstjj/c154782/2023-01/31/content_1ffad224c6604913883c487f785c75d2.shtml。

四 开放新格局和区域重大战略引领城市功能与产业体系建设

成都作为中国南方古丝绸之路的起点,在国家"一带一路"倡议和长江经济带战略中,被定位为西部开发重要支撑和内陆开放型经济高地,成都向西向南开放的区位优势再次凸显。另外,区域协调发展战略围绕中心城市和城市群纵深推进,成渝地区双城经济圈建设上升为国家重大区域战略,成都城市能级位势不断跃升。围绕融入和服务新发展格局,成都提出"奋力打造中国西部具有全球影响力和美誉度的社会主义现代化国际大都市"总体目标和"四中心一枢纽一名城"[1]城市定位,并开始逐渐弱化以三次产业为主线构建产业体系,强化以城市核心功能为导向布局产业。成都城市功能演进如表2-6所示。

表2-6 成都城市功能演进

序号	来源	城市功能定位
1	《成都城市总体规划(1995—2020年)》	全省政治、经济、文化中心,西南地区的科技、金融、商贸中心和交通、通信枢纽,是重要的旅游中心城市和国家级历史文化名城
2	《成都城市总体规划(2003—2020年)》	中国西部重要中心城市之一,西南地区科技、金融、商贸中心和交通、通信枢纽,国家历史文化名城和旅游中心城市
3	《成都城市总体规划(2011—2020年)》	四川省政治、经济、文化中心;西部地区金融中心、科技中心和信息枢纽;国家重要的旅游中心城市
4	《成都市城市总体规划(2016—2030年)》	建设全国重要的经济中心、科技中心、金融中心、文创中心、对外交往中心,强化综合交通及通信枢纽以及建设国际门户城市
5	2016年国务院批复的《成渝城市群发展规划》	西部地区重要的经济中心、科技中心、文创中心、对外交往中心和综合交通枢纽功能
6	《成都地区双城经济圈发展规划纲要》	以建成践行新发展理念的公园城市示范区为统领,打造区域经济中心、科技中心、世界文化名城和国际门户枢纽

---

[1] "四中心一枢纽一名城":全国重要经济中心、全国重要科技创新中心、西部金融中心、国际消费中心城市、国际门户枢纽和世界文化名城。

续表

序号	来源	城市功能定位
7	《中共成都市委关于深入学习贯彻党的二十大精神 奋力打造中国西部具有全球影响力和美誉度的社会主义现代化国际大都市的决定》	聚焦全国重要经济中心、全国重要科技创新中心、西部金融中心、国际消费中心城市、国际门户枢纽和世界文化名城功能定位，持续做优做强高端要素运筹、创新策源转化、国际消费引流、对外开放门户等核心功能和公共服务、基础设施、宜居环境、现代治理等基本功能

2017年成都开始系统推进建设产业生态圈，2021年成都进一步实施产业建圈强链行动（所涉及的产业生态圈和重点产业链见表2-7），以重点产业链为主线，培育具有比较竞争优势、"根植性"和国际竞争力强、绿色低碳可持续的重点产业集群，瞄准城市发展战略和核心功能做强产业支撑。例如，围绕建设全国重要经济中心，成都突出发展先进制造业和生产性服务业，谋划了电子信息、航空航天、大健康、现代交通、绿色低碳等先进制造领域的重点产业链，成功打造了生物医药、轨道交通2个国家级战略性新兴产业集群[1]，以及电子信息、高端能源装备、软件和信息服务3个国家先进制造业集群[2]。又如成都高标准建设成渝（兴隆湖）综合性科学中心和西部（成都）科学城，以科技创新赋能支柱产业迭代升级、新兴产业培育壮大、未来产业前瞻布局，整体提升城市科技水平和产业竞争力，推动建设科技创新中心。2022年，成都经济总量挺进"2万亿俱乐部"，国家中心城市综合实力进一步提升。

---

[1] 2019年，国家发改委下发《关于加快推进战略性新兴产业产业集群建设有关工作的通知》，公布第一批66个国家级战略性新兴产业集群名单，成都生物医药、轨道交通两个产业集群入选。

[2] 2022年11月，工业和信息化部正式公布45个国家先进制造业集群的名单，成都3个先进制造业集群入选，分别是成都市软件和信息服务集群、成渝地区电子信息先进制造集群和成都市、德阳市高端能源装备集群。

表2-7 成都产业建圈强链行动涉及的产业生态圈和重点产业链

序号	产业生态圈	重点产业链
1	电子信息	①集成电路
		②新型显示
		③智能终端
2	数字经济	④高端软件与操作系统
		⑤大数据与人工智能(含车载智能控制系统)
		⑥工业互联网
		⑦卫星互联网与卫星应用
		⑧金融科技
3	航空航天	⑨航空发动机
		⑩工业无人机
		⑪大飞机制造与服务
4	现代交通	⑫汽车(新能源汽车)
		⑬轨道交通
		⑭现代物流
5	绿色低碳	⑮生态环保
		⑯新能源
		⑰新材料
6	大健康	⑱创新药(含中医药)
		⑲高端医疗器械
		⑳高端诊疗
7	新消费	㉑旅游业
		㉒文创业(含数字文创)
		㉓会展业
		㉔体育产业
		㉕音乐产业
		㉖美食产业(绿色食品)
8	现代农业	㉗都市农业
		㉘现代种业

资料来源:成都市人民政府:《成都市产业建圈强链优化调整方案》,2023年4月13日。

随着国家级新区[1]的加快建设，成都高新区与成都经开区等重点区域的高速发展，加之因天府国际机场的建设而代管简阳市（县级），成都的建成区面积由2013年的528.9平方公里增加到2021年的1038.8平方公里[2]，不到十年的时间，城市建成区面积扩展了近1倍，人口规模也突破了2100万人，成为继重庆、上海、北京之后中国城市人口"第四城"。而人口和企业集聚加速、城市化进程加快，也引发了主城区和高新区发展空间趋于饱和而远郊市县人口和经济密度相对较低等一系列问题。为此，成都以功能建设为导向，因地制宜地推动中心城区、城市新区、郊区新城优势互补、联动发展，以期构建更加合理、更有效率的多中心、网络化、组团式功能体系和空间格局。其中，中心城区[3]聚焦做优做强高端要素运筹、国际交流交往、现代服务发展、文化传承创新、时尚消费引领等核心功能，城市新区[4]聚焦做优做强创新策源转化、国际门户枢纽、新兴产业集聚等核心功能，郊区新区[5]聚焦做优做强生态价值转化、促进乡村全面振兴、公园城市乡村表达、粮食安全等核心功能。可以说，成都新一轮的空间结构调整是完善城市整体功能、探索超大特大城市转型发展的主动选择。

成都在迈向新一线城市领军行列的过程中，人才、数据、产业基金等高端要素资源的支撑作用也在不断强化。成都在人才队伍建设方面持续发力，实施了"蓉漂计划""蓉城英才计划""产业建圈强链人才计划"等一系列行动，全方位引育各类急需紧缺人才，打造全国创新人才高地。到2022年，成都人才总量达622.32万人、居全国第4位[6]，连续4年荣获

---

[1] 2014年10月2日，四川天府新区正式获批成为中国第11个国家级新区。
[2] 成都市统计局编《成都统计年鉴2022》，中国统计出版社，2022。
[3] 中心城区：锦江区、青羊区、金牛区、武侯区、成华区、龙泉驿区、青白江区、新都区、温江区、双流区、郫都区、新津区。
[4] 城市新区：四川天府新区、成都高新区、成都东部新区。
[5] 郊区新区：金堂县、彭州市、简阳市、邛崃市、崇州市、都江堰市、大邑县、蒲江县。
[6] 成都市人民政府：《2023年成都市政府工作报告》，2023年2月21日。

智联招聘"中国最佳引才城市"[1]，成为年轻人的向往之城。同时，成都还紧抓数字经济发展的机遇，充分挖掘数据要素的新型生产力价值，积极布局"超算中心+智算中心+云计算数据中心+边缘数据中心"的算力基础设施体系，先进算力支撑能力全国领先，并以此为基础促进城市经济、治理、生活数字化转型，探索智慧城市应用场景，推动城市产业的高质量发展。

专栏 2-4　成都开启智慧蓉城建设篇章，进入信息化发展新阶段

成都大力培育发展工业互联网、数字经济，系统谋划、推动智慧城市建设，加速智慧蓉城与工业互联网、数字经济互促发展、多向赋能，不断提升超大城市敏捷治理、科学治理水平，持续增强国家中心城市、成渝地区双城经济圈极核城市的国际竞争力和区域辐射力。

一方面，成都提速推进工业互联网发展。2020年成都成为西部唯一的国家级工业软件协同攻关和体验推广中心，2021年成渝地区获批建设国家级工业互联网一体化发展示范区，2023年工业互联网标识解析国家顶级节点（成都托管与灾备节点）首批五大节点正式托管运行，促进了成都加快提升工业互联网产业承载力和发展动力，为西部地区加快推进制造智能化、生产自动化、产品数字化、管理信息化转型提供了有力的保障。

另一方面，成都加速布局数字经济发展制高点。2020年以来陆续获批中国西部首批国家级人工智能发展试验区、国家区块链创新应用综合性试点，推动了人工智能、区块链等领域应用创新生态加速完善，增强了对西部地区数字经济发展的示范引领和辐射带动作用。

---

[1] "中国最佳引才城市"属于"中国年度最佳雇主"评选活动城市奖项之一，由智联招聘、北京大学社会调查研究中心、北京大学国家发展研究院等多家专业机构评审。评委会从人才吸引力、人才保留率、人才活力等维度进行城市（区）就业大数据分析，最终评选出"中国最佳引才城市"。

成都还积极树立超大城市智慧化治理新标杆。2021年成都成功入选国家智能社会治理实验综合基地，2022年成都又发布了全市第一部智慧城市建设的五年规划，为持续深化智慧城市建设指明了方向、增添了动力，推动了城市治理理念、治理模式、治理手段加速智慧化变革。

第三章　现代城市产业的进化逻辑和影响因素

回顾国际国内典型城市的发展历程，不难发现，城市与产业呈现紧密的相生相长规律。事实上，两者互动的本质是一种共生关系，并且这种共生关系随着时间的推移，表征了现代城市产业进化的逻辑，而在这一过程中，产生重要影响的因素通常是城市功能、城市空间、生产要素、微观主体这四者。

第一节　现代城市产业进化逻辑

回首典型城市推进现代化发展的开端：上海在新中国成立初期，以支撑和服务国家大规模工业化建设为使命，成为以生产为先导的"综合性工业城市"，并由此开拓了承载工业化、城市化发展的广阔空间；东京最初是在日本都市优先发展战略规划引导下，不断集聚人口、资本等资源，加速布局劳动密集型制造业和资本密集型制造业，凭借"一极集中"的发展模式，形成了追赶西方发达城市的经济体量和工业化水平；西雅图则凭借其丰富的森林矿产资源以及临近海湾的区位优势，吸引了波音公司的入驻，航空制造业和其相关产业对劳动力、土地的大量需求，又进一步带动城市人口集聚和空间扩张，其作为"航空之城"的地位由此开始显现。这些典型城市的发展历程呈现一个基本规律：在现代城市发展初期，无论是基于城市自身地理区位、资源禀赋等优势条件，还是基于政府的规划布局、宏观调控，现代城市普遍经历了经济飞速增长、人口加速集聚和空间快速蔓延的阶段，城市与产业的发展以规模扩张为主要特征，"量"的提升则是该阶段的关注重点。

而事实证明，城市在集聚发展达到一定规模之后，一些结构性问题就会逐渐显现，开始产生集聚不经济的现象，如城市拥挤效应、劳动力成本上升、企业生产效率下降、城市管理无序等，及时调整发展方式成为现代城市突破阶段困局的共性选择。深圳就在传统要素集聚以及政策红利所带来的竞争优势逐渐被其他城市赶上之后，通过引进和孵化先进技术来弥补过度依靠资本和劳动投入而边际效益递减的影响，进而对传统优势产业进行改造提升，并对城市空间发展进行了重新规划和调整。伦敦也是在城市发展空间狭小、环境容量不足等内部制约愈发凸显后，通过新城建设引导产业与人口在更大地域范围布局，不论是中心城区制造业的外迁，还是港口区功能置换计划的实施，都是伦敦基于高效分工探索城市发展新模式、新路径的重要体现。不难看出，为有效破解快速扩张所带来的"城市病"并获取长远可持续的发展效益，现代城市优化调整发展方式、推动产业演进升级都有一个共同的取向，那就是以效率提升为主要特征。也就是说，现代城市和产业发展进入了更加关注"质"的提升的阶段。

随着城市深度嵌入全球分工体系以及全球价值链加速重构，提升先进性、引领力、控制力逐渐成为头部城市的追求，现代城市与产业的共生关系又呈现新的阶段特征。其中，深圳是通过构建核心技术、高层次人才、创投资本等创新要素叠加赋能的创新驱动能力和创新链产业链深度融合的生态体系，推动高能级创新企业云集、全球科技实力持续攀升，进而实现了战略性新兴产业的崛起，并在国内独占鳌头。上海则是通过布局发展劳动生产率和技术贡献率更高、资源配置效率更优的"五型经济"，营造出人流、物流、商流、信息流、资金流和技术流高频互动、高效配置、高能增值的要素生态，将规模优势转化为"长板"产业的影响力和控制力优势，形成了驱动城市能级提升的强劲动力。产业"植入式"特征显著的成都又是另一个经典案例。近年来，成都以建设"四中心一枢纽一名城"的核心功能为目标统筹引导产业布局，并通过构建"链主"企业、公共平台、产业基金、领军人才、中介机构等融合发展的产业生态，带来了产业竞争力和城市发展能级的大幅提升。东京的繁荣则得益于中心城市和腹地城市之间形成生态一体化的区域经济，区域产业分工网络为有效承接东京功能疏散和产业转移提供结构支撑，促进了东京空间结构优化和产业转型升级。同时，东京产业的演替也带动了周边城市的崛起，实现了"多中心分散型网络结构"的高效运行。可以发现，这些典型城市都是在构建起各个相关主体、环节、要素相互联系、相互依赖的"生态体系"的基础上，实现了产业核心竞争能力以及城市在全球城市体系中能级位势的攀升。这也意味着，现代城市发展开始进入以生态一体、创新驱动为主要特征的新阶段，这使得城市产业发展更加强调"能"的飞跃（见图3-1）。

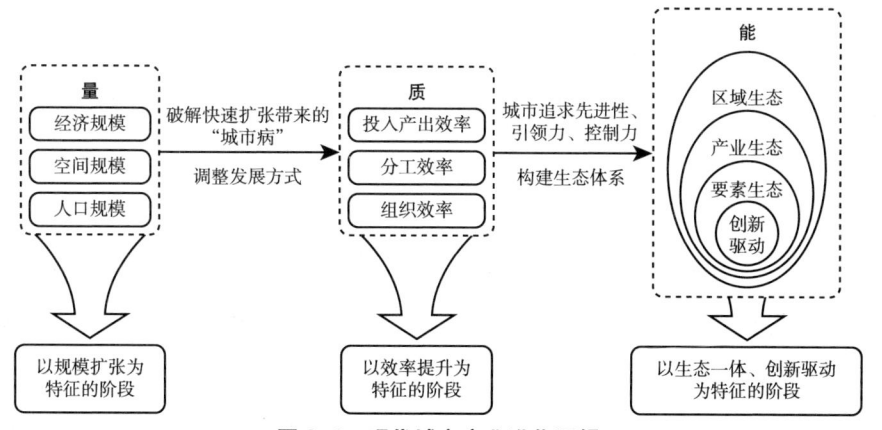

图 3-1 现代城市产业进化逻辑

资料来源：笔者自绘。

第二节　现代城市和产业互动发展的影响因素

纵观国内外典型城市的发展历程，一些因素始终在其中发挥着或隐或显、或明或暗的作用，探究之下，是城市功能、城市空间、生产要素、微观主体这四者在不同阶段、不同程度地发展、演进、升华，进而成为影响城市与产业互动发展的关键中间媒介。

一　功能提升城市竞争力，实现城市与产业同频共振

伦敦在每个发展阶段都构建起了支撑城市功能强化的产业体系，最为突出的是金融中心建设，金融功能甚至脱离了对城市制造业的依附，并以资本要素的全球配置能力提升了伦敦国际金融中心的地位，这为城市产业发展找到了新的支撑；在资源管控中心功能建设的新时期，伦敦注重发展科技、金融、文化、创意等高密度集聚、高频率交互的高端服务业，进一步增强了其对全球要素资源的配置能力。上海城市功能定位经历了从单一功能的工业城市到国际经济、金融、贸易、航运、科技创新中心和文化大都市的转变，产业发展也实现了"轻纺工业—重化工业—服务经济—'五型经济'"的同步变迁，城市功能的完善与产业的演进实现了同频共振，形成了城市强大的综合实力。成都城市定位深刻影响了产业体系建设，从"三线建设"到"西部大开发战略"再到"双循环"新发展格局，不同时代赋予了"战略大后方"不同的功能要求，成都的产业也相应经历了从"植入式"的工业发展到"两头在外、大进大出"的外向型产业，再到构建具有内生动力的产业体系的转变。

不难发现，功能在城市塑造和提升自身竞争力过程中起到了定向作用，而通过适时调整产业来支撑和更新城市功能是必要手段。当前，产业发展的出发点已然演变为瞄准城市战略目标下功能体系"需要什么"，就

第三章　现代城市产业的进化逻辑和影响因素

构建与之相契合、相支撑的产业体系，以便集中力量在全球竞争中获得更大的整体优势，这背后体现了"城市功能演进牵引产业调整、产业升级助推城市功能能级提升"的规律。

二　空间承载产业，成就城市

东京的产业结构调整表现出与城市空间组织同步演进的显著特征，早期的政策倾斜和地理区位优势，使东京能够以"一极集中"发展模式为重点布局钢铁、化工等重化工业。而随着东京首都圈计划的纵深推进，"多中心分散型网络结构"为有效承接东京功能疏散和产业转移提供支撑，东京产业向高端化、服务化转型，而生产型制造向环核心城市及次中心城市外迁。上海灵活调整城市空间格局来适应外部环境变化和产业发展需求，在工业城市时期，以卫星城为核心实现工业的合理化布局，随着服务经济的地位不断提升，上海开始以功能更完善、人口集聚能力更强的郊区新城取代卫星城，主城区、郊区新城专业化分工协作格局基本形成。而服务经济的强辐射特征还推动产业向周边城市延展，以上海都市圈为单元的区域经济一体化发展格局逐渐形成。成都在国家战略的牵引下实现城市空间格局的重塑，从"三线建设"带来的工业集中布局，到乡镇经济崛起带动的工业园区多点布局、分散发展，到"西部大开发"时期工业园区整合的集约化转型，再到如今推进建设围绕支撑城市核心功能的"三个做优做强"重点片区（产业功能区），产业空间发展经历了"集中—分散—集约—集成"的变化，城市空间也实现了圈层式空间格局向多中心、网络化、组团式空间格局的演进，这些变化为产业体系向价值链高端跃升提供了更匹配、更高效的承载支撑。

不难发现，空间在推动城市与产业互动发展上起到了关键作用，城市空间的合理布局和科学规划，为各类产业发展提供了必要的支持和保障。同时，城市产业的调整优化，也对城市空间的扩张、重塑和开放发挥着重

63

要的引导作用。可以说，空间既支撑着城市经济实力提升，又肩负着城市持续发展的重任。

三 要素支撑产业运转、城市繁荣

深圳是通过推动生产要素"从无到有""从有到强"实现城市与产业良性互动发展的代表，在发展初期凭借经济特区制度、区位条件等优势，实现土地、资金、劳动力等生产要素的快速集聚，随后其以技术的引进开发为抓手推动产业向高附加值层次迈进，随着城市发展受到空间制约以及国际国内竞争加剧，深圳又开始以高层次人才、创投资本、数据要素等创新型要素为核心打造城市新的增长动力，并通过高效配置来支撑创新型经济、知识型经济、服务型经济的发展。西雅图城市产业的变迁也是受要素资源重构的深刻影响，其早期依托地理区位优势和自然资源禀赋集聚了资金、劳动力等生产要素，促进了加工贸易的发展，而后波音公司的入驻带来了技术、专业人才等更高级的要素，支撑起"航空之城"的繁荣，随着波音公司迁出和微软公司入驻，西雅图开始重视培育和集聚新兴产业所需的高新技术、科技人才等创新型要素，走上了"科技新城"的发展道路，实现了从制造经济到创新经济的转变。

不难看出，生产要素在自身边界不断扩展、配置效率不断提高、组合方式不断优化的同时，也推动着城市形态、产业结构、经济发展动能和社会运行规则的不断变革。可以说，生产要素为城市产业的发展提供了基本资料，也为城市的兴盛繁荣提供了流量、热能和动力源泉。

四 微观主体构筑产业基础、城市活力

西雅图城市转型发展的背后，龙头企业发挥了不可磨灭的作用。波音公司的入驻为西雅图振翅飞翔打下了坚实的基础，使其成为全球重要的"航空之城"，而微软公司的入驻则为其开启了城市变道超车的产业发展新

路径，使之得以形成以信息技术、生命科学、清洁能源等高新产业为引领的具有全球竞争力的产业体系。西雅图能够从"航空之城"转变为"科技新城"，是龙头企业不断与城市产业生态、空间形态、要素资源交互修正的结果。深圳的各类企业也是其实现"跨越式"发展的中坚力量。改革开放初期，深圳依托经济特区政策红利集聚了一批三资企业、"三来一补"企业、内联企业，市场主体的活跃带动了产业集群和城市规模的不断扩大，随后在以高新技术为先导的战略指引下，深圳充分激发了企业的创新活力和价值创造能力，企业开始通过模仿学习、消化吸收、自主研发形成核心技术，成为深圳高新技术产业突破发展的主力军，而如今，创新型企业更是成为支撑深圳参与全球竞争和引领深圳迈向全球头部城市的核心力量。

不难看出，微观主体在城市和产业互动发展过程中扮演着不可或缺的重要角色，尽管这些微观主体并不像生产要素一样直接进入生产过程，但其所发挥的经济组织作用，从不同层面影响着城市运行和经济（产业）的发展。可以说，微观主体是产业演进和结构调整的基本单元，也是城市提升发展活力和形成强大竞争力的"牛鼻子"。

第二篇

四大影响因素及其作用机理

  现代城市与产业的互动发展,在关键影响因素的共同作用下呈现了明显的阶段特征。实际上,在不同的发展阶段,各影响因素的构成也在不断变化,不同影响因素促进城市与产业互动发展的作用方式、作用程度更是不尽相同。因此,研究影响因素促进城市与产业互动发展的作用,就需要在纵向时间演替、横向多重因素交织的网络中抽丝剥茧,在动态变化中找到客观规律。基于此,本篇分别从城市功能、城市空间、生产要素、微观主体等四个关键影响因素切入,解构分析各影响因素在不同阶段促进现代城市与产业互动发展的独特作用,以为深入探讨现代城市产业的进化提供支撑。

第四章　城市功能——引导产业支撑城市能级跃升

根据系统论[1]的观点，功能是指有特定结构的事物或系统在内外部联系中所表现出来的特性和能力。城市作为一个多维度、多结构、多层次、多要素关联的复杂巨系统，"城市功能"则是由城市的各种结构性因素决定的城市机能或能力，是维持城市的生存与发展，以及在一定时空范围的政治、经济、文化、社会活动所发挥的作用。不同的城市基于自然生态环境、区位条件、历史文化、经济社会发展水平等多方面因素的长期综合作用，往往具有不同的功能特征表现和功能作用范围，那些其他城市所不可复制、难以取代的核心功能，则支撑着城市的发展战略并决定了城市在区域发展和全球城市网络中的能级位势。

就是说，现代城市的发展进化，实则是功能体系持续复杂化、高级化的过程，每一个表征城市发展战略和能级位势的维度背后都映射出一项城市的核心功能，而每一项城市核心功能又都需要一定的载体和经济社会活动来维系，这种载体和经济社会活动具象化的形态就是城市的产业。因此，城市、功能、产业三者相辅相成，核心功能既是主导产业集聚、叠加

---

[1] 系统论：研究系统的结构、特点、行为、动态、原则、规律以及系统间的联系，并对其功能进行数学描述的学科。奥地利理论生物学家贝特朗菲（Ludwig von Bertallanffy）在其1932年发表的《抗体系统论》中最早提出了系统论的思想，其1937年提出的一般系统论原理，进一步为系统论奠定了理论基础。

的结果，更是城市发展的定位依据和方向指引。换言之，城市通过鲜明的核心功能建设导向，促进相关资源要素和市场主体集聚，形成具有"长板"效应的竞争优势，而在这些优势领域成长起来的支柱产业、主导产业又为城市能级位势的提升创造了新的可能。

第一节 创造经济价值——工业生产功能崛起

城市功能促进现代城市与产业互动发展的作用，可以从"城市"一词的最初提出讲起。"城市"是"城"与"市"的组合词，《管子·度地》[1]提出"内为之城，外为之廓"，"城"主要是为了防卫而用城墙围起来的地域；"市"则是指进行交易的场所，所谓"日中为市"。由此可见，最初城市的设置往往出于政治统治、军事防御和商品交换等目的。前工业革命时期的城市更多作为管理、交易、防卫等场所，其价值在很大程度上是对乡村和区域的管辖职能，总体来看，那时的城市规模较小、内生性较弱，每个城市和它控制的农村地区构成一个单元，相对封闭。

随着工业革命的到来和逐步推进，城市占主导地位的产业向工场手工业、机器大工业转变，使得各种生产要素和大量的社会财富进一步高度集中于城市，社会化大分工和生产力加速发展促进了城市的扩张和崛起，技术进步和生产方式变革大大提升了城市的内生性，规模经济水平、新的产业形态与流通方式、大规模劳动人口集聚等构成了一套新的功能运行体系，使得城市功能发生了质的变化。城市除了继续保持原有的政治功能、贸易功能和防御功能之外，基于在工业革命中获取竞争优势的需要，皆将经济增长作为发展的首要目标，能够直接创造经济价值的工业生产功能因

---

[1]《管子·度地》：《管子》是一部记录中国春秋时期齐国政治家、思想家管仲及管仲学派的言行事迹的书籍；《度地》是《管子》里的一篇文章，见于《管子》第五十七篇。

此成为该时期城市新的核心功能。

同时，鉴于各城市基础条件（如地理条件、交通条件、资源状况等）、经济实力（主要倚赖于城市的支柱产业）、行政地位（如一定地区范围内的政治中心、行政管理中心）等"城市基因"的特殊性，每个城市的工业生产功能也存在着差异。需要说明的是，在现代城市发展之初，那些规模大、产出高的产业往往决定了城市工业生产功能的方向和强度。例如，西雅图依托丰富的森林、矿产资源和临近海湾的地理条件，规模化发展木材加工业、采煤业、造船业等产业，其工业生产功能由此得以建立。当产品被大量制造出来并源源不断销往外地，工业生产功能就会逐步强化，进而带动相关产业领域上下游企业和就业人口的加速集聚，城市的规模、经济实力因此得到大幅提升，工业生产功能的影响范围也开始向外扩张，这导致城市具备了依托工业生产功能在区域竞争中保持优势地位的能力。伦敦在19世纪初借助工业革命带来的机遇，大力发展以纺织、煤炭、炼铁、化工为主的工业生产体系和金融、物流等配套产业，一跃成为英国"生产制造型的国家经济中心城市"，就充分体现了以工业生产功能支撑现代城市能级提升的发展路径。

第二节 服务改造生产——功能多元化拓展

一般而言，城市核心功能具有稳定性的特点，但并不是说其永恒不变。总体来看，在现代城市发展初期，工业生产功能是大多数城市取得成功的关键，究其原因，在于该时期刚刚由农业社会转入工业社会，商品消费需求大增，谁具备大规模工业生产能力谁就能抢得发展先机，城市自然而然就会将工业生产功能作为最重要的核心功能来建设。而后，随着生产端技术进步和消费端需求的升级演进，单一的工业生产功能已经不能满足城市持续发展的需要，现代城市都致力于改变相对粗放的发展模式，更加注重投入产出效率、分工效率、组织效率的提升,进而推动产业分工进一步细化深化,这使得生产性服务功能越来越重要,也促进了城市核心功能的多元化发展。

具体来讲,工业发展历经机械化、电气化、信息化,现代城市工业形态从简单机器工业到重化工业、精密制造,再到大量运用电子信息技术的先进制造业,发展模式也从依赖资源消耗向依赖资本投入,再向依赖科技、知识、管理转变,这些变化推动城市核心功能由简单变复杂、由低级变高级。例如,城市工业生产功能最初可能仅表现为对原材料的加工能力,而随着技术的升级,逐渐表现为对精密仪器、智能终端等复杂产品的生产能力。再如,城市贸易功能的辐射能级最初可能只涉及较小的区域范围,且商品交换形式单一、品种和数量有限,商品经济的发展推动城市贸易功能迭代,使得交易形式多样化、交易品种繁多、交易规模变大,因此,现代城市的贸易功能显然要高级得多。

当现代城市开始注重科技服务、金融服务、物流服务、信息服务等生产性服务功能的作用时,城市功能开始朝着多元化方向拓展。相关经验表明,城市功能的多元化不仅仅是功能由少到多的量变过程,更是打造有机统一整体的质变过程,以整体的非加和性特征极大地增强城市的辐射、影响、控制能力,从而产生倍增效应。假定一个城市只是工业生产中心,那么它在区域中的被替代性就会较高,持续发展的能量耗散也会较快,产业发展应对风险冲击的韧性也是不足的,而如果这个城市叠加上科技中心的功能,就有可能加速创新资源的汇聚,为增强工业生产中心的内生动力提供支撑,还有机会实现产业链创新链的双向赋能,催生新兴产业和新的经济增长点,城市发展就会充满活力。这并不乏实证,以美国为例,底特律、巴尔的摩、克利夫兰等单一生产功能城市曾一度出现萧条现象,而飞机制造中心西雅图、宇航工业中心休斯敦等不断拓展科技功能的城市则一直保持勃勃生机,实现了城市进位。这就是多元化功能激发城市活力进而推动城市能级跃升的有力印证。

第三节 塑造城市竞争力——功能体系建构

21世纪以来,全球化进程加快,这为更多新兴城市提供了登上世界舞台、实现地位跃升的历史机遇,越来越多的城市开始对接全球城市产业分工体系与要素资源配置网络。同时,城市核心功能的多元化演进,推动世界城市体系加速"洗牌",具有强大综合性功能的头部城市竞争日趋激烈,同时,具有特色化功能的腰部城市大量崛起,在某些领域甚至出现赶超头部城市之势,全球城市体系也由曾经典型的金字塔型逐步过渡到多层次的橄榄型结构。

在新的竞争环境下,为抢抓发展机遇并在全球城市网络中持续获得发展优势,具有雄心壮志的城市开始以强化在全球城市体系中的能级位势为目标主动调整城市产业发展导向和价值追求,以期彰显城市的竞争力、影响力。如东京定期发布《东京都长期发展规划》,其规划目标的设定注重突出自身能级和层次的迭代,从2006年的建设"世界城市典范",调整为2014年的建设"世界第一都市",并强调城市舒适性、安全性、开放性的塑造。上海从20世纪末开始,开展了三次大规模城市战略研究,依次提出了建设"社会主义现代化的中心城市""世界级的国际经济中心城市""一个具有强大创新力、辐射力和可持续发展能力,彰显中华文明的卓越的全球城市"等目标。

伴随着这些现代城市战略目标的发展跃升,城市功能发展也逐渐呈现两个典型特征。其一,处于全球城市网络节点的现代城市,其能量、能级往往取决于城市核心功能所吸引的节点之间各种流量的规模水平、密集程度和级别层次,因此,现代城市均致力于将原有核心功能从区域性功能向能够对接、集聚、配置国际资源要素的全球性功能升级,并通过将文化、生态等功能作为新的核心功能建设来获取更好的适应性和更强的生命力,力图为城市战略目标的实现提供功能体系支撑。

作为现代城市核心功能的经济功能在经历了从侧重生产制造,到侧重金融、信息等生产性服务的拓展升级过程后,在当前阶段不再单纯聚焦某一具体领域,而更加侧重能够在更广范围、更深程度发挥作用的经济运筹、门户枢纽等综合能力,以提升城市产业发展的开放度、控制力和内生动力。同时,现代城市发展越来越强调回归"以人为本"的价值立场,生态宜居的环境、多元包容的文化逐渐成为现代城市发展的基本要求,城市发展重心也转向经济功能、文化功能、生态功能等的多重开发(见图4-1)。例如,伦敦在追求全球资源要素配置、国际经济发展主导性的基础上,更加强调引领全球的文化生态塑造,并通过文化力量的主导性不断推动城市产业创新能力提升。上海也将"活力+创新""魅力+人文""可持续+生态"等功能的打造作为展现城市竞争力的新标签。

表4-1 部分现代城市的功能定位及功能构成

城市	经济中心	科技创新中心	开放门户枢纽	宜居城市
上海	服务经济为主、创新内核高能、总部高度集聚、流量高频汇聚、深度融入全球的经济形态	瞄准世界科技前沿领域的基础研究;制约产业发展的关键核心技术突破;技术驱动的产业创新	高能级强辐射的枢纽港;自贸试验区、临港新片区等功能平台;现代流通体系	面向未来的现代化基础设施;生态宜居的城市;安全韧性的城市;智慧便利的数字生活;时尚高端的现代消费
深圳	先行性先进制造;战略性先进制造;知识密集型服务	基础研究和原始创新;关键核心技术攻坚和前沿技术创新;科技成果向现实生产力转化;科技金融深度融合	现代化的综合交通运输体系;通达全球的航空枢纽;对外战略通道	场景化、体验式、互动性、综合型消费场所;人与自然和谐共生的美丽中国典范;全民畅享的数字新生活;安全韧性的城市
成都	先进制造业;现代服务业;新经济和未来经济形态;都市现代高效特色农业;数字经济	基础研究和应用基础研究;核心技术研发;科技成果转移转化;产业创新能力;创新生态环境	多向度战略大通道体系;高效率枢纽体系;高能级开放平台体系;高效现代流通体系	具有时尚魅力的国际消费中心城市;具有天府文化独特魅力的城市;绿色可持续发展的城市;安全韧性的城市;智慧的城市

第四章 城市功能——引导产业支撑城市能级跃升

续表

城市	经济中心	科技创新中心	开放门户枢纽	宜居城市
纽约	服务全面的现代金融;高度发达的生产性服务;以生命技术、信息通信技术为核心的高科技产业	高新技术研发;应用型创新;高度活跃的企业创新活动;创新成果商业化	强大的信息、通信、交通枢纽;具有国际吸引力的旅游和会展	活力且安全的城市空间;健康的生活;公平卓越的教育;宜人的气候;现代的基础设施
东京	高技术、高附加价值的生产制造;知识密集型的高端专业服务;面向未来的创新型产业	前沿科技的研究与开发;应用研究和产品工艺开发;高度集聚的科技创新资源	人、物活跃流动的航空枢纽;广域化高效物流网络;活用尖端技术的信息平台;领导世界的国际商务交往	对抗灾害风险与环境问题的城市;提供便利生活的城市;四季都有绿水青山的城市;通过艺术、文化、体育创造新魅力的城市

资料来源:国内城市功能构成根据相关城市"十四五"规划纲要整理,纽约功能构成根据 One NYC 2050:Building a Strong and Fair City(纽约市长可持续发展办公室)整理,东京功能构成根据《建设东京的宏伟蓝图》(东京都都市整备局)、《"未来东京"战略》(东京都政府)等整理。

其二,城市功能的建构导向以及城市功能促进现代城市与产业互动发展的底层逻辑皆发生了根本性转变,这更具有颠覆性,过去是"主导产业—核心功能—城市能级",现在则成为"城市战略—功能体系—产业支撑",城市功能逐渐从产业发展的结果,演变成为引领产业发展的"指挥棒",功能体系的建构为城市战略目标的落地提供了支撑,也为城市产业发展指明了方向,成为城市转变发展方式、路径的关键。例如,上海围绕建设国际经济、金融、贸易、航运中心与具有全球影响力的科技创新中心"五个中心",提出强化全球资源配置功能、科技创新策源功能、高端产业引领功能、开放枢纽门户功能"四大功能",并明确以发展创新型经济、服务型经济、开放型经济、总部型经济、流量型经济的"五型经济"作为支撑。成都瞄准打造中国西部具有全球影响力和美誉度的社会主义现代化国际大都市,提出了"四中心—枢纽—名城"[1]的功能定位,明确要持

---

[1] "四中心—枢纽—名城":全国重要经济中心、全国重要科技创新中心、国际消费中心城市和西部金融中心,国际门户枢纽,世界文化名城。

续做优做强高端要素运筹、创新策源转化、国际消费引流、对外开放门户等核心功能，为确定产业发展细分领域提供了指引。比如，围绕支撑国际消费引流功能，成都瞄准构建新消费产业生态圈谋划了旅游业、文创业、会展业、体育产业、音乐产业、美食产业6个重点产业。

那么，现代城市功能体系具体包含哪些方面呢？结合伦敦、纽约、东京、上海等全球城市发展的经验，不难发现，主要有以下六个方面（见图4-2）：经济运筹功能，即对全球价值网络流动性、互联性以及价值网络创新的主导权，以及掌控全球价值链高端收益的分配权；创新策源功能，即打造科技、制度的创新策源地和创新扩散地；门户枢纽功能，即强化对人流、物流、资本流、信息流等流量流动性、互联性的主导权，掌控流量的集中和分配；需求引领功能，即依托资源产品的自由流动、公平交易、高效增值和新型消费模式、场景的创造，在全球要素定价权、市场引领度等方面具有核心影响地位；文化融汇功能，即打造国内外各种文化形式充分展示、融合、创新的平台，使之成为世界多元文化汇集交流的重要区域；生态宜居功能，即围绕"以人为本"导向，采取绿色可持续发展的城市规划建设和运行方式，引领生态宜居趋势，实现人口、产业等在区域范围内高效配置、运转。

同时，这些城市在战略目标指引下构建起的功能体系，在促进现代城市和产业互动发展的作用路径上也较为相似，普遍是围绕相应功能的建设，通过优化产业布局、建强创新平台、建设链接通道、营造消费场景、创造文化价值、打造城市形态，有针对性地增强城市的产业辐射力、创新引领力、流量集疏力、市场活力、文化渗透力、要素承载力，全面支撑起城市产业高质量发展。

在经济运筹功能建设方面，现代城市普遍经历了从以生产制造为主导到以现代服务为主导的产业结构转换过程，一些规模较大、生产成本上升、产值效益下降和城市中心区域资源环境难以承载其继续扩张的制造业向城市外围区域梯度转移，这客观上促进了产业链价值链在城市内部的差

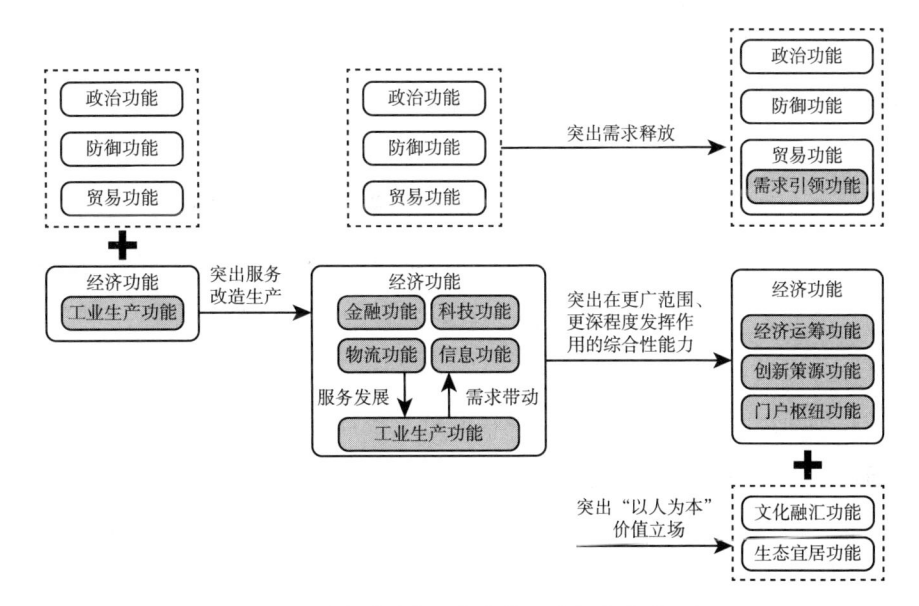

图 4-1 城市功能体系复杂化、高级化演进历程

资料来源：笔者自绘。

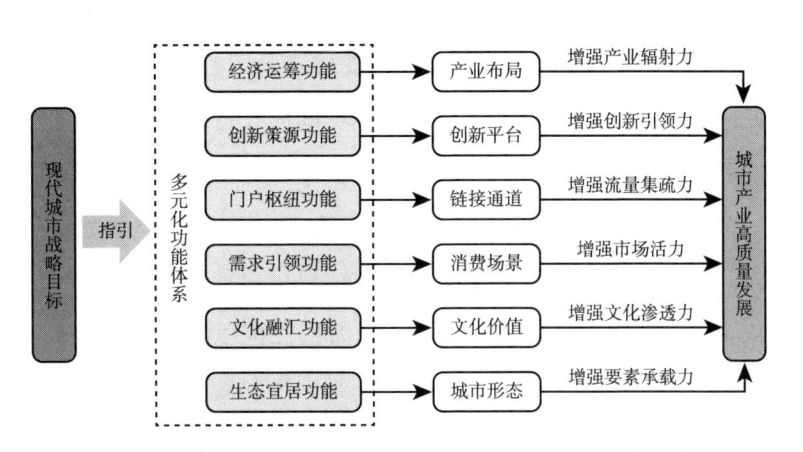

图 4-2 现代城市高质量发展阶段功能与产业互动的共性特征

异化布局，也使得城市各区域间产业开始专精化发展，并围绕产业的分工协作推动高质量发展。例如，东京中心城区的制造业、重化工业外迁至横滨、千叶沿线形成京滨工业带、京叶工业带等世界级工业区，而在银座、千代田等的中心城区，主要聚焦发展金融业以发挥城市的国际金融功能，

并在新宿、涩谷、池袋等中心城区周边区域发展商务办公、商业、娱乐、时装等服务业作为吸聚要素流量的支撑。与之类似，纽约中心城区主要发展金融、科创、文创等产业的高端环节，而如金融资产管理等处于中低端环节的产业细分领域，则在中心城区周边聚集，外围区域则依托纽约中心城区强大的生产性服务业支撑，打造纳米材料、半导体、航空设备、生物医药等产业集群，形成享誉全球的哈德逊河"科技谷"、新泽西"制药业心脏"等产业高地。

在创新策源功能建设方面，现代城市大多通过建设创新性功能平台来增强城市的创新引领力，同时带动科技服务等产业的发展，为提升城市产业创新发展能力提供关键支撑。例如，东京将筑波科学城作为实施"技术立国"发展战略的示范区，并将40余个研究机构迁至筑波科学城，形成以国家试验研究机构和筑波大学为核心的学术研究与高水平教育中心。同时，筑波科学城还是东京科研体制改革的试验田，日本政府先后制定了《筑波研究学园城市建设法》《研究交流促进法》，提出在筑波科学城率先探索研究所合并和法人化改革。筑波科学城的成长进一步强化了东京的全球科技、制度创新策源功能。再如，上海临港新片区的自贸试验区是引领更高水平金融开放的创新平台，上海提出在试验区建立自由贸易账户体系，率先开展扩大人民币跨境使用及资本项目可兑换等相关改革创新，进一步强化了上海的全球金融创新功能；上海松江区以长三角G60科创走廊建设为战略引领，集聚了G60脑智科创基地、中科院上海植物逆境生物学研究中心、航空测控技术研究所等高水平重大科技创新平台，以及腾讯科恩实验室、优图实验室等全球顶尖数字研究室，是上海加强创新策源功能的重要支撑，同时也是区域协同创新的示范区。

在门户枢纽功能建设方面，现代城市皆将与外部的互联互通作为提升城市控制力和影响力的新内核，并依托城市的特定地缘，以硬件基础设施和服务软环境的同步建设，构建起立体网络化的链接通道，作为汇聚流量资源和提升产业辐射能力的重要支撑。例如，上海依托虹桥交通枢纽积极拓展国际会展服务和综合配套服务，尤其是举办中国国际进口博览会——作为推动更多新产品、新技术、新服务在上海"全球首发、中国首展"，促进"两个市场"和"两种资源"互联互通的重要平台，大幅提升了上海在推进全球多边贸易中的引领作用。同时，上海还依托临港的地缘优势和集上海港、浦东机场等于一体的海陆空铁水交通网络，将上海自贸区临港新片区全力打造成为以投资自由、贸易自由、资金自由、运输自由、人员从业自由等为重点的全方位高水平开放前沿平台通道，强化了上海建设开放型经济体系的门户枢纽功能。此外，上海探索建设临港新片区"国际数据港"，构建安全便利的国际互联网数据专用通道，并依托沪苏湖高速铁路通道以及G60高速通道将集聚的国际资源和信息向长三角腹地乃至更远的区域疏散、辐射。这些平台、网络、通道功能的建设极大地强化了上海作为国际性综合门户枢纽的链接和辐射力。

在需求引领功能建设方面，现代城市作为消费者和商品大规模、高频率流通互动的区域，往往围绕差异化的需求，有针对性地布局更加多元化、个性化消费应用场景，来激活和充分发挥需求牵引供给能力提升的作用。以伦敦为例，伦敦中心城区针对来自世界各地的消费者，着重营造时尚快消品牌、英国本土品牌、设计师高端品牌等多层次消费场景，打造了牛津街、摄政街、邦德街等具有全球影响力和美誉度的标志性商圈，是全球消费者向往的消费胜地。伦敦西区则是伦敦精心打造的"不夜城"，该区域自2014年起制定"夜经济"发展规划，通过营造零售、酒吧、餐饮和剧院于一体的夜间消费场景，以及夜间展览、夜间讲座和"博物馆之夜"等夜间文化活动场景，成为夜间经济发展的典范。国内城市也不乏此类代表，上海松江新城作为高校和高新科创企业的集聚地，通过面向大学生群体和科创人才着力打造新青年潮流街区，在定位为"二次元对话世界"的松江印象城营造了"烟火广场""水泥公园""放空间"等八大体验型、艺术型社交消费场景，极大地吸引了消费群体、丰富了商业机会、激发了市场活力，甚至一度引领国内"二次元"经济、文化风潮。

在文化融汇功能建设方面，现代城市大多在彰显鲜明文化特质的同时，也强调打造城市包容多元的文化氛围，将文化软实力作为提升城市全球声誉和城市创新水平的内在动力。一方面，现代城市通过将文化特质与文化创造力相结合来增强城市的文化传播力、渗透力。例如，伦敦东区在20世纪末是伦敦的传统工业区和工人住宅区，进入21世纪后，通过充分挖掘朋克、摇滚等特色文化价值积极发展创意产业，打造了闻名世界的红砖巷（Brick Lane）、集装箱公园（Box Park）等文化地标，已成为伦敦文化创新的代名词。又如，纽约曼哈顿区具有第五大道、百老汇剧院、当代艺术博物馆等著名文化展示、消费场所，其致力于打造世界级时尚、艺术、娱乐的文化地标和相关产业来提升对全球游客的吸引力，成为美国"摩登文化"的代表。另一方面，现代城市还强调通过接纳、吸收外来文化塑造包容多元的文化氛围，以提升城市的开放性。例如，纽约皇后区是纽约面积最大、人口第二多的城区，也是全球种族最为多元化的城市辖区之一，其亚洲裔、拉丁美洲裔、非洲裔人口所占比重都高于美国平均值，该区域基于"文化熔炉"的特点，通过完善移居制度和打造法拉盛（Flushing）、艾姆赫斯特（Elmhurst）、牙买加（Jamaica）等具有多民族特征的文化和商圈地标，成为纽约移民文化及包容性文化的集中展示地。

在生态宜居功能建设方面，现代城市普遍将打造"以人为本、环境友好"的城市形态作为引导人口经济协调布局、提升城市品质的有效方式，进而实现生产要素的高效配置以及城市的可持续发展。其中，有的城市通过打造绿色生态的城市形态限制中心城区的平面扩张，为促进经济、人口合理分布奠定基础。例如，伦敦提出"建设环城绿带、锚定结构性基础生态空间"，缓解了中心城区的蔓延式发展，有效促进了产业、人口向外围新城的流动。有的城市通过打造便捷通达的城市形态强化各区域间的联通性，促进城镇网络体系中新节点的形成，进而提高资源要素的流动效率。例如，东京构建了以铁路和轻轨为主的多模式、全覆盖交通网络，以方便人口要素和各种经济流量在区域间的流动，在此基础上，多摩新城依托4条铁路和轻轨形成的轨道交通网络，成为东京人口、产业集聚的"TOD新城"。还有的城市通过在特定区域打造产城一体的城市形态，布局优质公共服务资源，提升对产业人群的吸引力。例如，上海建设五大新城时，面向高技能人才群体和青年人才群体，以"人的需求"为牵引，以提升公共服务水平为重点，通过围绕轨道交通站点建设提供特色多元的人才公寓、单身公寓和多层次租赁住宅，并将工作、休闲、学习、创造等多样化的场景植入居住片区，打造开放式产学研一体化创新街区，探索"新型人民城市"发展模式，大幅提高了新城的经济、人口承载力和对人才的吸引力。

不难发现，城市功能的核心内容和作用方式皆随着城市和产业的发展而不断演进，呈现典型的阶段特征。其中，在现代城市建设初期，城市功能普遍作为产业发展的结果，顺应"主导产业—核心功能—城市能级"的作用路径，通过城市主导产业规模的持续扩大，带动生产功能的加速提升，进而推动城市规模和影响范围快速扩张。随着工业发展历经机械化、电气化、信息化等阶段，为满足工业发展的需要、提高生产效率，生产性服务业与制造业协调发展，进而催生了与生产功能相匹配的金融、信息、文化、商贸、创新等功能，城市功能进一步多元化、复杂化、高级化，带来了城市综合实力的再次提升。而全球化背景下，现代城市越来越强调通过自身在全球城市网络中能级位势的抬升来获取新的竞争优势。现代城市不再就产业说产业，而是变"被动"为"主动"，按照"城市战略—功能体系—产业支撑"的演进逻辑，瞄准现代城市发展需要的功能，构建符合技术经济发展趋势以及契合城市战略目标的现代产业体系。城市功能俨然已成为引领城市产业变迁的主导性因素，而构建多元化、高端化的功能体系，则是现代城市促进产业结构优化调整、转变城市发展方式所需把握的关键。

第五章　城市空间——调整城市产业布局的承载

著名地理学家戴维·哈维[1]指出,"城市空间是一种由各种各样的人造环境要素混合而成的人文物质景观,它包括工厂、铁路等生产性人造环境和住房、商店等消费性人造环境"[2]。"城市空间"早已不再是一种被动、中立的地理环境或几何体,而是建立在自然空间基础上的、通过人类活动创造的人化的空间[3],它反映了城市各种物质要素在空间范围内的分布特征和组合关系。从本质上说,城市空间是一种经济发展运行模式的体现——城市空间一直被经济发展塑造[4],是经济积累的必然产物。同时,城市空间直接服务于经济发展,推动经济(产业)优化布局是城市空间最根本的意义所在。

那么经济发展是如何塑造城市空间的?哈维在马克思的研究基础上进一步提出了三种循环模式:马克思主义城市理论阐述了第一种循环模式,即城市化的主要动因是经济发展的累积,城市化进程就是资本扩大再生产

---

[1] 戴维·哈维(David Harvey),当代著名的社会理论家和马克思主义地理学家,美国纽约城市大学研究院人类学杰出教授,主要著作有《资本的城市化:资本主义城市化的历史与理论研究》《地理学中的解释》《社会正义与城市》等。
[2] David Harvey, *The Urbanization of Capital: Studies in the History and Theory of Capitalist Urbanization*, Basil Backwell, 1985, pp. 15-16.
[3] 王周迅:《戴维·哈维城市空间理论的架构》,《中外文化与文论》2020年第1期,第45~58页。
[4] 李春敏:《列斐伏尔的空间生产理论探析》,《人文杂志》2011年第1期,第62~68页。

过程在城市地域上的体现。当第一种循环模式产生了经济危机，为了解决这种经济发展累积带来的危机，并保证获取更大的利益，经济发展转向了对城市的投资，城市空间就是经济为了维持其运行、获取更大利益的方式，这就是第二种循环模式。第三种循环则表现为空间的转移，经济发展的内在逻辑是在维持自身运行的基础上获取更大的利益，那么必然需要整合空间、扩大空间范围以满足这一目标，这势必会导致城市空间的生产以及经济活动在空间中的重新布局，这就是第三种循环模式。

从三种循环模式中可以看到，城市空间的演进体现了从"空间中物的生产"向"空间本身的生产"的拓展[1]，也就是说，随着城市经济（产业）的发展，有些空间的出现并非为了直接进行生产活动，例如，工厂的建设是为了生产产品，但城市中央商务区（CBD）这种空间的出现则更加注重对商业、总部的集聚，卫星城、新城这种空间的出现则更加强调对于城市经济（产业）人口的优化布局。这为本研究提供了借鉴参考，在分析城市空间促进现代城市与产业互动发展的作用时，既要考虑城市中直接承载生产活动的产业空间演变所发挥的作用，也要考虑城市内市域空间、城市间区域空间结构优化所产生的影响。

第一节 产业空间——生产活动载体迭代升级

产业空间是在城市地理范围内集中分布和组合的功能性区域，能够在相对较小的空间内集聚更多生产资料、人力资源和资本，具有高度浓缩性、紧密关联性和有序分布性等典型特征。正如亨利·列斐伏尔[2]

---

[1] 庄友刚：《空间生产与资本逻辑》，《学习与探索》2010年第1期，第14~18页。
[2] 亨利·列斐伏尔（Henri Lefebvre），法国著名的社会理论家和哲学家，被称为现代"辩证法之父"和城市批判理论"空间转向"的先驱，主要著作有《都市革命》《空间的生产》等。

的城市理论所指出，"每一种生产方式都有它自己的专门空间，从一种生产方式向另一种生产方式转变就需要一种新的空间"，每一次科技发展引起的产业革命，都将带来产业空间的演变，如工业革命初期的手工"工场"向机器"大工厂"转变，信息化时代机器"大工厂"向"智慧工厂"升级，等等。产业空间的演变会直接对城市发展带来挑战，若缺乏相应的策略及时应对，则可能造成城市空间的整体失序并引发诸多城市问题。如部分现代城市发展初期的空间混杂与环境污染，部分后工业化城市的工业废弃地所形成的"棕地（brown field）""锈带（rustbelt）"。

可以这么理解，产业空间是现代城市为了顺应产业变革趋势、强化产业承载能力，实现更高聚集收益，推动产业关联活动集聚所形成的功能性区域，其是城市空间的核心组成部分。具体来看，在现代城市发展初期，工业革命的纵深演进推动城市工业生产单元从手工工场向机器大工厂转变，工厂将资本、土地和劳动力集中起来，构成了一块块具备生产功能的固定区域，在日本称为"工业团地"，在香港称为"工业村"，在英国称为"企业区"，在我国则称之为"工业区"。由于该时期城市的基础较为薄弱，工业区的设立主要是为大机器工厂提供基本生产条件，导致此时的工业区更像是一个功能单一的"工厂集中地"，因此产业定位模糊，企业间联系松散、条块分割等问题较为突出，"有企业无产业""产业点低面广"的现象成为常态。此外，该时期工业区配套设施极度匮乏，就业人员的生活服务还需依靠临近的城区来支撑，"钟摆式"的工作生活现象比较普遍，面临着"产业孤岛"的发展困局。

20世纪80年代以来，随着工业化和城市化进程的加快，以及生产要素比较优势发生转变，现代城市对发展潜力大的高附加值、高技术产业的需求变得迫切，并对产业空间引聚和承载高端要素的能力提出更高要

第五章　城市空间——调整城市产业布局的承载

求,内部企业无序集聚的传统工业区已难以为城市产业的持续发展提供支撑。在此背景下,开发区、科学城、商务区等产业空间应运而生,这些区域是城市在一定的空间范围内进行全新的产业开发和各项建设的特殊区域[1],影响和改变了城市原有的经济活动和产业结构,对城市空间结构的演变产生了巨大的影响。其中,以高新技术开发区和经济技术开发区等为代表的城市开发区,是知识密集型、技术密集型产业集中布局的关键载体,如新加坡高科技区、慕尼黑高科技区、北京经济技术开发区、上海闵行经济技术开发区等;科学城是"城市创新创业活动的新空间",如美国斯坦福科技园(硅谷)、法国法兰西岛科学城、日本筑波科学城、北京中关村科技园、上海张江科学城等;中央商务区(CBD)则是金融、法律、商业以及总部经济等生产性服务业的集聚地,如纽约曼哈顿、巴黎拉德芳斯区、日本新宿副都心、伦敦内城、新加坡南岸区等,以及国内的上海陆家嘴(金融贸易区)、北京金融街、香港中环、广州珠江新城等。

同时,随着产业链条的延伸,产业空间更加关注产业链上下游的衔接与配合,以实现发展效率的提升。开发区、科学城、商务区这些产业空间的出现,为城市链接资源要素、高效整合供应链、促进专业化分工提供了载体平台,通过集聚关联企业进一步降低了交易成本,有效推动了城市产业的集群、专精、开放发展,并大大刺激了城市空间的扩张。例如,20世纪90年代以来,苏州通过打造门类齐全、层次不同、各具特色的开发区,构建形成了基础工业协调发展、新兴产业加速发展的城市产业发展格局。

---

[1]　冯坚:《以明确合理的功能设置破解开发区用地无序之困》,《现代经济探讨》2006年第1期。

专栏 5-1　苏州：以开发区为载体推动城市产业发展

20世纪90年代初期，国际国内环境出现重大变化，为苏州产业发展创造了第二次历史机遇：新技术革命促使全球制造业开始向发展中国家梯度转移，中央明确沿海经济发达地区率先参与国际经济大循环，并作出了开发开放上海浦东的战略决策。同期，以内向型经济和粗放式乡镇企业为主导的苏州正面临技术装备陈旧、工业结构落后、原材料采购和产品销售难、经济效益低等问题，迫切需要寻求新的增长点来改变产业发展模式。在此背景下，苏州乘国内开放和国际产业转移东风，充分利用区位优势以及和沪苏企业之间的生产联系，制定了"依托上海、接轨浦东、迎接辐射、发展苏州"的方针，并于1990年提出"从五湖四海走向五洲四洋"战略，出台了《关于鼓励发展外向型经济的若干意见》，全面实施"四区领航、四沿推进"[1]，确定了以大量开发区建设来推动经济从内向型往外向型拓展的发展思路，打造了以中新合作苏州工业园区为代表的，门类齐全、层次不同、各具特色的开发区（见表5-1）。凭借高端、专业、开放的开发区平台，苏州形成了全方位、多层次的开放格局，特别是在中国加入WTO后，苏州开放型经济呈现腾飞之势，到2012年，实际利用外资达最高点，占全国比重增至8.1%，比1990年增长131倍，进出口总额则比1990年增长349倍，以不到全国0.1%的土地，承载了全国10%的进出口额[2]。

---

[1]　"四区"：苏州国家高新技术产业开发区、昆山经济技术开发区、张家港保税区、苏州太湖国家旅游度假区4个1992年获批的国家级开发区；"四沿"：沿长江、沿大运河、沿太湖、沿沪宁线。

[2]　历年《苏州统计年鉴》。

第五章 城市空间——调整城市产业布局的承载

表 5-1 苏州开发区名录

开发区类型	名称	成立(升级)时间
国家级开发区 （共 14 家）	苏州工业园区	1994 年 2 月
	苏州国家高新技术产业开发区	1992 年 11 月
	昆山经济技术开发区	1992 年 8 月
	张家港保税区	1992 年 10 月
	昆山高新技术产业开发区	2010 年 9 月
	常熟经济技术开发区	2005 年 12 月
	吴江经济技术开发区	2010 年 11 月
	苏州太湖国家旅游度假区	2022 年 1 月
	张家港经济技术开发区	2011 年 9 月
	太仓港经济技术开发区	2011 年 6 月
	吴中经济技术开发区	2012 年 12 月
	苏州浒墅关经济技术开发区	2013 年 3 月
	相城经济技术开发区	2014 年 10 月
	常熟高新技术产业开发区	2015 年 9 月
省级开发区 （共 6 家）	昆山旅游度假区	1994 年 7 月
	江苏省汾湖高新技术产业开发区	2012 年 8 月
	江苏省昆山花桥经济开发区	2006 年 8 月
	江苏省太仓高新技术产业开发区	2018 年 9 月
	江苏省张家港高新技术产业开发区	2016 年 10 月
	江苏省相城高新技术产业开发区	2014 年 10 月
综合保税区 （共 7 家）	苏州工业园综合保税区	2006 年 12 月
	昆山综合保税区	2009 年 12 月
	苏州高新区综合保税区	2010 年 8 月
	太仓港综合保税区	2013 年 5 月
	常熟综合保税区	2005 年 6 月
	吴江综合保税区	2015 年 1 月
	吴中综合保税区	2005 年 6 月
保税港区	张家港保税港区	2008 年 11 月

资料来源：苏州市人民政府官网，http://www.suzhou.gov.cn/szsrmzf/szsqsl2022/202305/20c600150e1e4b5bbec92c93c646427e.shtml。

围绕优化引资环境、完善基础设施、提升行政服务而建设的开发区集群，拓展了产业承载能力，聚集了大量劳动力，提供了优惠的土地价格和税收政策，在成为开放型经济发展主战场、主阵地的同时，也迅速推动苏州工业布局由分散走向集中，逐渐形成了以苏州工业园的港资和新资、昆山的台资、太仓的德资等为主力军的高度专业化、集聚化产业协同发展空间，产业开始迈向集群化发展，并由此探索出了"以资源换资金，以空间求发展"的开发区经济模式。依靠跨国公司制造环节转移的发展模式和主动配套上海总部经济与高端服务业的产业定位[1]，在原有乡镇工业的基础上，进一步形成了以工业为主导的产业结构演化、以外资经济为主导的工业经济格局以及以现代制造业为导向的工业结构演进。1990~2012年，苏州工业规模急剧扩大，总产值从500亿元跃升到3万亿元，工业占GDP比重始终维持在50%以上，外资经济工业占比从1.86%迅速上升到54.65%[2]，工业结构形成电子信息、机电一体化、精细化工等现代制造业和纺织、冶金等基础工业协调发展的多样化格局，并开始探索新能源、新材料、生物医药等新兴产业。

产业空间集聚的企业和就业人口达到一定规模之后，对生产和生活配套的需求也愈加凸显，产业空间内部开始兴起建设各类配套设施的风潮。例如，21世纪初，苏州工业园区内企业数量迅速增加导致规划用地面积和配套设施已经无法满足发展的需要，届时，苏州参考借鉴新加坡在工业园区、"邻里中心"建设等方面的经验，建立了以商业中心为主、生产生活配套为辅的园区配套服务体系，逐渐在园区内形成了核心商务区、科教创新区、文化会展区等配套区域。但值得注意的是，配套设施数量不足、品质不高和服务功能偏弱仍然是这一时期产业空间普遍存在的问题。

当前，围绕解决如何转变经济发展方式、如何推动产城融合发展、如何提高集约集聚发展水平等现代城市普遍面临的现实难题，一些城市开始

---

[1] 上海主要布局跨国公司或者大型国企的总部、研发机构、销售机构，而制造业分散到了周边城市，苏州成为上海的制造车间，城市一度被定位为"上海的后花园与腹地"。

[2] 《苏州统计年鉴》。

第五章　城市空间——调整城市产业布局的承载

注重新型产业空间的打造。首先，这种新型产业空间除了具备过去产业空间的载体和平台功能，还衍生出更高级的生态性功能，能够在聚集资本、信息、人才、科技等高端要素的同时，使各主体深度链接、互动共生，推动了新产业、新模式的加速孵化。例如，上海以建设优势更优、强项更强、特色更特的特色产业园区为重点，突出高投资强度、高创新浓度、高经济密度的小尺度空间对资源要素的集聚和辐射效应，推动优质资源向科技前沿和价值链高端倾斜，有力支撑了"3+6"新型产业体系、4大新赛道、5大未来产业的集群发展[1]。

其次，原有产业空间"孤岛式"的发展困局和就业人口"钟摆式"的工作生活方式阻碍了高端要素的进一步集聚。新兴产业空间更加强调从"人"出发，围绕满足产业人群的品质生活需求和消费升级偏好，逐渐成为集新式工厂、住宅社区、商业楼宇、休闲娱乐设施于一体的综合性功能片区。例如，成都基于"以人为本"发展理念建设产业功能区，通过增强服务配套功能、营造多元化生活场景，有效调节职住平衡，探索人城产深度融合和有机统一。其中，成都天府国际生物城就是一个典型的例子，这个产业功能区瞄准"三生融合[2]、产城融合"，布局高品质教育资源和国际化医疗服务，打造"1个文化中心+1个会议中心+1个综合体+1个商业街"约100万平方米的业态场景，规划建设拥有近千亩生态林的城市森林公园，充分营造出识才爱才敬才用才的宜业宜居生活环境。

此外，寸土寸金的现代城市也在积极探索用地性质改革、打造具备相近行业高通用性和高集约性的新型产业载体。最为典型的是被称为都市"垂直印钞机"的专业（特色）楼宇。新加坡为从事都市型无污染产

---

[1] "3+6"新型产业体系——集成电路、生物医药、人工智能3大主导产业，以及电子信息、生命健康、汽车、高端装备、先进材料、时尚消费品6大重点产业；4大新赛道——数字经济、绿色低碳、元宇宙、智能终端；5大未来产业——未来健康、未来智能、未来能源、未来空间和未来材料。

[2] "三生融合"：生产、生活、生态融合。

业的中小型企业提供集研发、中试、制造、仓储和办公于一体的堆叠式厂房。上海依托虹桥商务区，聚焦总部经济、卫星定位、时尚创意、电子商务、进口贸易、航空、医疗等重点产业领域，建成长三角会商旅文体示范区联动平台、虹桥海外贸易中心、虹桥品牌（商标）创新创业中心、虹桥绿谷WE—硅谷人工智能（上海）中心等专业（特色）楼宇。深圳全力推进"20+8"产业集群落地生根[1]，推出"工业上楼"计划，在20个先进制造业园区建设集生产、办公、研发、设计于一体的百米装配式新型工业楼宇——"摩天工厂"，为创新型制造企业提供高品质、低成本、定制化的集成式载体，实现"上下楼就是上下游、一栋楼就是一条链"。

总体而言，产业空间作为城市集聚配置生产要素、强化产业承接能力的核心空间，产业的演进升级和集聚集群发展引发了其具体形式的变化。现代城市产业空间从初期"有企业无产业""产业点低面广"的传统工业区，向高附加值、高技术产业专精化发展的开发区、科学城、商务区，再向当前各主体深度链接、互动共生的生态型产业功能区演变的过程，充分说明产业空间已逐渐从单一的企业集聚地转变为了新兴产业的孵化地。同时，产业高度集聚发展催生的生产生活配套需求，使得人城产深度融合、土地集约节约利用的必要性也愈发凸显，产业空间不再是仅具备生产功能的"产业孤岛"，也不再是粗放扩张的建设模式，其已经演进为植入更多功能的综合性功能片区和高经济密度、高创新浓度、强协作能力的集成式空间。

第二节 市域空间——从中心集聚到差异化功能分区

市域空间是城市人口、产业和公共设施等相对集中布局而形成的城市

---

[1] "20+8"产业集群：网络与通信、半导体与集成电路、超高清视频显示等20个战略性新兴产业，合成生物、脑科学与类脑智能、量子信息等8个未来产业。

第五章 城市空间——调整城市产业布局的承载

建成区地域空间，城市各类经济社会活动所形成的功能分区构成了市域空间结构的基本框架。正如法国经济学家弗朗索瓦·佩鲁[1]在《略论增长极概念》中指出，增长并非同时出现在所有地区，而是以不同的强度出现在增长点或增长极，然后通过不同的渠道扩散，现代城市的市域空间发展普遍经历了极核集聚、单核心蔓延、多节点疏散和多核心集约四个阶段（见图5-1）。实际上，市域空间促进现代城市与产业互动发展的作用，也可以结合增长极理论的逻辑进行解释。

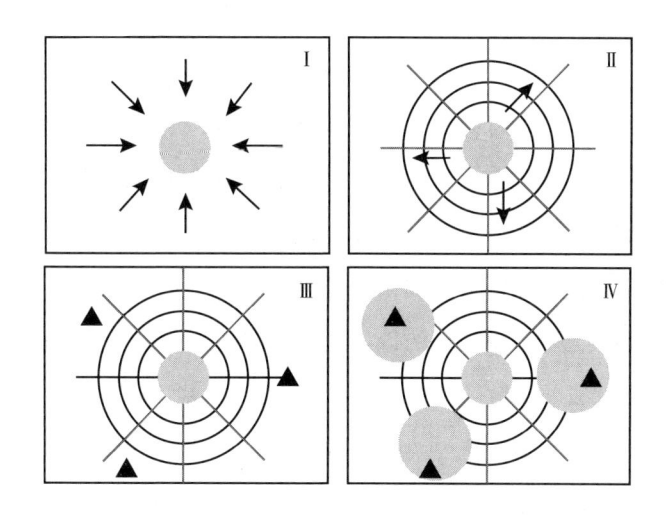

图 5-1 城市空间结构演变历程

资料来源：笔者自绘。

在现代城市发展初期，城市"极化"特征尤为明显，地理区位、资源禀赋、行政地位等基础条件作为城市发展初期能够"脱颖而出"的最重要"筹码"，人口、资本等各类生产要素不断向交通更为便利、经济资源更加丰富、公共事务管理更好的区域集聚。当然，城市内部不同位置的交通可

---

[1] 弗朗索瓦·佩鲁（François Perroux），法国经济学家，主要著作有《经济空间：理论与应用》《略论增长极概念》等。

达性和对特定功能的适应性是影响其空间承载价值的关键，中心城区作为城市的"心脏地带"，拥有最优的可达性、最佳的区位，因此，要素资源皆不断向城市中心城区汇集，形成了高经济密度、高人口密度、高流量密度的极核集聚效应。据相关统计，在20世纪80年代初，上海中心城区就集聚了全市超过55%的工业企业。

工业化发展直接推动了城市地域的扩张，由于建设工厂需要大片土地，而中心城区的土地变得越来越稀缺，中心城区逐渐不能满足这种扩张的需求。同时，前期集聚式发展的经历表明，综合性功能禁锢于狭小的区域不仅难以扩散因集聚效应而产生的巨大能量，还会因各项功能负荷过载而出现交通拥挤、环境污染、管理失调等"城市病"。而随着原本处于城市边缘的荒地、乡村等走上城镇化发展道路，承接中心城区特定功能溢出的卫星城、新城、城市新区等城市新空间也加速兴起，这为推动各类要素资源在整个城市更加合理布局提供了条件。

由此，城市空间结构在经历以中心城区为核心的极核集聚、单核心蔓延后，逐渐呈现多点疏散的演进趋势。例如，巴黎150余年的工业化进程带来了财富的不断积累、人口规模的持续增大，到1870年，巴黎（市中心）人口数量已超过100万，为限制市中心工业的继续集中，巴黎开始了城市空间结构的重新规划和大改造[1]，先后在周边建起了5个工业新城[2]作为外迁工业、人口的承载地，其市域空间逐渐从城乡分割的中世纪小城模式，过渡到由城市和郊区组成的大型城市—郊区模式，20世纪60年代后巴黎各区域人口变化如表5-2所示。同样，伦敦在1939年迎来

---

[1] 巴黎城市空间结构的重新规划和大改造：20世纪中期前，巴黎先后启动了两次意义重大的城市大改造——拿破仑帝国时的巴黎改造（1799~1812年）；1860年，乔治-欧仁·奥斯曼的巴黎现代化改造（环状形态的城市边界，并把周边的近郊区村庄并入巴黎行政管理范围）。

[2] 5个工业新城包括马恩拉瓦莱、埃夫里、伊夫林、赛尔吉蓬图瓦兹和默伦塞纳尔，这些新城并不脱离巴黎独立发展，而是与市区互为补充，构成统一的城市体系。

人口高峰后，开始通过建设 8 座新城[1]来疏解中心城市的工业与人口，逐渐形成了环状放射的城市空间结构。

表 5-2　20 世纪 60 年代后巴黎各区域人口变化

区域	人口变化情况
巴黎市区	1975~1994 年人口数量由 230 万降为 217 万
巴黎郊区 5 个新城	1968~1984 年新增人口 37 万，新创造就业 16 万个
巴黎地区	1975~1994 年人口由 988 万降为 906 万，占全法国总人口的比重相应地由 18.7%降为 15.6%

资料来源：曾刚、王琛：《巴黎地区的发展与规划》，《国外城市规划》2004 年第 5 期，第 44~49 页。

在该阶段，城市基础设施不断完善，网络化的交通体系成为加速要素流通和经济、人口疏散的"传送带"，难以平衡生产成本和中心城区难以满足用地需求的企业，主动向具有更加丰富、成本更低的土地和劳动力资源的城市新空间转移。同时，中心城区则加快推进产业转型升级，限制并逐渐淘汰一批中低端产业，那些不符合其发展导向和附加值不高的产业成规模地迁移至城市外围，进而实现了整个城市生产力空间布局的优化。总体而言，中心城区往往将产业价值链"微笑曲线"的两端保留在本区域，而将具有较大用地需求的生产制造环节向外围转移。例如，20 世纪 90 年代前后，上海汽车制造业、石油化工业、机电制造业等工业由中心城区向城市郊区扩散，据相关统计，上海中心城区工业总产值占全市的比重 1997 年下降至 28.2%（1985 年为 71.6%），而闵行、嘉定、金山、宝山等郊区郊县所占比重合计超过 50%。[2]

---

[1]　伦敦 8 座新城：Stevenage 斯蒂文乃奇、Crawley 克罗利、Hamel Hempstead 汉默·汉普斯泰德、Harlow 哈罗、Hatfield 海特菲尔德、Welwyn Garden City 韦林田园城市、Basildon 贝丝尔登、Bracknell 布莱克奈尔。

[2]　上海市府发展研究中心课题组：《论上海工业布局的调整——关于上海工业向"9+1"区域相对集中的探讨》，《上海经济》1999 年第 5 期，第 4~6 页。

城市产业进化论：规模·效率·生态

  城市新空间的兴起将城市框架进一步拉大，但中心城区对周边的辐射距离并非是无限的，若仅依靠中心城区的引擎和带动作用实施"中心—边缘"式的圈层扩张，城市发展将面临中心城区职能吸聚作用过强、边缘城区疏解能力不足、区域间协调联动关系较弱等问题。部分城市的发展经验表明，要实现城市高质量的开发建设，需要从大规模增量建设转为存量提质改造和增量结构调整并重，在城市内部根据资源禀赋形成差异化功能分区，通过区域间的分工协作，逐渐形成多中心、组团式、网络化的城市空间体系。例如，伦敦自2004年开始划分为伦敦城及东西南北四个片区，并在各个区域设立国际中心、大都会中心、主要中心、地区中心等节点性中心[1]，形成了多片区、多中心的空间结构。国内诸多城市也进行了积极探索，其中，上海提出将位于重要区域廊道上、具有较好发展基础的五大新城（南汇、松江、嘉定、青浦、奉贤）培育为具有辐射带动作用的综合性节点，进一步实现城市功能能级的整体跃升。成都则通过推进中心城区、城市新区和郊区新城功能差异化建设，改变城市"摊大饼"式的发展模式。如以天府新区、高新区、东部新区为代表的城市新区，瞄准做强创新策源转化、国际门户枢纽等核心功能，积极推动重点片区建设，并聚焦就业人口年轻化、高知化的特征，强调优先导入、适度超前，前瞻布局人才公寓、高品质公共服务设施，升级打造"公园+""绿道+"休闲游憩新场景，不断引聚高能级人才和高端要素，成为引领带动区域协调发展的城市新中心。

  城市"多中心"的出现，进一步增强了经济和人口的承载能力，为新兴产业的培育和发展提供支撑，"组团式、网络化"的发展模式，使得城市内部各区域间的协同协作不断深化，各区域在城市"一盘棋"的整体框架下，打造自身的产业"王牌""名片"，联动形成城市现代产业体系和

---

[1] 资料来源：The London Plan 2021。该规划将伦敦城镇体系分为不同等级：国际中心（International）、大都会中心（Metropolitan）、主要中心（Major）、地区中心（District）、社区中心（Neighbourhood）。

城市产业竞争力的强大合力。例如，上海形成了"中心辐射、两翼齐飞、新城发力、南北转型"的市域空间新格局，主城区重点汇集以跨国公司总部、金融机构和顶级商务机构为主的高端服务业，积极培育壮大以科技创新、融媒体等为主的新兴产业；五大新城结合特色优势差异化培育先进制造业集群，其中，嘉定新城加速培育汽车芯片创新集群，青浦新城布局以信息技术为代表的数字经济，松江新城依托长三角G60科创走廊做大做强战略性新兴产业集群，奉贤新城依托化妆品产业市场基础发展美丽健康产业，南汇新城聚焦打造未来之城前瞻布局数联智造产业。

第三节 区域空间——在更大范围优化经济布局

区域空间在经济地理上是城市之间为了维持经济发展的良性循环并获取各自更大发展收益，通过整合空间实现经济活动在更大区域范围优化布局的空间表达形式。市域空间普遍具有"极核集聚—单核心蔓延—多节点疏散—多核心集约"的演进规律，事实上，佩鲁的增长极理论置于更大空间范围同样适用。也就是说，城市间基于发展形成的区域空间在促进现代城市与产业互动发展上的作用，同样可以借用增长极理论逻辑和市域空间演进规律来解释。

具体来看，现代城市发展初期，在公共服务能力以及交通运输、信息交流、市场贸易水平等方面具有先发优势的城市，就会表现出更为显著的对生产要素和各类市场主体的吸引力，由此产生对相邻及外围联系度较高城市的强大虹吸效应。这些优势城市的发展由小到大、由弱到强，率先成为区域的中心城市。例如，巴黎依托工业部门齐全、各类商品服务市场繁荣、交通网络发达以及首都城市强大的公共事务管理能力等诸多优越条件，到20世纪60年代后期，集聚了法国约23%的工业就业人员，布局了法国约60%的汽车工业、电子工业、航空工业、机械工业、医药工业，法国有1/3的公司税由巴黎贡献,有3/4的研究活动在巴黎开展,有1/3的新兴工业基地在巴黎建设[1]。

这些在特定区域内成长起来的中心城市,基于较强的要素供给能力、生产配套能力,成为企业的集聚地,经济规模得以持续扩大,产业率先实现从以农业为主导向以工业为主导的结构性转变,逐渐成为整个区域的经济中心。20世纪中期,随着以三井、三菱、住友、安田四大财阀为首的企业向东京集中,东京的城市虹吸效应持续增强,形成了显著的"一极集中"特征,大规模工业化也使其汇聚了日本超过10%的工业企业和超过15%的工业从业者[2],制造业生产总值在1955～1960年实现了超过146%的增长。中心城市虹吸效应影响下的区域空间结构如图5-2所示。

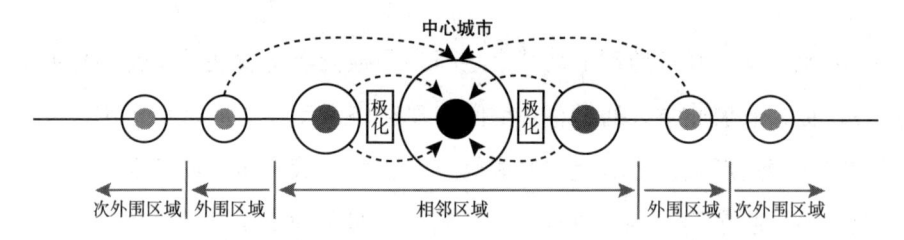

图5-2 中心城市虹吸效应影响下的区域空间结构

资料来源:笔者自绘。

随着工业化水平快速提升,区域中心城市的体量和规模急剧膨胀,当各种要素流动愈加频繁时,中心城市在一定空间范围内逐步显现经济热能向外辐射的扩散效应,区域中心城市通过技术溢出、产业转移、资本输出等多种方式,加快与周边区域形成产业分工网络体系。相邻及外围联系度较高区域则基于地理相近、人文相亲、经济相连等原因与其率先开展产业协作、资源共享、建设联动。对于中心城市而言,既有产业的转移为城市

---

[1] [法]费尔南·布罗德尔、欧内斯特·拉布罗斯主编《法国经济与社会史》,谢荣康等译,复旦大学出版社,1990,第359页。
[2] 《东京统计年鉴》,http://www.toukei.metro.tokyo.jp/tnenkan/tn-index.htm。

第五章 城市空间——调整城市产业布局的承载

发展腾挪出更多的空间，支撑了产业结构的优化升级；对于相邻及外围联系度较高区域而言，通过打通与中心城市资本、技术、信息、人才等的链接通道，主动或被动参与、承接中心城市的产业外溢，在客观上推动了区域产业发展规模和层次的提升。

同时，由于中心城市与相邻区域内部扩散效应开始显现，以中心城市为核的都市圈雏形逐步形成（见图5-3）。值得注意的是，主导产业雷同、分工协作不明显、产业竞争无序等也是该阶段区域内各城市必须面对的现实问题，这些现实问题又制约着区域空间的协调发展。

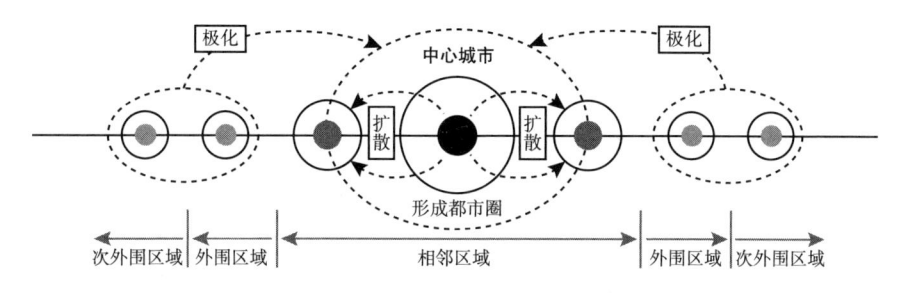

图5-3　中心城市扩散效应影响下的区域空间结构

资料来源：笔者自绘。

随着都市圈的成熟，区域合作迈向一体化发展的新阶段，中心城市与相邻区域联系更加密切，并表现出同城化趋势，而部分外围区域的城市逐渐成长为次中心城市，同时，伴随中心城市辐射扩散效应的进一步扩大和次中心城市的壮大，中心城市与外围区域在产业协作、公共服务共建共享等方面的协同发展也逐渐增强，城市群发展水平显著提升（见图5-4）。例如，上海大都市圈的繁荣就有赖于中心城市和外围区域之间形成一体化发展的格局，区域产业分工网络为有效承接上海经济热能扩散和产业转移提供有力支撑，也带动了长三角城市群的快速崛起。当前，以共建世界级高端制造集群体系为目标，上海重点打造经济、金融、贸易、航运和科技创新"五个中心",而在其周边则以苏州为主打造产业创新和转化中心,以常州、苏州、宁波等为主打造先进制造业基地。

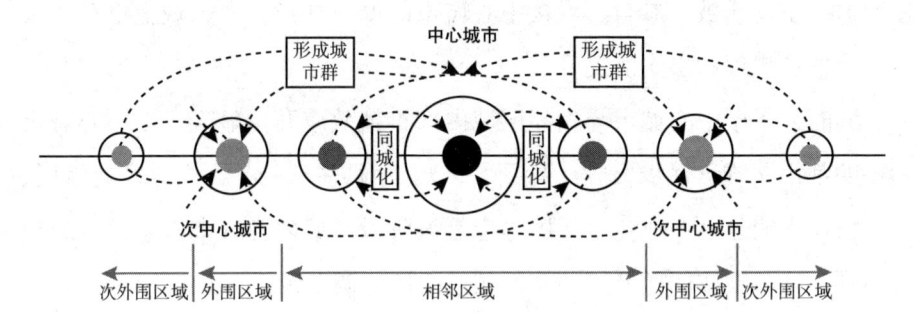

图 5-4　区域一体化发展影响下的区域空间结构

资料来源:笔者自绘。

总体而言,通过梳理市域空间和区域空间促进现代城市与产业互动发展的作用可以发现,现代城市普遍呈现"极核集聚—单核心蔓延—多节点疏散—多核心集约"的阶段演变特征。其中,在现代城市建设初期,增长极出现在城市中心地区和区域中心城市,推动了现代城市"一极集中"的大规模工业化,以及要素资源"井喷式"涌入带来的快速扩张。然而,各项功能的过度集中和中心城市强大的虹吸效应也导致了城市空间的发展失衡、管理失调、运行失序,现代城市开始调整优化空间发展策略,逐渐通过在城市内部实现差异化功能分区打造"多中心",在相邻和外围区域扩散经济热能和增强产业辐射带动作用,促进市域空间和区域空间的结构优化与协调发展。当前,围绕实现高质量发展和增强城市竞争力、影响力,城市空间的架构更加强调在城市内部形成"多中心、组团式、网络化"的多层次空间体系和功能体系,在城市外部强化以都市圈同城化为核心推动在更大空间范围的城市群形成更紧密的经济联系和产业分工协作体系。

第六章　生产要素——不断演进的独特力量源

马克思主义政治经济学告诉我们，生产要素涵盖了进行物质生产所必需的一切要素及其环境条件，是社会财富创造的基础和经济增长的主要源泉。事实上，现代城市的生产力水平集中体现在一定时期城市所集聚的核心生产要素上。而现代城市发展不同阶段的生产要素不断分化、重塑，生产要素的地位和作用也在不断更迭变化，为现代城市和产业互动发展提供了新的养分和动力源泉。

每个生产要素都具有鲜明特质，比如劳动力的可塑性、土地的稀缺性、金融资本的逐利性、技术的创造性，以及数据的非消耗性和渗透性，虽然这些特质使各种生产要素在推动现代城市与产业互动发展上的作用方式并不相同，但都具有显著的影响效应，并直接推动城市和产业不断高级化演进。本章重点分析劳动力、土地、金融资本、技术以及数据等主要生产要素的特质，以及这些特质使其在促进城市与产业互动发展的过程中发挥着怎样的作用。

第一节　劳动力——可塑性带来的增值发展

劳动力不仅仅是具有劳动能力的人口，由于人的主观能动性，其能够积累知识、创造知识并将新知识用于生产，从而引发劳动力的价值增值，并形成新的资本积累,这就是劳动力的可塑性,也是劳动力作为生产要素发挥作用更为重要的特质。在新古典主义经济学家萨缪尔森[1]所著的《经济学》中,劳动力规模和劳动力技能水平共同组成了人力资本[2],而经济学家卢卡斯[3]提出的内生经济增长模型揭示了,人力资本通过技能提升和创新驱动提高生产效率,从而助推产业升级,实现经济增长,人力资本增值越快,则经济产出越快,人力资本增值越大,则经济产出越大。由此可以看出,在城市发展不同时期,劳动力规模和技能水平变化带来的人力资本增值,是城市经济得以持续增长和产业向前发展的重要因素。

现代城市发展初期,手工业、纺织业、皮革业、食品加工业等技术门槛不高的劳动密集型产业快速发展,创造了大量的就业机会,相对稳定的工资收入对农村劳动力产生了较强的吸引力,进而带动农村人口源源不断地流向城市,使得城市劳动力和人口规模迅速扩张。此时,城市劳动力规模的增长为劳动密集型产业发展提供了有力的支持,工业部门迅速发展,城市逐步建立起了工业体系。伦敦就是其中的典型代表,第一次工业革命极大地解放和发展了生产力,纺织业、制陶业和采矿业等快速发展,大批农村劳动力加入伦敦的产业工人大军,伦敦人口规模由1800年的约200万人[4]增长到1900年的600万人左右[5],伦敦也一跃成为欧洲人口规模最大的城市。至1951年,伦敦制造业就业人口更是达到了140余万人,工业产值占国民经济的比重上升到42%左右,形成了以工业生产为主导的产业

---

[1] 萨缪尔森(Paul A. Samuelson),是美国著名的经济学家,他在1970年获得了诺贝尔经济学奖。萨缪尔森的研究涵盖了经济学的许多领域,包括一般均衡论、福利经济学、国际贸易理论等。

[2] 闫玉强:《人力资本对产业结构升级的影响研究》,上海师范大学硕士论文,2021。

[3] Lucas Jr R E:"On the mechanics of economic development", *Journal of Monetary Economics* 1988 vol. 22, pp. 3-42.

[4] 赵煦:《英国早期城市化研究——从18世纪后期到19世纪中叶》,华东师范大学博士论文,2008。

[5] 陆伟芳:《19世纪伦敦的产业分工与角色》,《史学月刊》2017年第3期,第77~85页。

第六章 生产要素——不断演进的独特力量源

体系。无独有偶,在纽约的发展历程中也可以看到类似情况,19世纪早期,纽约开始经历快速工业化,兴起的服装鞋帽、印刷、皮革、食品加工等轻工业,吸引了大量缺少创办农场费用和农作经验的郊区农民迁入,据相关统计[1],到1855年,纽约的人口规模达到了62.3万人,其中移民就占到了52%。这种大规模的人口流入为纽约的工业发展提供了劳动力要素支持,而纽约的工业总产值在工业化最初50年也大幅增长了近9倍,这也推动纽约成为美国重要的工业中心。

随着产业发展对受教育人群规模和质量的需求不断提高,城市开始重视并加快发展各层次教育事业。其中,尤其是技能教育和高等教育的发展促进了劳动力技能和知识水平的提高,创造了新的人力资本增值红利,进而助推了城市资本密集型、技术密集型和知识密集型产业的快速发展,使得城市的产业体系向高端化升级。

职业教育与城市产业发展有着深厚的历史渊源,最早可以追溯至第一次工业革命时期。作为工业革命的发源地,英国的曼彻斯特、利物浦、利兹等城市,为了满足工业生产的需要,开始兴办城市职业学院。这些城市职业学院开设了大量适应产业发展需要的实用性技术课程,培养了大批技术工人和管理人才,加快了其所在城市的工业化进程。

当职业教育培养的大量应用型、技能型人才进入劳动力市场,城市的人力资本供给与产业发展需求愈加匹配,也就使对技能人才需求旺盛的产业得以快速发展。例如,到2023年,杭州全市中等职业学校专业布点已经达到307个,涵盖16大行业[2],基本与杭州的文化创意、旅游休闲、电子商务、金融服务、信息软件、先进装备制造、物联网、生物医药、节能环保、新能源等主导产业一线技能人才需求精准匹配,为杭州在数字、

---

[1] 陈志洪:《九十年代上海产业结构变动实证研究》,复旦大学博士论文,2003。
[2] 《杭州全力打造职业教育升级版展现"头雁风采"》,https://www.hangzhou.gov.cn/art/2023/5/3/art_812262_59079135.html。

电商、文娱、物流等多个产业领域达到国内领先水平打下了坚实基础。深圳在推进职业院校建设方面探索打造企业"订单式"技能人才培养模式，精准提高城市人力资本供给能力。比较有代表性的是，2017年深圳职业技术学院[1]设立了招生专业70个，其中紧贴深圳重点发展的四大支柱产业的就有56个，占比达到80%[2]，而2018年深圳职业技术学院新增了工业机器人、新能源汽车、大数据技术等10个专业，全部紧贴深圳新一轮战略性新兴产业发展的人力资本需求，持续为深圳的产业体系升级提供劳动力要素支持。

专栏6-1　深圳企业"订单式"技能人才培养模式

在深圳，由于职业院校和企业之间形成了良好的合作关系，所以众多对技能人才需求数量较大、专业化要求较高的企业会和校方采取"订单式"技能人才培养的模式来满足自身的需求。这种模式下，校企双方能够更好找到人才培养的契合点，实现对人才培养的最优化，让学生毕业就可以直接进入企业工作。

以深圳职业技术学院为例，学院建校25年来共培养了近10万名全日制毕业生，为深圳各类企业"订单式"输送了大批人才。它和雅诺信、爱迪尔等珠宝企业合作，采取定期举办培训班和开展联合办学等教学模式，为企业培养专业化的珠宝技术人才，获得了良好的效果。其中，深圳职业技术学院与雅诺信开办的培训班侧重翡翠鉴定，重点培养具有良好职业素养和较强实践能力的翡翠鉴别及市场交易人才；与爱迪尔珠宝合作的方式主要是联合办学，由深圳职业技术学院开设"爱迪尔珠宝班"，进行"订单式"人才培

---

[1] 2023年6月，教育部批准以深圳职业技术学院为基础整合资源设立深圳职业技术大学。
[2] 资料来源：根据招生计划一览表整理所得。《深圳职业技术学院2017年专科分专业招生计划一览表（广东省内，含深圳）》，深圳职业技术大学招生信息网，https://zhaosheng.szpt.edu.cn/info/1015/1043.htm。

第六章 生产要素——不断演进的独特力量源

养。这些模式培养下的学生提前适应了企业的业务和文化，为以后的职业发展打下了坚实基础。除此之外，深圳职业技术学院还与华为合建了全国院校首家华为合作授权培训中心、全国首批华为网络学院；与中兴通讯共建了云计算技术与应用专业、4G全网虚拟仿真实验室。

资料来源：程宇：《深圳职业技术学院"订单+联合"人才培养模式》，《职业技术教育》2011年第32期。

城市产业的发展除了需要以应用型、技能型为主的职业教育的支持，也同样需要以学术型、科研型为主的高等教育助力。特别是高等教育学科分工的细化和深化提升了劳动力的专业化水平，培养了大量的专业化人才。专业化人才带来的创新能力提升，促进了知识和创新需求更高的高科技产业快速发展，使得城市产业不断迭代升级。以杭州为例，2000~2016年，杭州的常住人口中初中以下（不包含初中）教育水平的城市人口总量与占比（从2000年38%左右逐渐下降到2016年18%左右）逐年下降，而大专及以上接受过高等教育的城市人口总量则增长了2.5倍[1]。这些具有较高学历的专业化人才，为杭州以高新技术产业、战略性新兴产业为主的创新经济发展提供了重要支撑，2016年，杭州规模以上高新技术产业、战略性新兴产业增加值增长率分别达到12.5%和11.6%[2]。又如上海在1990~2000年，具有高等教育学历的人口比例由8.5%提高到13.8%[3]，在此期间，接受过高等教育的专业化人才加快向金融、物流等生产性服务业和教育文化业流动，提升了上海相关行业的发展水平。

---

[1] 孙滢、王纪武、林倪冰：《城市劳动力受教育水平的空间分布特征——以杭州市为例》，载《活力城乡　美好人居——2019中国城市规划年会论文集（11总体规划）》，2019年。

[2] 《关于杭州市2016年国民经济和社会发展计划执行情况与2017年国民经济和社会发展计划草案的报告》，https://www.hangzhou.gov.cn/art/2017/4/27/art_ 1268540_ 4032.html。

[3] 上海市科学技术委员会：《加快高等教育发展，推进上海产业结构升级》，2003年。

当前，学科交叉、知识融合、技术集成的发展趋势引发了新一轮科技产业革命，城市产业的新一轮分工、整合和衍化兴起了一大批新产业、新业态、新模式，也使城市劳动力市场需求与雇佣模式发生深刻变化。现代城市在促进人力资本增值方面，转向更加注重高效地将人力资本转化为创新动力，从而产生了对复合型人才和新职业人群等创新型人才的迫切需求。也就是说，在现阶段，如果一个城市能够在创新型人力资本增值上赢得先机，那么它就能在建设创新型城市和高质量现代化产业体系中赢得竞争优势。

具体来讲，复合型人才知识复合、思维复合、能力复合，是发展处于价值链高端环节的融合型新产业、新业态、新模式的必要条件，对现代城市提升竞争力、影响力至关重要。比如ChatGPT的现象级"出圈"带火了AIGC[1]行业，国内各城市对AIGC跨界复合型人才的需求呈现爆发式增长，根据脉脉高聘人才智库[2]发布的《2023AIGC人才趋势报告》有关数据，2023年1~2月国内各城市AIGC人才招聘需求数量同比上涨31.3%，创历史新高，而AIGC人才六成以上聚集在北京、上海、深圳三地，其中北京独占1/3，数量超过上海、深圳两城总和（见图6-1）。2022年北京AIGC相关产业产值规模达到2270亿元左右，领跑全国，这也与北京AIGC人才数量遥遥领先于全国各大城市的情况吻合。另一个例证是2017年杭州开始实施"西湖明珠工程"[3]的引才计划，加大对数字经济等领域复合型人才招引力度，2017~2021年人才净流入率连续5年居全国第一，其中近60%的人才流入了数字经济和生命健康领域，夯实了杭州数字经济和生命健康两大万亿级产业集群的发展基础[4]。

---

[1] AIGC（AI Generated Content）：生成式人工智能，指的是利用人工智能来生产内容，其中AI是人工智能的简称，GC则是创作内容。
[2] 脉脉高聘人才智库：职场社区平台脉脉推出的全新业务品牌"脉脉高聘"中的研究板块。
[3] "西湖明珠工程"：杭州市从2017年开始实施的高层次复合型人才招引计划。
[4] 《涵养英才 激发城市活力 杭州人才净流入率连年全国第一》，https://baijiahao.baidu.com/s?id=1669700865937340490&wfr=spider&for=pc。

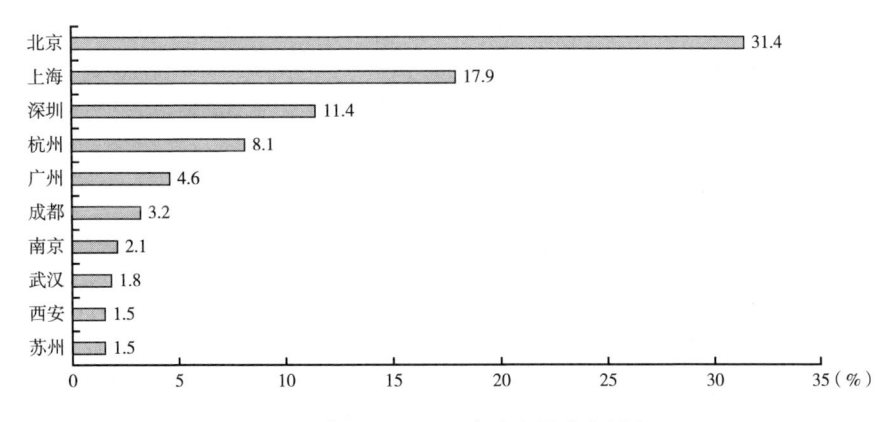

第六章　生产要素——不断演进的独特力量源

城市	数值
北京	31.4
上海	17.9
深圳	11.4
杭州	8.1
广州	4.6
成都	3.2
南京	2.1
武汉	1.8
西安	1.5
苏州	1.5

图 6-1　2023 年 2 月 AIGC 人才主要分布城市 TOP10

同时，新技术发展和新消费需求的兴起以及劳动力雇佣模式变化催生了大量的新职业需要，如 2017 年美国 Medium 平台[1]上就预测了未来的 42 种新职业（见表 6-1），2022 年我国发布的《中华人民共和国职业分类大典（2022 年版）》净增的新职业达到 158 个（见专栏 6-2）。这些新职业人群的发展为城市经济社会发展注入了新一轮活力，也支撑了城市产业演进新兴方向的加快发展。换言之，现代城市中谁能够获得更多新职业人群的青睐，谁就能在新一轮产业和城市竞争中获得主动权。正如 58 同城联合成都新经济发展研究院发布的《成都市新职业人群发展报告 2019》[2]显示，成都新职业人群总体规模排名全国第三，仅次于北京、上海，尤其是生活服务类新职业从业者规模占全国的 12.9%，排名全国之首，其中，出行类新职业人群占比高达 25.7%，医美丽人和健康行业新职业人群分别占 19.2% 和 18.9%，相应地也使成都的平台经济、医疗美容、健康养生等相关新兴产业处于全国的领先地位。

---

[1] 美国 Medium 平台：2012 年创立的内容创作平台，其发布的内容和文章主要聚焦商业、健康、政治、计算机、体育等领域。

[2] 58 同城、成都新经济发展研究院：《成都市新职业人群发展报告 2019》，2019 年 12 月 23 日。

表 6-1　2017 年美国 Medium 平台上发布的未来 42 种新职业预测

序号	职业名称	序号	职业名称	序号	职业名称
1	IT 协调官	15	陪走/陪聊师	29	数据检测员
2	青年网络犯罪康复辅导员	16	垂直农场顾问	30	人工智能业务开发经理
3	边缘计算专家	17	网络灾难预测员	31	语音用户体验设计师
4	人工智能辅助护理师	18	健康事务顾问	32	快乐生活助手
5	网络城市分析师	19	财务健康教练	33	商业行为主管
6	人机协作经理	20	算法偏差审核员	34	智能家居设计经理
7	量子机器学习分析师	21	大学生活协调官	35	机器风险官
8	数字裁缝	22	电子竞技领域构建者	36	滨海地区建筑师
9	增强现实旅行构建师	23	飞行汽车开发工程师	37	订阅管理专家
10	垃圾数据工程师	24	触觉界面设计师	38	机器个性设计主管
11	个人数据经纪人	25	虚拟身份卫士	39	虚拟现实街机经理
12	虚拟商店导购	26	道德合规专员	40	首席目标规划师
13	基因组投资组合总监	27	首席信任官	41	网络攻击执行员
14	公路管制员	28	遗传多样性专员	42	个人记忆博物馆馆长

资料来源：美国 Medium 平台。

专栏 6-2　《中华人民共和国职业分类大典（2022 年版）》净增 158 个新职业

我国人力资源和社会保障部于 2022 年 9 月 28 日正式发布《中华人民共和国职业分类大典（2022 年版）》（以下简称"新版大典"）。新版大典将近几年来我国陆续颁布的 74 个新职业均收纳入书。同时，围绕制造强国、数字中国、绿色经济、依法治国、乡村振兴等国家重点战略，将工业机器人操作员和运维人员、农业数字化技术员和农业经理人等也纳入。经调整，与 2015 年版大典相比，在保持八大类不变的情况下，新版大典净增 158 个新职业，职业数达 1639 个。

新版大典首次标识了 97 个数字职业，占职业总数的 6%。同时，延续 2015 年版大典对绿色职业标注的做法，标注了 134 个绿色职业，占职业总数的 8%。其中既是数字职业也是绿色职业的，共有 23 个。

第六章 生产要素——不断演进的独特力量源

资料来源：《新版职业分类大典净增158个新职业》，http：//www. mohrss. gov. cn/SYrlzyhshbzb/dongtaixinwen/buneiyaowen/rsxw/202209/t2022 0930_ 488041. html。

总体来看，劳动力作为生产要素，其规模结构和技能水平直接影响城市人力资本的增值，进而反作用于城市产业发展。随着产业发展对劳动力的需求重点沿着"以低技术型、大规模化为主—以技能型、专业型为主—以复合型、创新型为主"变化，其所形成的人力资本增值在促进城市与产业互动发展的作用上也在发生变化。在现代城市发展之初，大规模工业化和轻工业的发展需要劳动力绝对数量上的增加，这使得城市经济和人口规模快速提升。随着产业持续发展和城市越来越注重发展效率，通过发展职业教育、高等教育等多层次教育体系来改善劳动力的质量，这推动城市人力资本加快增值，支持了城市产业体系调整和更新升级。如今，对复合型人才和新职业人群的需求又激发了城市人力资本的新一轮增值发展，进而推动新产业、新业态、新模式的加速发展，也为城市未来创造了无限遐想。

第二节 土地——稀缺性带来的约束与改进

土地曾被誉为"财富之母"，这是土地作为生产要素所具备的基本经济属性和经济功能的体现。同时，城市中那些可供开发和因区位优势大家都争夺的土地更是稀缺资源，也正是这种稀缺性决定了其参与生产过程的特殊规律。可以说，土地的稀缺性使其必然存在供需矛盾，供需矛盾则深刻影响着土地作为生产要素的价格，价格上涨将倒逼其提高配置效率，带动土地不断投入产出效益更高的生产过程中[1]。由此可见，一方面，稀缺性影响土地要素价格，使其在不同产业中不断调整配置结构，

[1] 朱道林：《土地要素配置与经济增长的辩证关系探讨》，《中国土地》2023年第5期，第22~24页。

城市产业进化论：规模·效率·生态

推动实现城市产业结构优化；另一方面，城市新产业的发展壮大要求土地不断满足新的生产性需求，但受制于稀缺性的约束，城市的土地满足这些新的需求的程度，直接影响着城市产业结构变迁方向和未来发展活力。

在现代城市发展初期，城市建设开发程度不高，工业发展对土地的需求虽然开始强烈起来，但供需矛盾还不突出，土地价格相对较低，因此，许多城市在较长一段时间内采用以加大土地要素投入来追求经济增长的发展方式，将土地资源大量投入能快速见到经济产出的工业生产领域，尽可能满足那些土地需求敏感、投资体量较大工业项目的用地需求，以此来推动城市经济规模和生产能力的快速提升。例如，上海在1949~1987年，供给到工业领域的土地达到53.5平方公里，支撑了上海工业的飞速发展，由此集聚了工业企业12431家，形成了33个大类184个中类434个小类的综合配套能力[1]，使上海成为中国最大的"工业中心、生产基地"。作为美国老工业基地的芝加哥也有类似的经历[2]，1930年，芝加哥投入钢铁、金属加工、化工、机械制造等重工业领域的土地总量达到1880年的约6倍[3]之多。

经过大规模工业化发展，受一定时期可开发土地总量有限的硬性约束，以及城市建设方方面面用地需求大增的影响，城市土地价格一直上涨。基于对土地投入性价比的考虑，现代城市将土地要素配置到投入产出效益更高的产业，以提升单位土地面积的经济收益，这在客观上有助于城市产业结构调整升级，同时也有效改进了整个城市的土地资源利用效率。

---

[1] 黄金平：《调整优化工业布局 实现可持续发展——90年代上海工业结构的战略性调整（连载之二）》，《上海党史与党建》2002年第5期，第22~27页。

[2] 王法辉、胡忆东：《芝加哥制造业发展过程及区位因素分析》，《地理科学》2010年第2期，第175~183页。

[3] 石忆邵、彭志宏、陈华杰等：《国际大都市建设用地变化特征、影响因素及对上海的启示》，《城市规划学刊》2008年第6期，第32~39页。

第六章　生产要素——不断演进的独特力量源

例如，素有"七山一水两分田"之称的浙江省，一直面对提升建设用地节约集约利用水平的挑战，绍兴市在 2006 年为破解可建设开发的土地资源紧缺问题，摒弃了"捡到篮里都是菜"的观念，深挖单位土地增长潜力、提高单位土地投入产出，创造性地将农业领域的"亩产"概念应用到工业领域，在国内率先提出"亩产论英雄"改革[1]，构建起以"亩产效益"为核心的评价指标体系和差异化政策措施体系，通过正向激励和反向倒逼，较为成功地引导工业企业提高了投资强度和产出效率。随后，浙江省在"1+24"[2] 个区市县开展改革试点，进一步完善了以"亩产效益"为导向的综合评价机制、资源差异化配置机制、落后产能退出机制、金融和人才要素保障机制，促进了土地要素的高效配置。到 2017 年，浙江省规模以上工业企业实现亩均税收 25.5 万元/亩、亩均增加值 103.2 万元/亩，并分类处置僵尸企业 555 家，淘汰改造 2000 余家企业落后产能，整治 4 万多家脏乱差小作坊，盘活存量土地资源高达 10.9 万亩[3]。

又如，2014 年上海基于建设用地总规模超过全市陆域面积的 40%（明显高于不少国际大都市）的现实情况，开启了工业园区外 198 平方公里区域的低效工业用地整治工作，加快推动产业"腾笼换鸟"。这些区域的工业用地占全市工业用地比重接近 1/4，工业总产值占比却不到 10%，其大部分企业都是改革开放早期的镇、村集体企业，企业的竞争力和经营效益日益下降，能耗、污染、安全等问题越来越突出。整治措施实施的当年，上海就落实"198"区域减量化地块达 689 万平方米[4]，全面对低效建设

---

[1] 中国信息通信研究院：《我国"亩均论英雄"改革地方实践与发展展望（2023年）》，2023年。

[2] "1+24"：浙江省在总结绍兴市改革实践经验的基础上，选择条件成熟的海宁市开展"亩产论英雄"试点，随后将改革试点扩展到全省24个区市县，称为"1+24"试点。

[3] 浙江省经济和信息化厅，https://jxt.zj.gov.cn/art/2018/10/24/art_ 1657970_ 35697758.html。

[4] 顾守柏、丁芸、孙彦伟：《上海"198"区域建设用地减量化的政策设计与探索》，《中国土地》2015年第11期，第17~20页。

用地盘活提升，推动了粗放式发展的低端加工业、养殖业以及堆场等"三高一低"产业转型和退出，通过"腾笼换鸟"为新兴产业、高新技术产业等提供了较为充足的发展空间。

城市可开发土地资源紧缺的问题将长期存在，而当前科技革命和产业演进呈现多学科群体突破、新技术跨界融合的鲜明特征，交叉融合型新产业、新业态、新模式大量兴起，这对城市土地要素的需求变得更加多样化、复杂化。城市不得不进一步创新土地精准供给模式，以满足经济效益更好、附加值更高的新生产力的用地需求，进而来提升现代产业体系发展活力与经济增长动力。

例如，深圳为了满足高端服务业和创新产业用地的新需求，在2014年率先通过"工改工"引入新型产业用地（M0）[1]模式，将蛇口网谷项目由原来主要从事出口加工业的旧厂房转变成一个融合高科技与文化产业的互联网及电子商务产业基地，吸引了一批新兴产业企业，打造形成了创新产业先行示范区。采用这一方式的代表城市还有郑州，2018年郑州开始增加新型产业用地的供给，2019年完成了紫荆网络安全产业园、天健湖智联网产业园、中国智能传感谷三宗688亩新型产业用地的出让，有效满足了郑州高新区产业结构调整与更新发展的需求。到2022年，天健湖智联网产业园已入驻紫光计算机、阿里云、启明星辰、中软国际、优路教育、小鸟科技等优质企业，成功孵化了1家国家级专精特新"小巨人"企业、7家规模以上企业、5家专精特新中小企业、8家高新技术企业、30家科技型企业，同时建成了4个市级以上研发平台，初步形成了以智联网为核心，以人工智能、大数据、5G、区块链、云计算为支撑的"1+5+N"产业

---

[1] 新型产业用地（简称M0）：城市用地分类"工业用地（M）"大类下新增的一种用地类型，指融合研发、创意、设计、中试、无污染生产等新型产业功能以及相关配套服务的用地。与传统工业用地相比，M0用地具有单位土地开发强度大、允许配建办公及生活服务设施、土地成本相对较低等优势，是为适应传统工业向新技术、协同生产空间、组合生产空间及总部经济、2.5产业等转型升级需要而提出的城市用地分类。

第六章 生产要素——不断演进的独特力量源

体系。

当然，其他城市也在积极探索改进土地要素的配置方式和配置效率。比如，北京为满足"高精尖"产业发展用地需求，全力推进"优储精供"，使用"一地一策"精准供地政策工具，差异化订制土地入市条件，从过去"价高者得"向完善市场、集约用地、保障高端产业等多目标转变，促进"土地跟着优质项目走"。而杭州、宁波、重庆、广州等地的探索"点状供地"模式也保障和推动了新产业、新业态、新模式的发展，造就了杭州莫干山裸心堡、宁波九龙湖度假村、重庆归原小镇等一批优秀的案例。

专栏6-3 广州"点状供地"走出乡村产业振兴新路子

广州从化区在2022年完成了和营天下项目21.3亩"点状供地"手续，保障了产业融合发展用地需求，造就广州首宗"点状供地"案例。

和营天下项目位于广州从化区城郊街的西和万花风情小镇内，是融研学教育、亲子休闲、营地体验、文创农业、森林学堂、农耕研学、亲子旅游、运动休闲和野奢度假等产业于一体，以研学旅行与亲子营地为特色的自然教育基地。按照规划设计，和营天下项目总用地面积为333.9亩，其中，项目实际所需建设用地仅21.3亩。"点状供地"的方式使建设方以21.3亩用地撬动了333.9亩区域的发展，实现了精准用地，大大节约了用地指标，提升了土地利用效率，降低了项目用地成本。除建设用地之外的17.4亩旅游配套设施用地和295.2亩的生态保留地，则由和营天下公司向村集体租赁取得并按原地类管理使用，既保留了原始乡村生态风貌，减少对资源环境的影响，同时有效盘活利用了农村集体土地资源，扩大了集体经济收益，实现了绿色发展、生态富民。

资料来源：根据广州市规划和自然资源局网站相关资料整理，http://ghzyj.gz.gov.cn/xwzx/xwbd/content/mpost_ 8980242.html。

总体来看，城市土地作为生产要素，其稀缺性导致供需矛盾长期存在，价格持续上涨促使城市将有限的土地资源投入经济效益更高的产业，从而带动不同时期的不同类型产业发展，这为城市产业结构调整和经济增长注入了新的动力。在现代城市发展初期，城市建设开发程度不高，供需矛盾还不突出，土地价格相对较低，使城市土地资源大量投入能快速见到经济产出的工业生产领域，带动城市建立工业体系、实现经济高速增长。随着土地稀缺性带来的约束日益凸显，城市势必要以提升单位土地面积的经济收益为目标，进而加快了城市产业"腾笼换鸟"与优化升级。现阶段，一方面城市土地要素稀缺性带来的约束仍在，另一方面新生产力的用地需求持续增长，创新土地精准供给模式则成为城市提升产业发展活力和经济增长动力的必然选择。

第三节　金融资本——逐利性带来的更新迭代

马克思在《资本论》中指出，金融资本是以商品资本和产业资本为基础发展起来的，具有逐利性的本质特征，以及资本积累、资源配置等功能[1]。事实上，金融资本在运行的过程中体现出两种逻辑，即增值逻辑和权力逻辑。实现资本增值是金融资本的基本逻辑，这与金融资本的逐利性密不可分，也就是说金融资本在经济活动中最终体现的是一种"钱生钱"的循环运动。而金融资本的权力逻辑则集中表现为其在循环运动的过程中对城市资源的控制、支配、调动上。由此不难发现，金融资本作为生产要素，以实现更高的价值增值为目标，不断地在不同的部门和区域之间流动，这在客观上促进了资源要素优化配置和生产力合理布局。因此，在现代城市的发展过程中，金融资本流动顺畅性、配置合理性，

---

[1] 庞瑜：《马克思金融资本理论及时代意义》，广西师范大学硕士论文，2023。

第六章 生产要素——不断演进的独特力量源

直接关系着城市产业的发展效率和动力,也直接影响着城市产业的结构调整优化。

在现代城市发展初期阶段,商品资本和产业资本实现大量积累,为寻找新的增值空间,这些资本逐渐脱离原有运行系统,形成了相对独立的金融资本。而随着金融资本开始向附加值相对更高的生产领域集聚,钢铁、电力、石油、化工、重型机械、大型设备等资本密集型的基础工业和重工业得到了大量的资金投入,实现了快速发展,这为城市产业结构从以资源密集型和劳动密集型产业为主向以资本密集型产业为主变迁提供了强大动力支持。例如,从20世纪50年代开始,上海轻重工业固定资产投资之比长期保持在1:8左右,使得上海机械、化工和冶金等资本密集型工业获得迅速发展,1960年上海重工业占比首次超过了轻工业。此时,由于基础工业和重工业的迅速发展,城市经济规模和建设规模也得到了大幅度提升。

随着提高生产效率的迫切需求促进产业向专业化分工协作发展,以及重工业耗费资源多、投资体量大、资金周转慢等局限性逐步凸显,金融资本需要找到更多、更快、更高的增值领域。金融资本开始加速流向那些产业附加值更高、获利能力更强的生产性服务业和高端生活性服务业,这也带动城市支柱产业向"服务化"演进。在这个过程中,金融资本促进了工业生产原来相对较低水平的分工与专业化程度的再提升,使资源要素从产出效率较低的部门转移到产出效率较高的部门,从而提升了现代城市的整体发展效率。

19世纪中后期,纽约在工业化进程中,曾经形成了以劳动密集型、资本密集型为主的工业体系,而在纽约这样的大都会城市,劳动力成本、土地成本、能耗成本的上升对其制造业产品的市场竞争力带来巨大挑战。在追逐收益最大化的驱动下,金融资本逐步流向商业、金融、文娱等现代服务业,这导致纽约支柱产业的大调整。1950~2001年,纽约制造业就业人数从103.9万人逐步下降到23万人,而服务业的就业人数从50.8万人上升到146.5万人,1999年纽约以商业服务、健康、法律、娱乐、教育、工程和管理服务等为主的服务业总收益达到520.9亿美元[1],纽约实现从工业生产中心向为生产和流通服务的金融中心、服务中心、信息中心、管理中心,以及科学文化教育中心等多功能中心的演变。

以逐利为生的金融资本具有极敏感的嗅觉,一些突发事件加速金融资本的流动,对城市产业结构调整带来的影响也是巨大的。从20世纪50年代开始,东京大力发展重工业,到1970年左右,形成了以机械、钢铁、化工等产业为主的工业体系。时逢第四次中东战争爆发,石油输出国组织的阿拉伯成员国收回石油标价权,并将其基准原油价格从每桶约3.0美元提高到约10.7美元,从而触发了第二次世界大战之后最严重的全球经济危机。在这场危机中,日本的工业生产下降了20%以上,原有重工业利润大不如前,加快了东京金融资本从制造业向服务业转移的进程。不到30年,东京制造业占比就下降到了11.9%,金融保险业、房地产业、交通运输与通信业以及其他服务业占比上升至超过60%[2],实现了城市支柱产业的"服务化"转型。

金融资本推动城市产业结构"服务化"转型的过程中,带动了金融机构的大量聚集和快速发展,同时,由于其要求实现对资源要素的控制、支配和调动,那些具有资源配置功能的总部型企业得以快速发展,这都大大强化了城市的经济辐射力和经济运筹功能。以纽约为例,据相关研究[3],一方面,1970~1985年,纽约拥有的国际银行数量从47家增至191家,基本形成了金融资本在全世界运营的能力。另一方面,1996年,纽约集聚了38家全球500强跨国公司,这些总部在纽约的跨国公司有较强的国际经济运营能力,表现

---

[1] 张洁:《知识经济时代大都市的知识服务业》,《科学》2002年第4期,第37~40页。
[2] 陈悦:《中日经济增长与产业结构演进比较研究》,辽宁大学博士论文,2016。
[3] 陈志洪:《九十年代上海产业结构变动实证研究》,复旦大学博士论文,2003。

第六章 生产要素——不断演进的独特力量源

为其总收入近 1/2 来自境外和资本运营收入占到总收入的 1/3。伦敦也是典型的代表，在 1951 年进入服务业快速发展阶段后，伦敦市中心集聚了众多具有金融资本运作功能的企业，成为全世界各大银行、保险公司、证券公司等金融机构和各种金融交易市场以及大公司总部最密集的"金融城"。到 1998 年，伦敦集中了全球外汇交易 32% 的份额，日交易额约为 4800 亿美元，同时，伦敦还占据了全球主要金属交易 95% 的份额、海外证券交易 65% 的份额、柜台衍生金融产品交易 36% 的份额、石油交易 33% 的份额，以及全球银行国际借贷将近 20% 的份额[1]。这都充分说明伦敦已经具备了运用金融资本在全世界范围内配置资源的能力。

现阶段，金融资本要实现快速增值，就不得不寻找需求旺盛的新产业和新市场，这在客观上推动了城市产业的迭代发展。首先，由于那些投资风险小、收益稳定的成熟期产业投资已经逐步饱和，而成长期产业投资因竞争激烈利润回报下降，金融资本开始加强在产业链前端的研发创新与成果转化领域靠前投资，期望能够提前捕捉新兴产业，这推动了那些具有高风险、高回报特点的科技型企业和初创型企业的快速诞生和成长，有效提升了城市科技创新能力和创新型产业发展水平。例如，深圳为全市"20+8"战略性新兴产业和未来产业的科技创新引入资金"活水"，打造千亿级基金集群，有效支撑深圳战略性新兴产业在技术源头创新上走在全国前列。又如，上海加大对全市中小企业创新的金融资本支持力度，充分发挥保险与银行业在国内的领先优势，推出科技保险贷款业务、履约保证保险贷款，构建了"二层架构、四大数据库、六大服务功能"[2] 的科技金融

---

[1] 陈志洪：《九十年代上海产业结构变动实证研究》，复旦大学博士论文，2003。
[2] "二层架构、四大数据库、六大服务功能"：二层架构指线上信息系统、线下服务工作站，四大数据库指融资需求信息库、信用档案数据库、拟上市企业数据库、金融产品和服务信息库，六大服务功能指的是信息服务、信用服务、决策咨询服务、债券融资服务、股权融资服务、上市服务。

平台，形成了科技金融"411体系"[1]，其科技信贷系列产品已为上海3000余家科技型中小微企业提供信贷资金150余亿元，推动172家科技型中小企业在新三板挂牌上市[2]。再如，成都高新区致力于引导和撬动社会资本"投早、投小、投硬科技"，设立总规模100亿元的天使母基金，靠前挖掘科学家、企业家的科技成果商业化、产业化，重点扶持优秀初创科技企业，目前，已撬动和吸引创新工场、君联资本、峰瑞资本、真格基金、中科创新等15家知名创投机构，到成都投资人工智能、XR扩展现实等前沿科技领域和未来产业。

专栏6-4　深圳为创新型产业引入资金"活水"，打造千亿级"20+8"产业基金群

2022年12月21日，深圳市举办了"20+8"产业基金发布仪式。深圳市引导基金将按照"一个产业集群至少有一只基金配套支持"的理念，着力构建以产业投资与赋能为核心的投资运作新体系，打造功能健全、形式多样、全面覆盖的"20+8"产业基金群，基金群总规模达千亿级。"20+8"产业基金具有"一大两高三强"的特点。

"一大"即让利幅度大。为鼓励管理机构把"20+8"产业基金投好管好，按照市场化的激励机制，对于政策目标完成度高、绩效考核结果优异的管理机构，管理费最高可在标准管理费的基础上上浮50%；同时，对于基金超额收益部分，市引导基金最高可以100%让利。

"两高"即出资比例高、产业聚焦度高。一是出资比例高。对于"20+8"产业基金，市、区引导基金合计出资比例最高可达70%，切实缓解投

---

[1]　"411体系"：科技信贷、股权投资、资本市场、科技保险四大功能板块，一个科技金融支撑条件保障平台和一个科技金融保障机制。
[2]　上海市科技创业中心（上海市高新技术成果转化服务中心、上海市火炬高技术产业开发中心）网站，http://www.shtic.cn/xgyw/kjjr/kjjrjg/5012.htm。

资机构募资难问题，推动基金尽快设立运作。二是产业聚焦度高。"20+8"产业基金改变以往基金以综合性投资为主的策略，突出投资的专业性和聚焦性，原则上按照"一集群一基金"的形式，单只基金重点针对单一产业集群领域进行投资，投资于该产业集群领域的资金不低于基金可投资规模的80%。

"三强"指部门联动性强、资金协同性强、合作机构强。一是部门联动性强。在部门联动方面，为保障"20+8"产业基金更好地运作，实现预期效果，在基金设立方案起草、政策目标制定、管理机构遴选、投后管理与服务、绩效考核等方面，市财政部门和相关产业集群主管部门全程参与，并将发挥政府部门的资源优势建立储备项目库，为管理机构以及被投企业提供从投前到投后的一系列赋能与服务。而在市、区联动上，为加快"20+8"产业基金设立，市政府专门建立了市、区联动工作机制，把市、区引导基金作为一致出资行动人，联合决策一次性出资，实现机构募资"只跑一次"，打破了过往管理机构要分别向市、区引导基金申请出资的惯例，节省了管理机构的时间成本和精力，也大幅缩减了基金募资和筹备设立的时间。二是资金协同性强。市财政局把引导基金和专项资金、社会资本连接起来，"集中财力办大事"，探索通过项目共享、投补联动、融资奖补等措施，促进专项资金与引导基金优势互补、形成合力。此外，针对当前的"募资难"问题，市财政局正牵头以市引导基金为支点，从"大财政"的层面统筹资源，与保险资金、社保资金、国家级基金等资金方洽谈合作，争取引入更多资金"活水"，助力"20+8"产业和投资机构发展。三是合作机构强。为找到最优秀、最适合的机构来管理"20+8"产业基金，市财政局将主要采取面向全社会公开遴选的方式，公开、公平、公正地评选基金管理机构。

深圳市市引导基金是推动"20+8"产业集群发展"六个一"工作体系的重要一环，"20+8"产业基金群的设立，将进一步推动深圳"20+8"

产业集群的雄伟蓝图的展开，以及深圳经济高质量发展的核心引擎和新动力的建设。

资料来源：《深圳特区报》2022年12月22日，第A04版。

其次，由于传统金融业务市场进入"红海"时代，与其在存量竞争中搏杀，金融资本更倾向逐利增量的新兴业务市场，金融创新一时间风起云涌，这就诞生了普惠金融、互联网金融、绿色金融等新业务新模式，这在客观上也为城市建设现代产业体系注入了新的活力。例如，浙江省湖州市充分发挥"绿色家底"优势，致力于金融推动"绿色"和"共富"双向奔赴，加快生态资源向生态资产转化，创新推动绿色金融与普惠金融融合发展，加强对村集体经济抱团项目的金融支持，推广"强村信用贷""强村共富贷"等金融新业务。2022年以来，湖州27家银行机构推出了61个"共富"系列贷款产品，累计为新型农业主体、村级集体经济组织等授信达367.8亿元[1]，拓宽了金融资本流动通道，支持了都市现代农业的发展。

总体来看，金融资本促进现代城市和产业互动发展的作用主要表现在其逐利性推动了资源要素的配置优化、生产力的合理布局和更新迭代。在现代城市发展初期，以商品资本和产业资本为基础形成了相对独立的金融资本，而金融资本的逐利性使其加快投向回报率更高的产业，大大提升了城市和产业的发展效率，推动城市产业从工业主导向服务业主导不断更迭。而金融资本的不断集聚也带动城市形成了在更大范围的资源要素配置能力。现阶段，在原有领域回报率逐渐下降的情况下，金融资本开始逐利新产业和新市场，助推大量新兴产业的孵化与成长，也催生了大量金融新业务新模式，客观上支持了城市产业体系的优化升级和创新能力的大幅提升。

---

[1]《金融助力共同富裕的"湖州模式"》，中国金融新闻网，https://www.financialnews.com.cn/qy/dfjr/202208/t20220816_253515.html。

第六章 生产要素——不断演进的独特力量源

第四节 技术——创造性带来的持续动力

索洛[1]等新古典经济学派的学者提出[2]，技术与劳动力、土地、资本等要素不同，是推动经济增长的内生变量。从历史发展的规律来看，技术作为生产要素参与生产过程的根本目的是提高生产效率，技术可以是通过生产实践中的经验改进与科学理论的创新性应用，创造出来的新生产工具、方法，甚至可以是建立的一种新生产函数关系，最终作用于推动生产力进步与经济社会发展。技术并不是一成不变的，它总是在解决特定问题、满足特定需求时主动与时代发展趋势相结合，在提升已有产业生产效率的同时也催生新的产业，从而为城市和产业发展带来持续动力。

18世纪中期，科学研究进入快速发展时期，一批卓越的有识先贤对常见的自然现象进行实验研究和客观探索，使得人类对自然规律的认识更加丰富，这为生产技术革新创造了必要条件。最有影响的是，城市手工工场里那些有实践经验的工人、技师在解决一系列生产实践问题中形成的生产技术和知识积累，引发了以蒸汽技术创造性应用为主要标志的第一次科技革命（工业革命），诞生了蒸汽机。英国科学家詹姆斯·瓦特[3]对蒸汽机进行了重要的改进和优化，使蒸汽机成为工业生产中的重要动力来源，极大地提高了生产效率，实现了机器工业替代工场手工业的生产方式飞跃，推动那些率先建立现代工厂的城市开启了工业化进程。例如，纽约最早是一个以贸易为主的城市，随着第一次科技革命影响的不断深入，

---

[1] 索洛（Robert Solow），美国经济学家，曾提出了著名的索洛模型，在1987年获得了诺贝尔经济学奖。他的研究领域涵盖了经济增长、经济发展、劳动力市场和货币政策等方面。
[2] 颜鹏飞、汤正仁：《新熊彼特理论述评》，《当代财经》2009年第7期，第116~122页。
[3] 詹姆斯·瓦特（James Watt，1736年1月19日—1819年8月25日），英国发明家、企业家，第一次工业革命的重要人物，与著名制造商马修·博尔顿合作生产蒸汽机。

纽约凭借其地理区位和天然港口资源的优势，逐渐成为欧洲新技术进入北美大陆的前哨站。第一次科技革命提升了纽约印刷、皮革、食品等产业的生产效率，促进了以大规模机器生产为主的现代工业的快速发展，使纽约成为美国东海岸的一大制造中心，并形成了在世界范围内的重要影响力。

19世纪70年代，科学发展进入点状爆发时期，电磁学、物理学、化学、材料科学等领域科学研究取得了重大进步，为电力和内燃机的发明与应用提供了重要的理论指导和技术支持，催生了第二次科技革命。这些科学技术创造性地在工业领域广泛应用，带动电力工业、化学工业、石油工业、汽车工业、通信产业等许多新兴工业加快涌现，不仅推动城市工业体系进一步演进，还对城市经济、社会、文化等产生了更为全面和深远的影响，促使城市面貌发生了翻天覆地的变化。虽然此次科技革命主要在大机器工业内部进行，没有使城市生产方式发生根本性的变化，但有效促进了科学与生产技术的结合，使生产进步更加依赖科学发展。例如，芝加哥在第二次科技革命期间得到了飞速的发展，不仅仅得益于其铁路、运河、密歇根湖港口等交通基础条件的完善，以及拥有丰富的煤、铁、铜等矿产资源，更重要的是其抢先应用了当时的科技成果。第二次科技革命伊始，芝加哥大力普及应用电力系统，提升了众多工厂和炼油厂的生产效率，推动芝加哥迅速成为美国最大的肉类加工中心之一和最大的炼油中心之一。而位于美国密歇根州东南部号称"世界汽车之都"的底特律能从皮毛贸易小镇成长为世界最大的汽车工业中心，就受益于内燃机的发明及其在汽车工业中的应用，美国通用汽车公司、福特汽车公司和克莱斯勒汽车公司总部位于此地，全美1/4的汽车产于这里，全城约有90%的人依靠汽车工业为生。

20世纪40年代以来，随着科学实验手段的不断进步，科学研究探索的领域不断开拓，科学知识的不断细分和专业化，使科学理论成果创造性

第六章 生产要素——不断演进的独特力量源

地应用在更加广泛的领域，带动信息技术、空间技术、生物技术、新能源技术等科学技术群体性爆发，第三次科技革命蓬勃兴起，为持续发展生产力、解决城市现实问题带来新的可能。新科学理论的创新转化与科学技术对原有生产技术的进一步革新，促进技术密集型、知识密集型专业化、细分化新兴产业迅速崛起。例如，20 世纪 80 年代，深圳在信息技术迅猛发展、全球生产力布局调整的环境中，加快布局以发展最新的工业技术和新兴产品为主的科技工业园区，仅 2 年时间，园区的电脑软盘驱动器等高科技产品就远销海外，并逐渐形成了以信息技术和互联网产业等为主的产业集群，有效推进了深圳产业结构从以"三来一补"[1] 产业为主向以高技术产业为主的转型。

又如，20 世纪世界十大环境公害事件爆发，使城市通过技术创新解决环境问题成为迫切的现实需求，新能源、新材料、节能环保、生物等领域科学研究成果创造性地革新现有生产技术，促进新能源产业、新材料产业、节能环保产业、生物技术产业等新兴产业和行业加快发展，有效推动城市中环境污染严重的"大烟囱工业"占比逐步下降。伦敦在烟雾事件[2]之后开始加大对节能环保技术的创新应用，从 1968 年开始大规模改造城市居民的传统炉灶，减少煤炭用量，并鼓励使用电力和天然气等清洁能源。同时，伦敦逐渐改造钢铁、纺织、造船等高耗能、高污染产业，开始加快发展新能源、新材料产业，实施替代传统工业的系列产业结构调整措施，至此走上了绿色产业之路。

---

[1] "三来一补"：来料加工、来样加工、来件装配和补偿贸易。
[2] 伦敦烟雾事件：1952 年发生在伦敦的一次严重大气污染事件。1952 年 12 月 5 日至 9 日，伦敦上空受反气旋影响，大量工厂生产和居民燃煤取暖排出的废气难以扩散，积聚在城市上空。伦敦被浓厚的烟雾笼罩，交通瘫痪，行人小心翼翼地摸索前进。市民不仅生活被打乱，健康也受到严重损害。许多市民出现胸闷、窒息等不适感，发病率和死亡率急剧提升。

现阶段，科学技术的发展越来越快、应用越来越广泛，城市这个巨系统也越来越复杂，解决复杂问题、满足时代需求及推动新一轮生产力发展的更高要求，使科学技术开始从创造性解决点状问题向更加注重解决同类底层逻辑相似的问题发展，这促进科学与科学之间、科学与技术之间、技术与技术之间交叉融合、边界日益模糊，诸多领域在交叉汇聚过程中呈现多源爆发、交汇叠加的"浪涌"现象。比如，人工智能技术融合了计算机、数学、统计学、心理学、哲学等多个学科，能够促进计算机自主学习和改进性能，提升智能生产、决策、服务水平。生物信息技术融合了生物学、计算机科学、数学和统计学等学科，可以帮助科学家更好地理解生物系统的复杂性，并为药物研发、基因治疗等提供新的方法支持。合成生物技术融合了生物学、工程学和计算机科学等，可以利用工程学的方法来改造和设计生物系统，对于设计新的基因线路、提高生物性能，或是创建全新的生物体系具有强大的作用。新兴交叉融合技术改变了产业生产形态、组织形态、要素形态，为城市构建更具创新性的现代产业体系提供支撑，同时也带动城市发展方式由以要素驱动为主向以创新驱动为主的内涵式发展转变。

具体来看，首先，新兴交叉融合技术改变产业的生产形态，催生了大数据、"互联网+"、人工智能等数字经济新兴产业，推动生产方式向数字化、智能化转变，大大地提升了生产效率。在新的发展阶段，城市在这些新产业中抢占先机，不仅关系着城市现代产业体系的高级化演进，还影响着城市在新一轮创新中的主动权。例如，杭州在全国率先布局发展数字经济，将以电子商务、大数据、云计算、数字安防等产业为主的数字经济作为多年培育的"一号工程"，同时实施数据要素激活、智能物联强链、数字赋能转型、业态模式创新、数字基建提升、平台经济创新发展等八大攻坚行动，力推数字赋能实体经济发展，快速崛起成为"全国数字经济第一城"[1]，已经积累起数字经济的消费互联网领先优势、创新创业活力优势、体制机制先行优势等先发优势，数字经济成为杭州塑造全球城市产业竞争力的最大王牌。

其次，新兴交叉融合技术改变产业的组织形态，推动以生态化、平台化等为主的新型产业组织形态发展。产业发展涉及的要素资源更加广泛，这对产业链供应链的安全性稳定性带来新的挑战，使城市不得不创新产业培育与发展路径，从重视产业发展具体领域的选择转变为注重产业链上下游、左右岸发展生态的营造，而这也为城市整合产业链创新链带来了新的契机。如我国深圳、苏州、成都、杭州等主要城市基于复杂的国际形势及技术交叉融合演变新趋势，纷纷施行产业链"链长制"[2]，搭建产业链上下游、左右岸交流合作平台，破解"产业链上游供应不上、产业链下游需求不足"等问题，同时也通过产业链各环节的整合和协同，形成良性循环的创新体系，促进创新链服务产业链发展，有效提升城市产业链的附加值和核心竞争力（见表6-2）。

表6-2 我国部分城市实施产业链"链长制"的相关做法

城市	主要做法
深圳	实施产业链"一链一图、一链一制、一链一策"，对"链主"企业和核心配套企业建立常态化服务机制，"链长"的主要职责是梳理重点产业链，找准产业链缺失和薄弱环节，制定产业链关键卡点攻关项目清单，市政府审定后对清单项目给予重点支持。同时，"链长"对产业链"链主"企业和核心配套企业建立常态化服务机制，鼓励"链主"企业对产业空间进行统一规划管理，在保持用地性质、用途不变的前提下，允许其将一定比例的自有建设用地使用权及建筑物转让给核心配套企业

---

[1] "全国数字经济第一城"：数字经济是杭州经济的第一名片，杭州在多个数字经济领域排名全国第一，如杭州数字安防产业市场占有率全球第一、电商平台交易量和第三方支付能力全国第一、互联网人才净流入率多年保持全国第一等。

[2] "链长制"：通常由"链长"+"链主"组成，"链长"一般是由政府部门的"一把手"或主要领导担任，由省、市级政府直接任命；"链主"则是由市场中优秀的企业自发组成，通过自主申报遴选产生。"链长"由地方政府主要负责人担任，承担着统筹协调、责任分配的功能，是协调内外部资源、推动政策实行的推手，"链长制"是政府在管理职能领域的创新之举。"链主"是处于产业链供应链中核心优势地位，对产业链资源配置、技术产品创新和产业生态构建等具有重大影响的企业，有能力且有意愿对增强产业链供应链稳定性和竞争力、健全和壮大产业体系发挥重要作用的企业。

续表

城市	主要做法
苏州	聚焦生物医药、医疗器械、光通信、软件、集成电路、智能网联汽车、机器人、高端纺织、钢铁新材料、智能设备制造等10条产业链,建立市领导挂帅的产业链"链长制"。要求健全"八个一"工作模式,即"一个发展规划、一个支持政策、一个工作专班、一个研究院、一套运行机制、一群龙头企业、一个产业联盟、一批服务平台",形成合力。实施产业链培优做强行动、产业链自主创新行动、产业链要素保障行动、产业链服务提升行动、产业链替代攻坚行动、产业链柔性拓展行动,推进重点产业链高质量发展
南京	聚焦八大产业实施产业链"链长制",着力形成"一条产业链,一位市领导,一个工作专班,一位专班负责人"的工作推进机制,专班牵头部门将制定产业图谱,全面梳理产业链发展情况,找准产业链优势与劣势,聚焦重点项目推进、关键核心技术突破、协同机制强化等,制定产业链条图、技术路线图、区域分布图、招商引资图,瞄准问题短板,逐一协调解决。同时,通过引导各类资本介入、加强高端人才集聚、搭建产业发展平台、实施产业链精准招商、完善统计指标体系、建立决策咨询体系等,着力做大产业规模、做高产业能级、做强产业竞争力
合肥	聚焦集成电路、新型显示、创意文化、网络与信息安全、生物医药、节能环保、智能家电、新能源汽车暨智能网联汽车、光伏及新能源、高端装备及新材料、人工智能、量子产业等12条重点产业链,由市委、市政府相关负责人担任产业链"链长",建立常态化服务机制,常态化开展"四送一服",即"送新发展理念、送支持政策、送创新项目、送生产要素,服务实体经济"等
成都	实施产业"建圈强链"行动,聚焦8个产业生态圈、28条重点产业链,推进"链长制"定制服务,由市领导担任"链长",统筹资源要素,协同产业链补链强链延链,特别是突出了加强"链主"企业专项培育,按照"一条重点产业链一套政策工具包"的要求,构建"链主企业+领军人才+产业基金+中介机构+公共平台"产业生态体系,对产业链上下游、左右岸进行整体协同培育
杭州	围绕增强产业链供应链韧性与稳定,重谋划、建机制、聚合力、强赋能、重落实、促升级等环节,由市领导担任产业链"链长",依托"雄鹰""鲲鹏"企业加强"链主"选育,以"链长+链主"机制打造产业链供应链生态,促进"链长+链主"协同发力,快速推进智能物联、生物医药、高端装备、新材料和绿色能源五大产业生态圈建设

最后,新兴交叉融合技术改变产业的要素形态,催生的生产要素新组合、新形态,能够打破传统要素供给有限和边际收益下降对增长的制约,为城市产业的持续创新和经济的持续增长提供源源不断的动力源泉[1]。如数字技术与传统生产要素融合,推动技术、资本、劳动力、土地等传统

---

[1] 中国信息通信研究院:《数据要素白皮书(2022年)》,2023。

第六章　生产要素——不断演进的独特力量源

生产要素发生深刻变革与优化重组，催生人工智能等"新技术"、金融科技等"新资本"、智能机器人等"新劳动力"、数字孪生等"新土地"[1]，为城市产业发展提供了更加丰富、更具创新性的要素支撑。

同时，城市为在新一轮技术变革中抢占先机，更加重视在科技创新基础设施、载体、人才等方面的投入与配套，这将有效带动现代城市形成更加完善的科技创新体系和更加强大的创新策源功能。近年来，随着北京怀柔、上海张江、粤港澳大湾区、安徽合肥的四大综合性国家科学中心先后获批开建，国内兴起新一轮科学城建设热，仅北京一个城市就集聚了3个科学城——中关村科学城、未来科学城、怀柔科学城（综合性国家科学中心）。此外，武汉、成都、重庆、南京等城市都在推进科学城建设。当前，多地兴起的科学城建设更加强调在科技创新和科技成果转化上同时发力，将有效推动城市原创性的新理念、新技术、新模式、新产品发展，也将为城市整合创新资源、集聚创新人才、提升原始创新能力和前沿产业创新竞争力提供强有力的支撑。

总体来看，技术的持续演进离不开科学理论的发展，每一次科学成果创造性应用带来的科技革命都会加速推动产业革新，在这一过程中既有新产业的产生，也有旧产业的升级迭代。技术作为生产要素，正是其创造性促进城市更新产业体系，为城市经济与创新发展注入源源不断的动能。第一次科技革命既源于一线工匠的实践经验，也离不开科学实验研究对自然规律的探索，虽然科学研究与生产技术的结合还处于较低水平，但其创造性应用在工业生产部门所取得的巨大成功，推动了城市由农业文明向工业文明的转变。第二次科技革命在推动工业内部生产力发展方面取得了巨大成果，这源于自然科学取得突破性进展及其与生产技术创造性地主动结合起来，促进城市建立了更加强大的现代工业体系，通过工业化的加速发展

---

[1]　中国信息通信研究院：《中国数字经济发展白皮书（2020年）》，2020年。

也带动了城市的全面现代化改造。之后，科学研究成果转化为直接生产力的速度加快使得科学与技术密切结合，先进技术在城市和产业领域的创造性应用更为广泛，体现在第三次科技革命中科学与技术融合发展推动产业专业化水平越来越高，带动更多细分领域的新兴产业迅速崛起，促进城市产业结构加速升级。现阶段，技术创造性解决城市复杂问题、满足时代发展需求及推动生产力发展的效用愈加被重视，促进了科学与科学、科学与技术以及技术与技术之间的交叉融合，客观上改变了产业的生产形态、组织形态和要素形态，为现代城市产业体系升级和竞争优势塑造注入新的活力，也使城市的科技创新功能倍受重视。

第五节　数据——非消耗性和渗透性带来的叠加赋能

与劳动力、土地、资本、技术等生产要素相比，数据是生产要素大家庭的"新面孔"。虽然近些年数据才越来越受到重视，但是数据不是凭空出现的。数据一直伴随着人类文明的发展而不断变迁，只是在不同的历史阶段，数据的表现形式有较大的差别。比如古代社会，在石头上刻画的汉字、古埃及象形文字等，甚至敦煌石窟通过绘画、雕塑记录的历史文化内容等都是数据的表现形式。21世纪以来，以信息技术广泛应用为标志的信息化时代悄然而至，城市数据量爆炸性增长，正如量子物理学家约翰·惠勒[1]认为的，"万物源于比特""信息（数据）是宇宙存在的根本"，数据推动生产力发展、重构经济组织和运行体系成为必然，可以说，数据已成为第五大生产要素，是驱动经济向前发展的新"石油"。

如今，数据已是全球公认的重要生产要素，我国于2019年首次将数

---

[1] 约翰·阿奇博尔德·惠勒（John Archibald Wheeler，1911~2008年），美国物理开拓时期的科学家，普林斯顿大学教授，从事原子核结构、粒子理论、广义相对论及宇宙学等研究。

第六章 生产要素——不断演进的独特力量源

据纳入生产要素范畴,并围绕激活、用好数据要素出台了一系列政策文件(见表6-3)。数据具有非消耗性和渗透性的特质,数据的非消耗性表现在数据可以被多个主体同时使用且不会产生数据量和质的损耗,这使其在参与生产过程和推动经济发展中产生叠加赋能效应成为可能,数据的渗透性表现在其既可以投入生产过程催生新产业、新业态、新模式,又可以融合其他要素提高要素使用效率从而赋能千行百业的发展。

表6-3　我国发布的关于数据要素的部分重要政策文件

时间	相关文件	重要部署
2019年10月	中共中央《中国共产党第十九届中央委员会第四次全体会议公报》	首次将数据明确纳入生产要素
2020年3月	中共中央　国务院《关于构建更加完善的要素市场化配置体制机制的意见》	首次提出培育数据要素市场
2021年12月	国务院《"十四五"数字经济发展规划》	提出"十四五"时期的发展目标,要充分发挥数据要素作用
2021年12月	国务院办公厅《要素市场化配置综合改革试点总体方案》	细化建立数据要素市场规则的具体要点
2022年4月	中共中央　国务院《关于加快建设全国统一大市场的意见》	提出加快培育统一的技术和数据市场
2022年12月	中共中央　国务院《关于构建数据基础制度更好发挥数据要素作用的意见》("数据二十条")	标志着我国数据要素市场从无序自发探索阶段进入有序规范的正式探索阶段
2023年2月	中共中央　国务院《数字中国建设整体布局规划》	夯实数据资源体系。将数据要素放到一个更为宏大的"数字中国"图景中,阐明了数据要素新赛道的意义
2023年3月	党的二十届二中全会通过《党和国家机构改革方案》	提出组建国家数据局,数据要素市场建设提速
2023年7月	国务院知识产权战略实施工作部际联席会议办公室《2023年知识产权强国建设纲要和"十四五"规划实施推进计划》	提出加快数据知识产权保护规则构建,探索数据知识产权登记制度,开展数据知识产权地方试点
2023年8月	财政部《企业数据资源相关会计处理暂行规定》	明确了适用范围和数据资源会计处理适用的准则,以及列示和披露要求
2023年12月	国家数据局等17部门联合印发《"数据要素×"三年行动计划(2024—2026年)》	提出发挥数据要素乘数效应,赋能经济社会发展

那么数据在促进城市与产业互动发展中是如何发挥作用的呢？相关研究认为[1]，在信息化时代，城市的发展与运行产生了大量的数据，这些数据本来就存在于城市经济社会活动中，相关主体主动或不自觉地使用数据，能够进行数据资源化、资产化和资本化的三次价值赋能：第一次价值赋能是通过数据资源化的过程，主要是使城市产生的无序、混乱的原始数据成为有序、有使用价值的数据资源，形成数据的使用价值；第二次价值赋能是通过数据资产化的过程，主要是因数据的流通交易给数据使用者和所有者带来经济利益，使数据实现资产价值及交换价值；第三次价值赋能是通过数据资本化的过程，主要包括运用数据资产作为信用担保获得融通资金的数据信贷融资，以及运用数据资产进行信用增级融资的数据证券化融资，使数据实现金融属性和资本价值。数据在这三次价值赋能过程中，快速地融入渗透到城市的生产、分配、流通、消费和公共服务管理等各环节，不断提升城市发展水平，推动城市产业升级和结构优化。

具体来看，随着新一代信息技术的迅速发展与普及，现代城市数据量"井喷式"增长，为数据实现在生产过程中的首次价值赋能创造了良好条件，同时催生了大量新兴数据产业。城市数据在形成可采、可见、标准、互通、可信的高质量数据资源过程中，产生的大量数据采集、数据整合、数据聚合、数据分析等业务，催生了数据采集、数据标注、数据清洗、数据存储、数据分析等专业化数据衍生新兴产业，为现代城市产业体系更新提供了重要支撑。《北京数字经济研究报告（2021年）》显示，2020年北京聚集了全国75%的数据标注头部企业总部，形成了数字经济核心产业的全国竞争优势，和田、平顶山、菏泽等城市打造的数据标注村，也是凭借数据标注产业形成了城市的产业新标识。

---

[1] 中国信息通信研究院：《数据价值化与数据要素市场发展报告（2021年）》，2021年。

第六章　生产要素——不断演进的独特力量源

数据资产化的过程主要包括数据权属的确定、数据资产的定价和数据的交易流通。数据权属的确定是前提条件，数据资产的定价和数据的交易流通是相生相伴的，不仅能给数据所有者和使用者带来直接经济利益，而且推动城市数据资源的进一步开放利用，赋能实体经济发展，加快城市"数实融合"进程。例如，贵阳成立了全国最早的数据交易所——贵阳大数据交易所，截至 2023 年 6 月，已累计集聚"数据商""数据中介"等市场主体 589 家、上架交易产品 1017 个、累计交易 776 笔、累计交易额达 13.9 亿元[1]。上海依托上海数据交易所，涉及金融、交通、通信等的八大类数据产品挂牌数量已超过 800 个，数据产品交易额超过 1 亿元，引聚数商企业超过 500 家，有效赋能全市加快打造创新型、标志性数据要素产业应用场景与商业模式。

另外，数据在各类组织内部和组织之间加快流通，催生了"数字政府""智慧园区""智能工厂"等新模式，有效提升城市智慧治理水平和产业数字化水平。例如，上海围绕高效办成一件事，整合全市 16000 余个数据来源和 140 亿个数据点，统一汇集到专用的电子政务云中，横向打通了公安、卫生等 22 个部门的 33 个系统数据，纵向推动了市、区、街道、村居四个层级的信息整合，通过数据共享与互联互通促进各项复杂的业务流程再造，打造了全国首创的政务服务"一网通办"、城市运行"一网统管"品牌，2019 年全市"全程网办"能力就达到了 84%，政务服务"最多跑一次"能力达到 95%，有效推动城市治理更加科学化、精细化、智能化。苏州以苏州工业园区为样板，深入推进信息基础设施"新三通一平"（通话、通网、通云、统一服务平台），搭建促进园区内部数据信息互联互通的工业互联网平台，形成协同研发设计、柔性生产制造、远程设备操控

---

[1]《我国数交所去年总交易规模达 40 亿数据交易仍以场外为主》，https://www.163.com/dy/article/I658UITJ05198CJN.html。

等十大典型应用场景，建成"灯塔工厂"[1] 2家、省级工业互联网标杆工厂5家、省级智能工厂2家、省级智能制造领军服务机构11家、各级智能车间超200家，有效提升了园区产业的数字化研发、智能化制造、网络化协同、个性化定制、服务化延伸和智能化管理水平。

而数据实现第三次价值赋能则需要依托数据资本化的过程。在这个过程中，数据可以被金融机构用来挖掘分析拟授信单位的经营状况甚至用作质押，也可以被打包成金融产品直接进入资本市场，衍生新的金融属性，吸引各类资本投向那些数据所有者和使用者集聚的领域与产业，实现数据要素对城市产业发展赋能的乘数效应。例如，华夏银行杭州分行推出的电商贷产品，正是通过获取企业经营数据、创建信贷估值模型等方式，分析电商企业数据，运用数据质押，短时间内为符合条件的电商企业提供融资贷款支持。深圳在全国率先推进数据进入资本市场，深圳数据交易所首批数据商之一深圳微言科技公司凭借上架的数据交易标的，通过光大银行深圳分行授信审批并成功获得1000万元授信额度，获得全国首笔无质押数据资产增信贷款。以数据资本化作为新型融资方式破解融资难问题，将为赋能城市科技型中小企业加快发展带来新的路径。

总的来看，海量数据产生于现代城市，而它的非消耗性和渗透性特质能够使其通过数据资源化、资产化、资本化的三次价值赋能过程，进而催生新产业、新业态、新模式，加快城市产业体系向"信息化—数字化—智能化"升级，并赋能现代城市运行和治理从"人治"向"智治"演变。数据资源化过程中催生数据衍生新兴产业，为城市经济发展带来新的增长动力；而数据资产化过程，不仅为城市直接带来经济增量，还促进城市"数实融合"，赋

---

[1] "灯塔工厂"由达沃斯世界经济论坛与管理咨询公司麦肯锡合作开展遴选，被誉为"世界上最先进的工厂"，具有榜样意义的"数字化制造"和"全球化4.0"示范者，代表当今全球制造业领域智能制造和数字化最高水平。截至2023年12月，全球"灯塔工厂"共有153座，其中中国有62座，占据了近半数份额。

能数字经济发展与城市智慧化转型；数据资本化的过程则撬动更多各类资本流向城市更多的产业和科技型企业，实现对产业发展的倍增效应。当前，数据作为生产要素的价值已经被充分证明，但数据要素市场的建设和发展还处于探索阶段，数据资源持有权、数据加工使用权、数据产品经营权、数据资产收益权等如何界定、执行、处置的难题还有待解决。可以说，数据要素赋能城市产业发展的前景光明、未来可期，一些关键环节的突破也更加急迫。

第七章　微观主体——构成城市经济活动的单元

任何地区在一定时期内的宏观经济总量和发展状况（如经济结构、增长速度等）都是区域内每个微观主体的经济行为的汇总结果。本书所讨论的微观主体，指的是在一定资源约束下，为实现其特殊的目标而采取一切可能行动的个人、经济单位或组织。在现代市场经济运行中，居民[1]、企业和政府是参与经济活动的三大微观主体，尽管这些主体并不像生产要素那样直接进入具体生产过程中，但这些主体从不同层面影响着城市运行和经济（产业）的发展，或者说，城市经济活动是由这些主体共同完成的。其中，居民是最终消费的主体；企业既是从事生产经营活动的经济组织，又是物质产品和服务的提供者和需求者；政府则是市场运行和经济关系的管理调节者。

第一节　城市居民——市场最大的"消费者"

爱德华·格莱泽[2]在《城市的胜利》一书中写道："真正的城市是由

---

[1] 本章将居民作为经济活动的行为人来讨论，与上一章劳动力概念下的讨论不同，这里主要是以居民在满足其需求时所采取的决策行为对城市经济（产业）造成的影响为基础来展开讨论。
[2] 爱德华·格莱泽（Edward Glaeser），哈佛大学教授，全球著名城市经济学家，代表作品有《城市的胜利》等。

居民而非由混凝土组成""城市不等于建筑，城市等于居民"。城市存在的终极目的是为了人的发展，而现代城市建设的关键则在于瞄准其居民的需求，并为其提供多元化的消费品，便捷化、精细化的优质服务和人性化、可感知的生活体验。换言之，居民是生产要素的所有者，更是市场的消费者，城市的发展水平决定了产品和服务的供给能力以及居民实现有效需求的收入水平，相应的，居民作为城市的主人，其需求量的扩大和质的提升往往也牵引着城市经济（产业）的发展。

马斯洛[1]需求层次理论指出，人的需求是分层次的，城市居民从一开始迫切希望解决温饱问题，到后面对家用电器、交通工具等耐用消费品以及教育、医疗等公共服务的需求逐渐开始增加，接着又偏好于购买旅游、美容、娱乐、休闲等服务和产品，其需求演进沿着"生存型需求—发展型需求—享受型需求"的层次逐渐升级。而这些需求的满足将通过居民的消费活动作用于生产供给端，马克思早在《资本论》中就对其作用机制进行了系统论述，"生产是消费的前提和基础，消费是生产的目的和归宿，消费需求能够引导再生产"。也就是说，消费结构随着居民需求的演进而深刻变化，这将对产品和服务的供给结构带来巨大影响，进而带动城市的发展和产业的变迁。

在现代城市发展之初，生产力水平相对不高，绝大多数居民个体仅有劳动性收入，较低水平的收入使得绝大多数城市居民的需求层次处于解决温饱问题为主，兼顾自身发展需要。在这一时期，食品和衣着是居民消费的主要内容，尤其是食品消费支出占到所有支出的一半以上。以我国城市为例，北京、成都、广州 1980 年城镇居民恩格尔系数[2]就分别高达

---

[1] 亚伯拉罕·马斯洛（Abraham H. Maslow），美国著名社会心理学家，第三代心理学的开创者，主要成就包括提出了人本主义心理学、马斯洛需求层次理论等，代表作品有《动机和人格》《存在心理学探索》《人性能达到的境界》等。

[2] 恩格尔系数：食品支出总额占个人消费支出总额的比重，是衡量一个家庭或一个地区富裕程度的主要标准之一。

55.3%、57.8%、70.4%[1]。

随着工业化的深入推进，城市逐渐形成强大的供给能力，市场消费品的供给量和种类逐渐增加，另外，工业化释放出大量的就业机会，使得居民收入水平也持续提高，这些因素直接带动了居民消费的改善。分析这一阶段的供给与需求关系，可以看出，更加偏向于以供给端引领需求端，也就是说，主要表现为"生产刺激消费"，这加深了城市以工业生产为主导的发展取向。城市居民收入上升就有了满足购买更多物质型和服务型商品的消费能力，促使消费总量的提升和结构的优化，这又使城市工业化得以持续进行。

我国城市居民的人均消费支出情况也证实了这种演进历程。以上海和成都两个城市为例，1980~2000年，两个城市人均GDP分别增长11倍、18倍，人均可支配收入分别增长18倍、19倍，人均消费支出分别增长15倍、16倍。[2] 其中，食品烟酒、衣着等基本生活类商品消费支出占比均大幅度下降，居民的消费支出开始不断向家庭耐用消费品及居住类、医疗保健类、交通和通信类及教育文化娱乐服务倾斜（见图7-1）。可见，随着城市生产力的提升，社会财富不断积累，城市居民有了更好的经济实力和更多的商品选择空间，消费需求从"更好存在"向"更好活着"迈进，相对而言，满足温饱已不再是城市居民最重要的需求，发展型、享受型的需求逐步旺盛起来。

当更高层次的需求被创造、被激发且有消费能力满足之后，居民对于美好生活的需要只会随着城市发展水平的提高而越来越丰富、越来越强烈，若商品供给不能契合消费升级的方向，就会因为供需错配而带来产能过剩问题，进而造成社会资源的浪费和严重的经济问题。在新的发展阶段，供给与需求关系则逐渐向以需求端牵引供给端为主转变，这不仅体现

---

[1] 各城市统计年鉴。
[2] 历年《成都统计年鉴》《上海统计年鉴》。

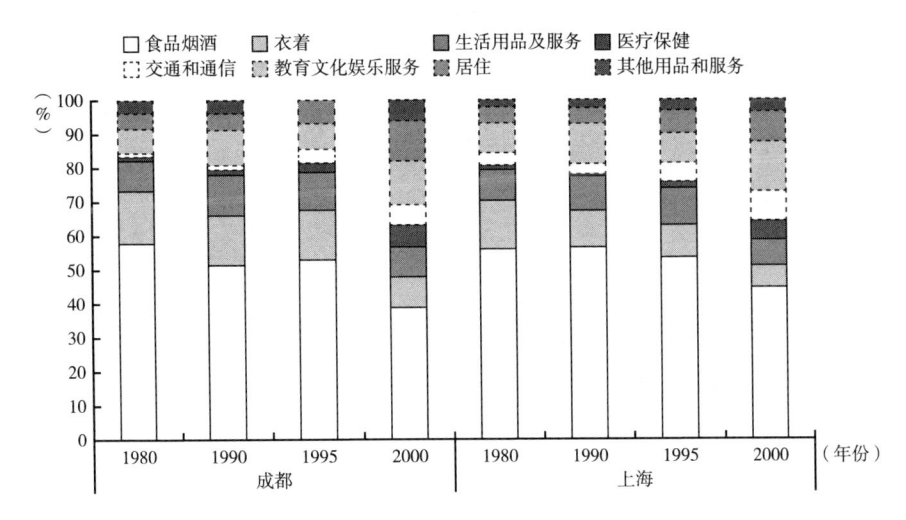

图 7-1　1980~2000 年成都、上海城市人均消费支出结构变化情况

资料来源：历年《成都统计年鉴》《上海统计年鉴》。

为微观层面的"居民消费影响企业生产"，更体现为宏观层面的"消费拉动经济增长"。

具体来看，居民在满足特定需求时层次递进明显，从"有没有"转向"够不够"再转向"好不好"。例如，在居住生活需求方面，希望家居环境更加舒适、公共服务更加便利可及；在出行需求方面，希望交通工具更加快捷、安全；在休闲娱乐需求方面，希望娱乐方式更加丰富多元，如此等等。居民的每一项需求，都通过市场上的消费活动直接影响生产者的行为选择，生产者（企业）将根据消费者的需求变化来确立生产和经营目标，导致各类商品在市场中的比重、各种产业在经济中的比重皆发生改变，当积累到一定程度时，就会引起产业结构的调整升级。21 世纪初，我国城市居民远距离交流的通信需求加速迭代，实时、便携成为对通信工具的普遍要求，固定电话不再是居民消费的偏好，相反，每百户城市居民家庭移动电话拥有量却在 10 年间实现近 10 倍的增长，进而带动了相关电子及通信设备制造业的快速发展。

由于居民消费是社会总需求的重要组成部分，消费对于驱动经济增长以及增强城市经济发展内生动力的重要性不言而喻。先发地区"三驾马车"拉动经济增长的变化情况就证明了消费的驱动地位，即随着城市化、工业化的不断演进，发达经济体的最终消费率[1]普遍呈现先降后升的慢U形走势，并逐渐稳定在50%~70%。相应地，随着经济发展水平提高，消费对经济增长的贡献逐渐提高，发达经济体的消费贡献率也逐渐保持在60%~80%[2]。我国先发城市的发展也呈现这一特征，例如，北京自2008年后最终消费率保持在50%以上，自2006年后消费贡献率保持在60%以上（见图7-2）。

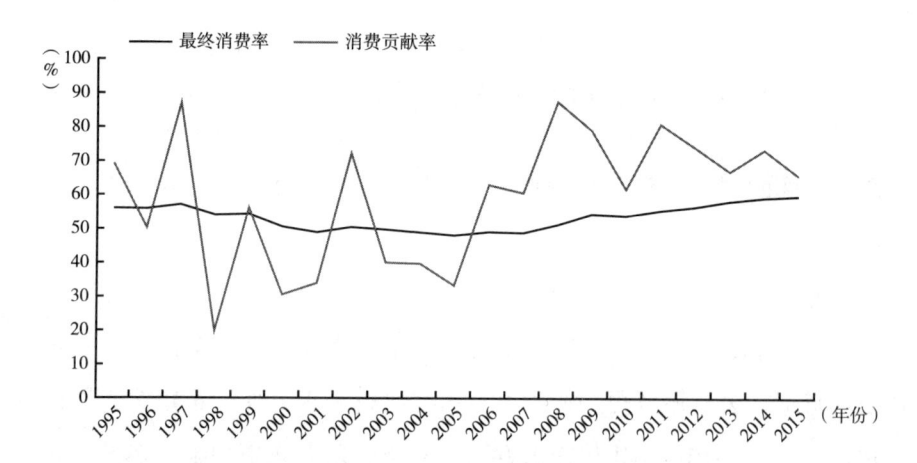

图7-2 1995~2015年北京消费对经济发展和增长的支撑情况

资料来源：《北京统计年鉴》。

当前，居民需求仍在不断更迭，消费热点日趋多样化，尤其是追求消费的舒适与享受，追求消费带来的成就感、归属感和身份地位的认同感，已经成为消费的重要内容和形式，也成为居民消费迈向更高层次的重要标

---

[1] 最终消费率：最终消费支出在GDP中的占比。
[2] 关利欣：《消费升级态势没有改变》，《经济日报》2023年8月3日。

志。鉴于消费对于经济循环的牵引带动作用愈发强烈，越来越多现代城市瞄准消费新热点领域，率先布局匹配居民新消费需求的新兴产业，抢占产业发展新风口。这些新兴产业的谋划和崛起，既能够催生新的经济增长点，也能够推动打造多元化、特色化、体验式的消费场景，还能够引聚更多消费人群，进而对城市经济发展、城市形态更新、城市流量运筹等带来深刻影响。

例如，西安、深圳面向居民对新能源汽车这一"新终端"产品的消费需求，积极推动龙头整车企业电动化转型。2022年新能源汽车产量分别同比增长277.7%、170%，占全国新能源汽车产量比重分别达到14.4%、12.4%[1]，有力地带动了其新能源汽车产业的发展。又如，成都面向居民追求精致悦己的新消费需求，在医疗美容等新兴产业领域加速布局。截至2021年底，集聚了医美专科医院、门诊、诊所以及综合医院美容科等医疗美容服务机构近400家，5A级[2]医疗美容医院数量位列全国第一（8家），服务总量超过150万人次[3]，服务范围覆盖了云南、贵州、四川、重庆等西南腹地市场，"医美之都"的引聚力和美誉度加速提升。

总体而言，居民需求层次遵循着"生存型需求—发展型需求—享受型需求"的升级过程，这些需求通过居民的消费活动作用于城市产业发展，消费结构的深刻变化将对城市产品和服务的供给结构带来巨大影响，进而牵引带动城市产业的变迁。居民通过消费促进现代城市与产业互动发展的

---

[1]《西安：中国新能源汽车产量第一城加速崛起》，消费日报网，http://www.xfrb.com.cn/article/difang/15325311710325.html? btwaf=38063950；《深圳工业挑大梁：到2025年形成若干万亿五千亿千亿级产业集群》，深圳特区报百家号，https://baijiahao.baidu.com/s? id=1783814573371996418&wfr=spider&for=pc。

[2] 中国整形美容协会制订发布《医疗美容机构评价标准实施细则》，组织开展医疗美容机构评级认定。其中，针对医疗美容医院设定"医院管理、患者安全、医疗质量管理与持续改进、医院服务、护理"五个方面的评价内容，并设定"0、1A、2A、3A、4A、5A" 6个等级，5A为最高级。

[3] 成都市医疗美容产业协会：《成都医疗美容产业发展报告（2020~2021）》，社会科学文献出版社，2022。

作用，也随着城市经济发展水平的持续提升，从以供给端引领需求端为主逐渐向以需求端牵引供给端为主转变，居民消费对于推动城市发展的重要性愈发凸显，主要表现为微观层面的"居民消费影响企业生产"和宏观层面的"消费拉动经济增长"。而当前，瞄准居民消费新热点来抢占产业新风口，已经成为现代城市培育经济新增长点、增强城市产业引领力、实现城市流量跃升的关键。

第二节 现代企业——城市产业的"螺丝钉"

作为市场经济活动的重要参与者，企业通常指通过组织各种生产要素从事产品生产、销售或提供服务，追求盈利的经济组织。科斯[1]在《企业的性质》中对现代企业的起源和本质进行了阐述，事实上，企业的存在是出于节约市场交易费用或交易成本的需要，企业作为一种能够在一定程度上替代市场机制或价格机制的、协调生产和配置资源的组织形式，其核心竞争力在于能够提高资源利用效率、促进专业化生产。在企业诞生后，作为资源要素生产组织的基本单元，不同类型的企业构成了经济活动的各个支点，处于同一产业或与产业上下游互相联系的企业，以彼此的共通性和互补性相联结，形成了在地理上靠近的集聚体，构成了城市的某类产业。城市多种产业的集聚又进一步增强了城市在更大范围内组织资源要素的能力，使得城市在区域发展甚至全球竞争中的功能地位、比较优势愈发突出。因此，企业的支点力量以何种形式发挥、发挥得好不好，直接关系着城市能否建成现代产业体系，也直接影响着城市发展目标的实现与否。

在现代城市建设之初，为适应市场经济和社会化大生产的需要，以追求规模经济效益为目标，城市有限的资源不断向少数企业集中，逐步造就

---

[1] 罗纳德·哈里·科斯（Ronald H. Coase），美国芝加哥大学教授、芝加哥经济学派代表人物之一，法律经济学的创始人之一，主要著作有《企业的性质》《社会成本问题》等。

了一批超大企业。这些超大企业在行业发展中占据绝对优势地位，对城市整个产业链条或者链条上大部分企业的资源要素整合配置具有较大的直接或间接影响力，成为城市经济社会发展的"中流砥柱"，深刻影响着城市的经济规模和结构。例如，自20世纪以来，东京通过政府资助和整合形成了三菱、三井、住友、富士、第一劝银、三和等巨型集团企业，在1996年，这些集团的经理会成员企业（金融机构除外），就贡献了日本企业11.5%的总资产、14.2%的资本金、13.7%的纯利润[1]。纽约、俄亥俄、底特律等城市则通过企业合并、兼并和收购等资本集中化运动，形成了柯达（Eastman Kodak）、宝洁（Procter & Gamble）、通用汽车（General Motors）等知名大企业，其中，通用汽车在1955年的收入相当于美国国民生产总值的3%。

此时，城市也面临着如何提高产业发展效率的现实问题，该问题的主要成因可以用规模报酬递减规律进行解释，即超大企业由于生产规模过大，生产的各个方面难以得到有效的协调，管理成本不断增加，从而降低了生产效率。也就是说，企业并不应无限地做大规模，城市的发展也不能仅依赖于少数超大企业。现代产业组织互补理论同样也指出，合理的产业组织体系是大企业与众多中小企业建立起来的长期、稳定的专业分工与协作体系。

因此，为了进一步提升产业发展效率，生产分散化、专业化成为必然趋势，现代城市的企业开始"瘦身"，超大企业致力于发展自己的核心业务，而将非核心业务外包给关联的中小企业，通过强化协作组成利益共同体。这种协作中比较有代表性的是，大企业在经营中更多地侧重于新产品的开发和市场的开拓，以发挥其综合性的技术优势和管理优势，中小企业则专长于基础性的生产和生产工艺的改进。这样在不同规模的企业之间，

---

[1] 郭福娜：《日本企业集团形成机制研究》，黑龙江大学硕士论文，2007。

既避免了恶性竞争，又发挥了各自的比较优势。现代管理学之父彼得·德鲁克[1]曾经说过，决定经济向前发展的，并不是《财富》500强企业，真正在GDP百分比中贡献最大的还是那些名不见经传的中小企业。事实也证明了这一点，量大面广的中小企业作为市场经济重要的组成部分，既提供了大量的就业机会，缓解了城市劳动人口就业困难的问题，又基于其数量多、灵活性强的特点，通过充分竞争使资源要素能够得到更加合理的调配，促进了城市经济增长、经济结构优化和经济效率提高。宁波的例子就证明了这个观点，截至2014年末，宁波小微企业占企业总数的比重达到97.2%，这些小微企业提供了全市超过60%的就业岗位，创造了全市全部工业总产值的45.7%[2]，撑起了宁波经济发展的脊梁。

随着现代城市各类型、各层次企业集聚发展的格局逐渐形成，实现更高质量的发展，既需要企业"大变强、小变精"持续成长，也需要强化企业间的协作与联动。因此，在当前阶段，企业的演进及其促进现代城市与产业互动发展的作用，主要表现为以下两个方面。

一方面，现代城市越来越注重提升中小企业在细分领域的持续竞争优势和市场领导地位，国外出现了"隐形冠军"企业，国内则出现了专精特新"小巨人"企业、单项冠军示范企业，等等。这类体量不是那么大的企业专注于产业细分领域，在关键核心技术上拥有自主知识产权，对行业标准制定具有较强的影响力，往往能够凭借其新技术、新工艺、新理念创造出新的生产服务模式，进而对传统产业进行重组、再造和提升，推动形成全要素、全时空、全价值链、全方位跃升的新型生产制造体系和现代服务体系。以我国工信部培育的前三批次4700余家专精特新"小巨人"企业为例，这些企业平均拥有50项以上的有效专利，超六成

---

[1] 彼得·德鲁克（Peter Ferdinand Drucker），被誉为"现代管理学之父"，主要著作有《管理的实践》《卓有成效的管理者》《21世纪的管理挑战》等。
[2] 资料来源：第三次全国经济普查数据。

第七章 微观主体——构成城市经济活动的单元

专注于工业基础领域，超七成深耕细分行业10年以上，超八成居本省细分市场的首位，其主营业务收入占全部营业收入的比重达到了97%以上[1]。

也就是说，这类中小企业能够对产业链供应链的卡点和堵点进行精准"爆破"，通过"蚂蚁撼树"的作用推动了整体产业发展质效的显著提升，这也正是我国各大城市纷纷竞逐专精特新企业的背后之因。例如，近年来苏州就将培育专精特新企业作为推动产业升级的重要引擎，2015年率先建立了"专精特新企业导向指标评价体系"，实施专精特新企业培育工程，截至2022年底，累计培育了400余家国家级专精特新"小巨人"企业，2022年当年就新增了1000余家省级专精特新中小企业，有效推动了电子信息、装备制造、先进材料3个万亿级产业持续攀升。我国国家级专精特新"小巨人"企业数量前十城市如图7-3所示。

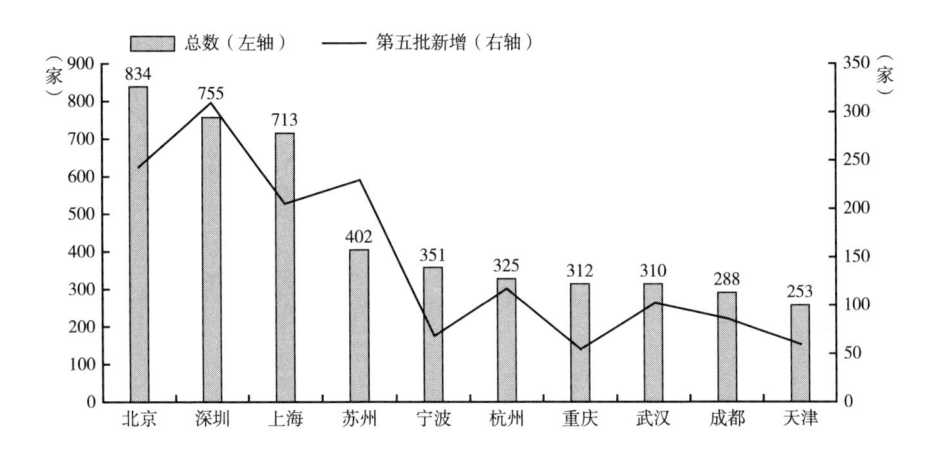

图7-3 我国国家级专精特新"小巨人"企业数量前十城市

注：数据包括前五批。
资料来源：工信部。

---

[1]《我国培育"专精特新"企业超4万家》，https://www.gov.cn/xinwen/2021-09/18/content_5638171.htm。

另一方面，数字技术的应用在城市更加广泛，虚拟空间的出现打破了时空对信息传递的束缚，人与人、物与物、人与物之间的信息流通呈现"零时间、零距离、零成本、无边界"的特征。此时，一些新兴企业以移动互联网和大数据等技术为支撑，成为平台型企业，依托跨领域、协同化、网络化和生态化的平台，将创新、供应、生产、销售等各个环节紧密联系在一起。这突破了传统产业链环节间有形产品投入产出的单链条线性关联，并形成了"平台企业+群落"式的产业链资源整合和分工协作方式。其中，较为典型的有阿里巴巴、海尔、亚马逊等企业的诞生和成长。

专栏 7-1　海尔的"平台企业+群落"模式

由于互联网和大数据等新技术的冲击以及居民消费水平的提升，家电制造业面临新一轮变革，由传统线性产业链逐渐演变为"平台企业+群落"式产业链。在新一轮变革过程中，以海尔为代表的家电制造业企业成为时代的"弄潮儿"。

目前，海尔提供了 20 余个平台，如基于智能冰箱的"饮食生态系统"，基于空调和空气净化器的"空气生态系统"等。通过改革，海尔将自身定位为小微企业网络中的一个股东，是一个推动小企业成长的风险投资孵化器。

2014 年，海尔全球营业额日增幅达 11%，同期净利润大增 39%。海尔之所以能够成功，可以归纳为以下几方面。①在供给侧通过组织创新转变为平台企业。海尔作为平台主体，面向小微主体搭建了开放式资源共享的白色家电制造平台、技术创新和研发平台以及虚拟网融合平台等多种平台，通过连接产业链上游供应商和聚集下游用户资源，创造了新的用户价值。②在需求侧利用平台企业创建了快速响应供给侧的正反馈机制。在国内市场上，海尔的终端产品过去通常会通过自有的全国零售点进行销售，现在更多的则是利用京东、淘宝等电商平台以及国美、苏宁等大型商场进行产品销售。在销售环节，一线员工通过平台企业能够很好地掌握消费者的偏好信息，进而为新产品的生产提供决策支撑，以满足异质性需求。③通过中游平台企业和下游平台企业的互联互动，同时实现个性化和大批量的定制需要。海尔借助互联网和通信技术，依托平台重塑了海尔的管理体系和工作流程的层级，改变了企业的生产方式，极大提高了生产要素的配置效率。另外，支付宝和银联等支付平台的应用以及海尔自有的日日顺物流平台的运营，使得海尔可以快速响应消费者的个性化需求以提供高质量的定制化产品。

资料来源：《海尔集团创业创新探索与实践》，https：//www.miit.gov.cn/ztzl/lszt/2016nqggyhxxhgzhyztbd/hydt/art/2015/art_ 6556d32087284f148a11f8c645117903.html。

当然，平台型企业也不仅仅包括互联网平台企业，承担生产经营管理和经济核算职能的总部企业，占据产业链主导地位并掌握资源配置权的"链主"企业，也是企业平台化发展的重要体现。相对于传统的联动协作方式，平台型企业能够推动产业链条纵向垂直整合和横向跨界融合，在城市产业转型升级过程中起着关键的牵引作用。因此，现代城市引进培育平台型企业实际就是营造产业生态的过程，平台型企业通过要素资源的链接、配置和运筹，形成产业链上下游、左右岸的吸聚力，最终构建一个庞大的产业集群，大幅提升城市产业竞争力和整体经济实力。

一个城市如果能在某个产业领域培育引进平台型企业，其产业链供应链的协作效率将得到极大提升，这也正是当前现代城市促进产业高质量发展的着力点。例如，深圳打造无人机产业集群，正是充分发挥了大疆、道通智能等"链主"企业的整合和引领作用，引聚上游近3000个生产供应相关配件的企业，以及中游软件服务、控制芯片、传感器等相关行业的企业在城市及周边布局，2022年深圳无人机产业实现产值750亿元、占全国的比重超过70%[1]，行业专利申请量全球领先。又如，杭州培育电子商务产业集群、打造"新电商之都"，也是得益于阿里巴巴的成长。阿里巴巴自1999年成立以来，便逐渐将各个核心业务版块的全球总部落户在杭州（包括阿里巴巴全球总部、蚂蚁集团全球总部、菜鸟全球总部、阿里云全球总部、达摩院全球总部、钉钉全球总部等），推动杭州形成了培育电商企业壮大的生态环境。杭州跨境电商卖家数由2014年的不足2000家增加到2022年的55381家，其中，年跨境电商交易额超亿元龙头企业超过157家[2]。

总体而言，企业不同的实体形态和组织资源要素方式往往会对现代城市和产业带来不同的影响。随着现代城市关注的企业沿着"超大企业—大+中小企业—平台型+专精特新企业"持续演进，城市产业的组织方式逐渐向"共生型""虚拟型"变化，企业促进现代城市与产业互动发展的作用也呈现典型的阶段特征。在现代城市发展之初，超大企业产生的规模经济效应，对城市和产业的发展壮大起到关键支撑作用。但超大企业由于生产规模过大，管理成本不断上涨，为了解决规模报酬递减规律作用下，超大企业生产效率降低的问题，现代城市逐渐由注重推动企业做大向注重建立由大企业与中小企业组成的长期稳定的专业分工与协作体系转变。当前，现代城市则在推动企业"大变强、小变精"持续成长的同时，更加强调通过平台型企业进行产业链纵向垂直整合和横向跨界融合，进而带动城市产业转型升级。

---

[1] 《1300多家无人机企业产值高达750亿元 深圳低空经济成产业"高地"》，深圳特区报百家号，https://baijiahao.baidu.com/s?id=1763392522840931075&wfr=spider&for=pc。

[2] 《数据折射八年来杭州跨境电商变革》，杭州市人民政府网站，https://www.hangzhou.gov.cn/art/2023/3/8/art_812266_59076104.html。

第七章 微观主体——构成城市经济活动的单元

第三节 有为政府——不是奢侈品，是必需品

一般意义上的政府是国家进行统治和社会管理的权力机关，在马克思的政治经济学中，政府的活动领域本来集中在上层建筑，但由于上层建筑总是建立在经济基础之上，并反作用于经济基础，其活动领域又并不局限于上层建筑[1]。也就是说，政府不纯粹是政治主体，它凭借其拥有的政治权利和管辖权利，影响城市资源要素的调配和规范产业发展的市场秩序，为城市经济社会的运行发展提供稳定健康的环境。因此，政府在城市与产业互动发展中始终扮演着重要的角色。正如《1997年世界发展报告：变革世界中的政府》指出，如果没有有为的政府，经济、社会的可持续发展是不可能的[2]。

虽然政府的作用很重要，但这种作用也很微妙。它的微妙之处就在于，政府在促进现代城市与产业互动发展过程中，往往需要处理好与市场的辩证关系和边界分工。政府与市场作为既对立又融合的两个主体，在矛盾中运动，共同推动城市发展环境的变化并保持相对的平衡。因此，政府职能的重心会随着社会发展或环境变化而改变或迁移，在不同的发展时期，政府发挥作用的方式和程度都不尽相同，能不能给现代城市与产业的互动发展带来积极影响，关键在于能不能找准与市场相互补位、协调配合的结合点。

具体来看，在现代城市发展初期，市场发育还不充分，市场体系也不健全，某些领域市场调节失灵的问题时有发生，无论是扩大经济规模还是应对经济危机，现代城市都需要充分倚赖政府"集中力量办大事"的统筹

---

[1]《马克思恩格斯全集》（第2卷），人民出版社，1972，第111页。
[2] 杨再平：《重新思考政府：一个世界性的课题——评世界银行1997年世界发展报告〈变革世界中的政府〉》，《国际经济评论》1998年第1期，第56~58页。

作用，这为"全能型政府"的诞生创造了条件。"全能型政府"往往以强有力的计划和行政手段对城市资源要素配置施加重要影响，表现为直接干预经济主体生产什么、生产多少、如何生产、为谁生产，现代城市普遍在政府政策的层层传导下，快速地建立起产业体系，有效地带动了城市经济的高速增长或快速恢复。

例如，美国在罗斯福新政的指引下，走出了20世纪30年代的经济大危机。罗斯福新政强调扩大国家行政的权力，对各种产业关系和利益关系进行大幅度调整。其中，《全国工业复兴法》通过规定企业的生产规模、价格水平、市场分配、工资标准和工作日时数等，加强政府对工业生产的控制和调节，有效防止了盲目竞争所引起的生产过剩。而"以工代赈"系列措施，则通过政府投资建设基础设施工程的方式为失业者创造就业岗位，既解决了严重的失业问题，也刺激了生产、提振了经济，美国的失业率从1933年的25%下降至1941年的10%以内。

成都的工业发展也是政府充分调配资源全面推动城市经济发展的又一例证。20世纪六七十年代，我国重大战略——"三线建设"的实施，以及重大交通基础设施、科技教育资源等的统筹布局，为成都快速推进工业化、城镇化创造了良好条件。在此基础上，成都政府从加强军工生产协作配套工作出发，成立了市协作配套工作领导小组，规定凡是军工生产急需的技术、人才、设备和物资，都要迅速落实到位，并专门督办。在政府主动介入的背景下，成都电子、机械、冶金等产业的相关企业加速运作起来，按照政府主管部门的统一部署，向"三线建设"项目大量供应设备、技术、生产所需原料，甚至支援工程技术人员。其中，宏明无线电器材厂、锦江电机厂、新兴仪器厂等成都电子工业企业，就先后承担了省内外十多个企事业单位的包建任务，并供给产品140余种[1]，为成都电子工业

---

[1]《成都党史一百年》第四十七集 "三线建设"与成都。

第七章 微观主体——构成城市经济活动的单元

的高速增长打下了基础。

"全能型政府"在经济领域的全面统筹开创了现代城市和产业飞速发展的局面,但政府的感知力远不如市场灵敏,始终通过行政手段直接影响市场主体的生产经营活动甚至企业的存续,就会不同程度地带来资源错配、产能闲置等发展效率低下的问题。20世纪70年代以后,几乎所有西方较为发达的城市都进入了经济停滞与通货膨胀并存的"滞胀"时期[1],政府对城市资源要素的全面配置严重影响市场作用的发挥,不仅导致城市资源浪费,还造成政府公共服务的缺位[2]。这场西方城市普遍面临的经济、管理、信任和财政"四大危机"[3],引发了人们对政府"能做什么和不能做什么"的新一轮反思,催生了以回归市场为着力点,以提高政府效能和管理效率为宗旨的"新公共管理运动",从而诞生了"效能型政府"。

"效能型政府"大大减少了对城市资源要素的直接配置,更多地扮演起组织者的角色。这一定位下的政府开始采取"掌舵不划桨"的模式,逐渐将调节经济的职能让渡给市场这只"无形之手",自身则专注于向市场提供产权秩序、竞争秩序、制度环境和配套设施等。通过市场作用的加强,城市优质资源开始自主向生产效率高、市场需求大、比较优势明显的产业流动,从而带动城市产业结构向更具供需对接效率的方向升级,使得现代城市在市场经济环境中获得更强大的适应能力和竞争力。

深圳黄金珠宝产业基地建设就是"效能型政府""掌舵"的典型案例。深圳市政府不直接干预黄金珠宝产业发展,而是由市、区两级政府整合现有的公共服务资源,在黄金珠宝产业聚集地建立综合性公共服务平

---

[1] 王春香:《西方国家政府职能模式演变及其启示》,《湖南行政学院学报》2003年第6期,第50~51页。

[2] 王学杰:《政府职能演变的国际比较及其启示》,《学习论坛》2013年第12期,第50~54页。

[3] 郑代良:《政府职能历史演变及逻辑终点探究》,《怀化学院学报》2014年第12期,第51~56页。

台。该公共服务平台不仅提供设计研发、检验检测、人才培训、网络信息等服务功能，还通过提供低租或免租的办公用地等优惠措施，吸引全球珠宝首饰产业的知名机构、企业设立总部或办事处，加之推动建设珠宝文化博物馆、产品展示中心等配套设施，深圳黄金珠宝产业保持了长期繁荣，并且其在国际上的知名度也提升了。

随着现代城市经济社会发展水平的不断提高，市场体系和市场机制愈发成熟，"服务型政府"应运而生。"服务型政府"既强调发挥市场机制配置资源的有效性和自动性，同时还要发挥好政府作用的公平性和主动性，推动政府职能进一步匹配市场经济的内在要求。它实施以促进城市产业可持续发展为目的的"善治"，注重企业家和消费群体的感受，不断优化城市营商环境[1]，为城市产业发展营造更好的生态体系。

在有"企业家之城"美誉的深圳有一条不成文的规矩，当市领导和企业家出席重大活动的时候，企业家走在前面，市领导走在后面。这或许正是深圳政府给自己的定位要求，即要坚定做好"服务型政府"。正是在这种理念的指引下，深圳营造起了有利于民营经济发展的良好生态。2022年，深圳民营企业占全市企业总量的97%，民营经济贡献了GDP的半壁江山，更是孕育出了华为、比亚迪、腾讯等世界500强[2]企业。这些在政府提供的优质和精准服务下成长起来的本土企业，不断反哺深圳构筑起城市产业的可持续发展能力和竞争优势。例如，比亚迪的崛起就带动深圳成为极具全球竞争力的新能源汽车城市，而在腾讯电竞的带动下，深圳也正在朝国际电竞之都迈进。

另一个具有代表性的城市是上海。上海对标国际最高标准、最高水平，为市场主体营造优越的营商环境，不断提升"上海服务＝优质服务"

---

〔1〕《服务型政府是产业升级的制度基石》，《东莞日报》2016年9月13日，第A02版。
〔2〕国家税务总局深圳市税务局官方网站，https://shenzhen.chinatax.gov.cn/sztax/xwdt/mtsd/202308/0d6f45f3f38847e7986399da7a4326ca.shtml。

的感知力。正是在上海政府对企业全生命周期的"店小二"式精准服务下，特斯拉上海超级工厂项目在2019年实现了当年开工、当年竣工、当年投产、当年上市的"上海速度"，并在不到三年后，完成了整车交付从1到100万的创纪录跨越，成为汽车工业史上的"现象级"标杆。这不仅促使上海构建起了新能源汽车产业生态，还打响了"上海服务"品牌，有力提升了城市产业的吸引力。

总的来看，政府作为市场运行和经济关系的管理调节者，其不同的职能模式对促进城市和产业互动发展发挥了不同的作用。随着政府与市场的关系沿着"替代市场—协同市场—服务市场"演变，政府逐渐呈现"全能型政府"—"效能型政府"—"服务型政府"的发展演变特征，政府在推动经济发展方面也从"给资源"到"定方向"再到"优环境"递进转变。在现代城市发展之初，政府调动一切资源直接介入经济发展，促进现代城市和产业规模迅速扩大。而为解决城市和产业"大而不强"和发展效率不高的问题，政府与市场"两只手"开启了协作模式，这促进了资源要素配置效率的提升和产业发展的提档升级。当前，服务型政府则更强调通过优化营商环境和增强精准服务能力，为城市产业发展营造更好的生态，来推动城市产业发展质效和韧性的加快提升。无论政府在现代城市和产业互动发展的各个阶段中发挥了什么样的具体作用，我们都可以深刻地感受到一个良好的、有为的政府已经成为城市产业顺应时代发展的必需品。

第三篇

现代城市与产业互动发展的阶段性特征与影响因素实证分析

现代城市与产业的互动发展过程存在显著的阶段性特征,那么应该基于什么样的方法和标准来划分各发展阶段,扮演核心"媒介"的城市功能、城市空间、生产要素、微观主体四大影响因素对各阶段城市与产业的互动发展是否真正产生重要的影响,以及各因素的影响程度随着时间的推移如何变化,这些问题都需要基于观测数据进行验证和评估。本篇将在前文梳理各影响因素促进现代城市与产业互动发展作用的基础上,选择量化表征指标,运用实证分析模型来系统回答上述三个问题,即对现代城市与产业互动发展所呈现的发展阶段进行定量划分,验证不同发展阶段下四大影响因素及其构成子要素对现代城市与产业的互动发展是否产生影响,并测算各影响因素的构成子要素对现代城市与产业互动发展的影响程度。

第八章　现代城市与产业互动发展的阶段性特征分析

结合前文关于西方现代化道路和中国式现代化道路下城市发展与产业变迁历程的案例梳理，客观上可以看到，随着城市与产业持续互动发展，城市体量能级从小到大、产业竞争力由弱向强演进，呈现明显阶段性发展规律，并在不同阶段相继表现出以规模扩张为主、以效率提升为主和以生态一体、创新驱动为主的特征。同时，从第二篇的分析可以看出，影响现代城市与产业互动发展的四大因素也呈现明显的阶段性特征。那么，就需要以合理的观测指标为基础对现代城市与产业互动发展进行阶段划分，为定量验证不同阶段各因素对城市与产业互动发展的影响做好充分准备。

第一节　阶段划分量化方法与衡量指标

一　城市与产业互动发展阶段划分方法选择

在区域经济研究领域，阶段性思想已经被各国学者广泛接受，这也成为开展城市这一区域经济单元研究的重要支撑。区域经济阶段划分的理论基础主要有胡佛—费舍尔的区域经济增长阶段理论、罗斯托的经济增长阶段理论、弗里德曼的"核心—边缘"理论、钱纳里的工业化阶段理论、贝尔的"后工业社会"理论等。其中，胡佛和费舍尔认为，任何区域的经济增长都存在标准阶段顺序，这些阶段的次序为自给自足经济阶段、乡村工业崛起阶段、农业生产结构转换阶段、工业化阶段、服务业输出阶段。罗斯托基于主导产业的序列变化，把经济增长分为传统社会阶段、"起飞"准备阶段、"起飞"阶段、成熟阶段、高额消费阶段等五个阶段，并在1970年又添加了一个阶段，即追求生活质量阶段。弗里德曼基于对发展中国家的空间发展规划进行的长期研究，首次提出了"核心—边缘"理论，利用资源要素的流向将区域经济发展阶段划分为工业化过程以前资源配置时期、核心边缘区时期、工业化成熟时期、空间经济一体化时期四个主要时期。钱纳里聚焦经济发展水平、产业结构、空间结构、就业结构等方面，将一个国家和地区的经济发展过程划分为不发达经济阶段、工业化初期阶段、工业化中期阶段、工业化后期阶段、后工业化社会、现代化社会等六个阶段，其中工业化阶段涵盖了工业化初期、中期和后期阶段，并认为每一个阶段的跃升都伴随着产业的升级（见表8-1）。

表8-1 主要的区域经济发展阶段理论

提出者	提出时间	依据	区域发展阶段
胡佛（E. M. Hoover）和费舍尔（J. Fisher）	1949年	产业结构和制度背景	自给自足经济阶段、乡村工业崛起阶段、农业生产结构转换阶段、工业化阶段、服务业输出阶段
罗斯托（W. Rostow）	1960年	主导产业、制造业结构和人类追求目标	传统社会阶段、"起飞"准备阶段、"起飞"阶段、成熟阶段、高额消费阶段
弗里德曼（J. Friedman）	1967年	空间结构、产业特征和制度背景	工业化过程以前资源配置时期、核心边缘区时期、工业化成熟时期、空间经济一体化时期
钱纳里（H. B Chenery）	1986年	人均GDP、三次产业产值结构、人口城市化率、第一产业就业人员占比	不发达经济阶段、工业化初期阶段、工业化中期阶段、工业化后期阶段、后工业化社会、现代化社会

第八章 现代城市与产业互动发展的阶段性特征分析

城市与产业互动发展的阶段本质上也是依据城市与产业互动呈现的不同特征而人为地进行期间划分，这种分期划分将有助于对城市产业发展规律和趋势形成一般化认识。鉴于钱纳里的工业化阶段理论很好地解释了产业结构演变与城市化的关系，且获得学界高度认可，本书主要借鉴了这一阶段划分方法，并进行了一些探索性补充。

结合前文对现代城市与产业互动发展的关系和演进分析，在现代城市发展初期阶段，城市功能、城市空间、生产要素、微观主体四大影响因素，主要通过促进产业规模的持续扩大，进而推动城市规模的快速扩张，呈现以规模扩张为主的特点，且这一阶段城市在经济发展水平、产业结构、空间结构、就业结构等方面，与工业化初期、工业化中期等具有诸多相似性。

伴随现代城市经济总量不断攀升、产业结构不断优化、城市能级不断提升，城市功能、城市空间、生产要素、微观主体四大影响因素，不再片面注重"规模"的扩张，而是更加注重通过"效率的提升"来促进城市与产业良性互动，呈现以效率提升为主的特点，且这一阶段城市在经济水平、产业结构、空间结构、就业结构等方面，与工业化后期阶段也具有诸多相似性。

受全球化进程的影响，现代城市越来越强调通过提升其在全球城市网络中的能级位势来获取竞争新优势，同时工业化、城镇化、信息化发展新趋势以及以人为核心发展理念的深化，推动城市功能、城市空间、生产要素、微观主体四大影响因素中起主导作用的构成子要素加速迭代演进，使得城市与产业的互动发展呈现以生态一体、创新驱动为主的特点，反观这一阶段城市在经济水平、产业结构、空间结构、就业结构等方面，与后工业化社会、现代化社会虽然也有一定相似性，但鉴于钱纳里的工业化阶段划分依据的局限性，难以体现生态一体、创新驱动的时代特征，例如，缺乏对全要素生产率、数据等"新型要素"、科技进步贡献率等的考虑。因此，本书除参考钱纳里的工业化阶段划分方法外，针对这一情况还加入了一些体现时代发展的判定指标来扩充了阶段划分分析。

二 城市与产业互动发展不同阶段的衡量指标

在以规模扩张为主要特征的阶段，城市和产业均以量的增长为主，因此，该阶段城市与产业互动发展的量化表征为量（规模）与量（规模）的比值。《财经大辞典》和《现代经济词典》指出城市规模衡量了城市人口、用地和各种经济发展要素的集中程度，通常以城市人口数量、占用土地面积和地区生产总值表示，城市规模的增长主要表现在城市人口规模、城市空间规模等的增加，常见的量化指标有常住人口数量、建成区（市辖区）面积等。而广义上的产业规模指的是一类产业的产出规模或经营规模，在以规模扩张为主要特征阶段产业规模的增长则主要表现为城市三次产业规模的增长，可以用生产总值或产出量表示，常用的量化指标为GDP。故本书在表征城市与产业规模扩张上采用人均GDP作为代表性指标。

在以效率提升为主要特点的阶段，城市和产业均以质的提升为主，一方面，表现为影响因素内部结构的优化与调整，另一方面，效率本身体现为投入与产出的比率，因此，该阶段城市与产业互动发展的量化表征为比率（效率）与比率（效率）的乘积。其中，城市效率的提升，由注重城市人口、空间、经济的数量增加转向注重城市资源要素利用效率的提升，常用的量化指标有投资回报率、资源产出率、全员劳动生产率等；而产业效率的提升，由注重三次产业量（规模）的增长转向注重三次产业质（效率）的提升，代表性指标为地均GDP、单位能耗产出率等。故本书考虑指标数据获取情况后，在表征城市与产业效率提升上采用的代表性指标为：地均GDP×全员劳动生产率。

在以生态一体、创新驱动为主要特征的阶段，城市和产业均强调"能"的飞跃，需要构建以创新为牵引，各个相关主体、环节和要素组成的、相互联系和依赖的"生态体系"，城市与产业互动的量化表征为相关构成要素的乘积。在该阶段影响城市与产业互动发展的因素主要体现在创新投入、创新产出、创新主体等支撑创新驱动的关键环节，以及跨国企业（公司）、顶尖生产性服务业企业等反映城市能级位势的核心因素上，常见的量化指标有研究与试验发展（R&D）经费投入强度、规模以上工业企业研发经费支出占企业营业收入比重、国家高新技术企业数量、国家级专精特新"小巨人"企业数量、技术合同成交额占地区生产总值比重、科技进步贡献率、高新技术产业总产值占工业总产值比重、跨国公司数量、世界500强企业数量、高端生产性服务业企业数量、生产性服务业增加值占GDP比重等。故本书考虑指标数据获取情况后，在表征城市与产业生态一体、创新驱动上采用的代表性指标为：研究与试验发展（R&D）经费投入强度×高新技术产业总产值占工业总产值比重×国家高新技术企业数量×生产性服务业增加值占GDP比重。

第二节 数据处理及划分结果

回顾国外先发城市的发展历程，自第一次科技革命（工业革命）以来，城市大都完成了前三次科技革命，正在经历第四次科技革命。历次科技（工业）革命演进所引致的要素投入结构、企业组织、商业模式、产业体系、经济结构等各方面的突破创新，推动了城市与产业互动发展的阶段性转变，但鉴于国外现代城市发展历程时间长，数据获取存在难度，本书在选取研究对象来划定城市与产业互动发展阶段时忍痛割舍。

反观国内城市，自1978年改革开放以来，中国从计划经济向市场经济逐渐转轨，国内先发城市纷纷走上了一条具有中国特色、体现时代特征的发展之路，工业化、城市化、信息化发展速度大大加快。一线城市（北京、上海、广州、深圳等4个城市）在国家经济发展全局中扮演着重要的角色，是经济发展的主要引擎，而新一线城市（15个城市）[1]同样具有重要地位，这些城市拥有较强的经济实力、科技创新能力和相对较高的产业发展水平，对周边地区具有强大的辐射和带动作用。2021年一线城市和新一线城市经济总量、常住人口总量分别为37.2万亿元、2.8亿人[2]，分别占全国总量的32.5%、19.9%。因此，将国内一线城市和新一线城市作为研究对象具有典型性和代表性。本书在充分考虑数据可获取性和阶段完整性的基础上，选取了4个一线城市（北京、上海、广州、深圳）和处于京津冀、长三角、粤港澳大湾区、成渝地区、长江中游、山东半岛、关中平原等城市群的其他代表城市——9个新一线城市（天津、杭州、苏州、东莞、成都、重庆、武汉、青岛、西安等）作为研究对象，进一步探讨划定城市与产业互动发展阶段。

至于如何对以上13个实证城市的代表性指标变化情况进行分析[3]，本书的主要思路是如果该城市的代表性指标的增速在某一年份出现拐点，并最终超过上一阶段代表性指标的增速，即可判定该城市的阶段发生了变化。例如，北京、广州、深圳等城市从1994年开始，以效率提升为主要特征阶段的代表性指标增速超过以规模扩张为主要特征阶段的代表性指标增速，故可将1994年作为城市与产业互动发展阶段转变的拐点，对应把北京、广州、深圳以规模扩张为主要特征的阶段时间划定在1978~1993

---

[1] 根据《第一财经》2013年以来公布新一线城市名单出现频次梳理，本书中15个新一线城市具体为成都、杭州、南京、青岛、武汉、西安、长沙、重庆、天津、沈阳、宁波、苏州、东莞、郑州、大连。
[2] 根据4个一线城市和15个新一线城市国民经济和社会发展统计公报数据计算得到。
[3] 各个城市阶段表征指标主要来自历年国民经济和社会发展统计公报以及统计年鉴，为避免出现单个年度表征指标增速异常，本书在实际测算时采用前一年观测值和本年度观测值取平均的方法对相应指标增速进行数据平滑，并对三个阶段表征指标增速进行标准化处理以判断其变化规律。

第八章 现代城市与产业互动发展的阶段性特征分析

年;同理,成都、杭州、青岛等城市从 2015 年开始,以生态一体、创新驱动为主要特征阶段的代表性指标增速超过以效率提升为主要特征阶段的代表性指标增速,故可将 2015 年作为三个城市阶段转变的拐点,对应把成都、杭州、青岛以生态一体、创新驱动为主要特征阶段的时间划定为 2015 年至今。采用同样方法,本书最终得到 13 个实证城市对应的城市与产业互动发展阶段的划分结果。

总体来看,4 个一线城市和 9 个新一线城市的城市与产业互动发展阶段呈现以下特征。其一,所有实证城市均历经了以规模扩张为主要特征的阶段、以效率提升为主要特征的阶段,并相继进入以生态一体、创新驱动为主要特征的阶段。其二,一线城市较新一线城市城市与产业互动发展阶段的拐点时间更为提前,且步入下一阶段的时间点通常要早 5 年左右,例如,北京、广州、深圳从 1994 年开始步入以效率提升为主要特征的阶段,较成都、青岛、西安、武汉等新一线城市均要早 5 年左右;北京、上海从 2010 年开始步入以生态一体、创新驱动为主要特征的阶段,较成都、杭州、青岛、武汉等新一线城市也要早 5 年左右。其三,相同类型城市代表性指标中的个别组成指标对城市与产业互动发展阶段转变节点有着重要影响,例如,北京、上海从 2010 年开始研究与试验发展(R&D)经费投入强度、高新技术企业数量分别超过 2.75%、3000 家(均明显高于广州、深圳),使得北京、上海步入以生态一体、创新驱动为主要特征的阶段时间点要早于另外两个一线城市。

具体来看,一方面,对于 4 个一线城市而言,1978~1993 年城市与产业互动发展均处于以规模扩张为主要特征的阶段,并从 1994 年开始发生阶段转变(上海晚 1 年),1995~2009 年城市与产业互动发展均处于以效率提升为主要特征的阶段,之后北京和上海从 2010 年开始步入以生态一体、创新驱动为主要特征阶段,而深圳和广州也分别于 2013 年、2014 年先后步入这一阶段。另一方面,对于 9 个新一线城市而言,城市间开

159

始阶段转变的拐点时间差异较为明显，从以规模扩张为主要特征阶段转向以效率提升为主要特征阶段，东莞最早（1994年），天津次之（1996年），再之后是武汉（1998年），西安（1999年），成都、杭州（2000年），重庆、苏州（2001年），青岛最晚（2002年）；随后，从2014年开始相继有城市从以效率提升为主要特征阶段转向以生态一体、创新驱动为主要特征阶段，其中，苏州最早（2014年），成都、杭州、青岛、武汉、西安次之（2015年），重庆、天津、东莞最晚（2016年）。与此同时，13个实证城市以生态一体、创新驱动为主要特征阶段的代表性指标增速均呈现"先增长、后下降"趋势，即使受新冠疫情的影响，其增速水平整体上仍明显高于上一阶段的代表性指标，表明大部分实证城市处于以生态一体、创新驱动为主要特征阶段的趋势已经形成，这也与党中央提出的"我国经济已由高速增长阶段转向高质量发展阶段"的科学论断相吻合。

表8-2 城市与产业互动发展的阶段划分结果（国内部分先发城市）

城市	以规模扩张为主要特征的阶段	以效率提升为主要特征的阶段	以生态一体、创新驱动为主要特征的阶段
北京	1978~1993年	1994~2009年	2010年至今
上海	1978~1994年	1995~2009年	2010年至今
广州	1978~1993年	1994~2013年	2014年至今
深圳	1978~1993年	1994~2012年	2013年至今
成都	1978~1999年	2000~2014年	2015年至今
杭州	1978~1999年	2000~2014年	2015年至今
青岛	1978~2001年	2002~2014年	2015年至今
武汉	1978~1997年	1998~2014年	2015年至今
西安	1978~1998年	1999~2014年	2015年至今
重庆	1978~2000年	2001~2015年	2016年至今
天津	1978~1995年	1996~2015年	2016年至今
苏州	1978~2000年	2001~2013年	2014年至今
东莞	1978~1993年	1994~2015年	2016年至今

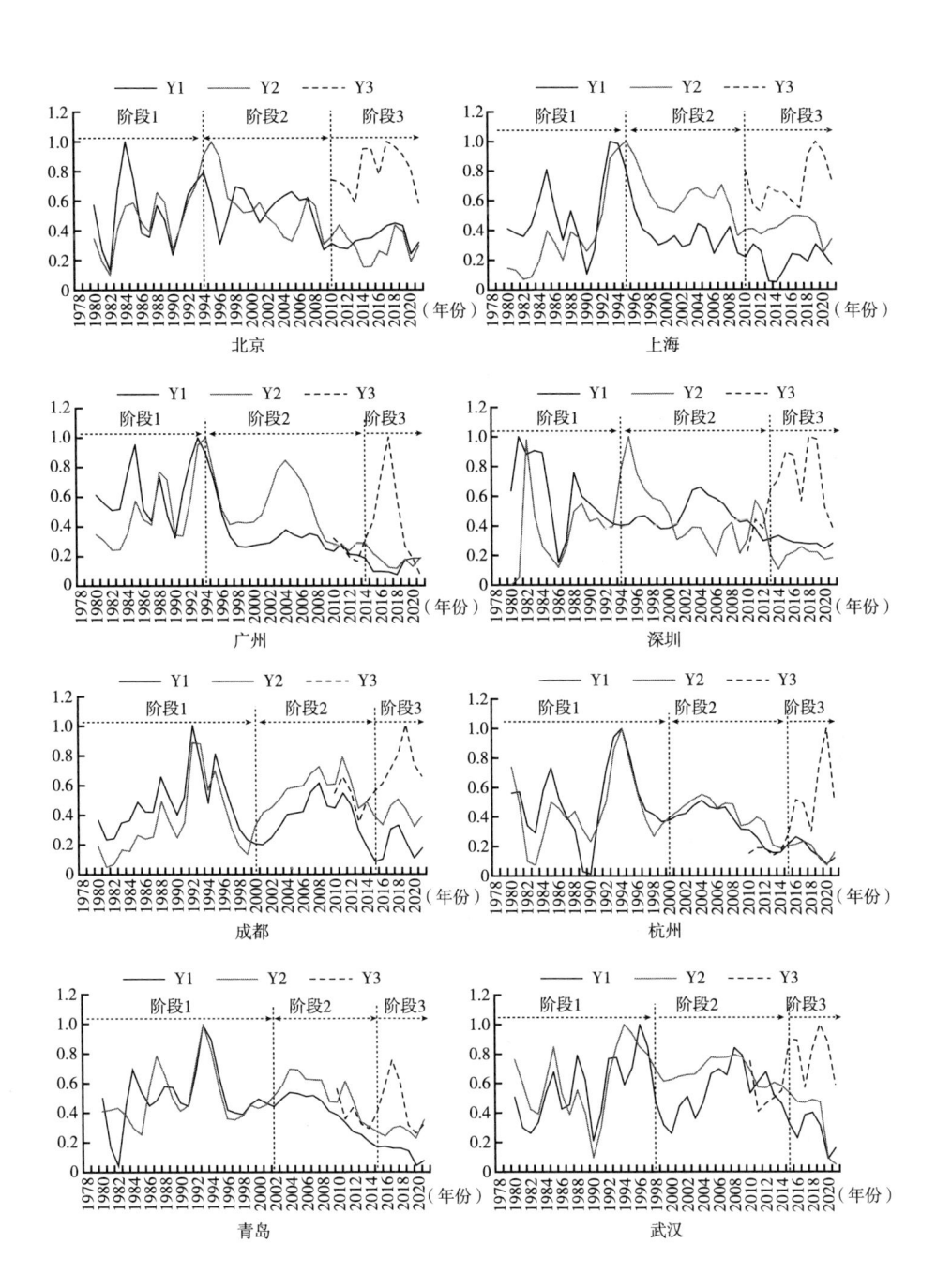

第八章 现代城市与产业互动发展的阶段性特征分析

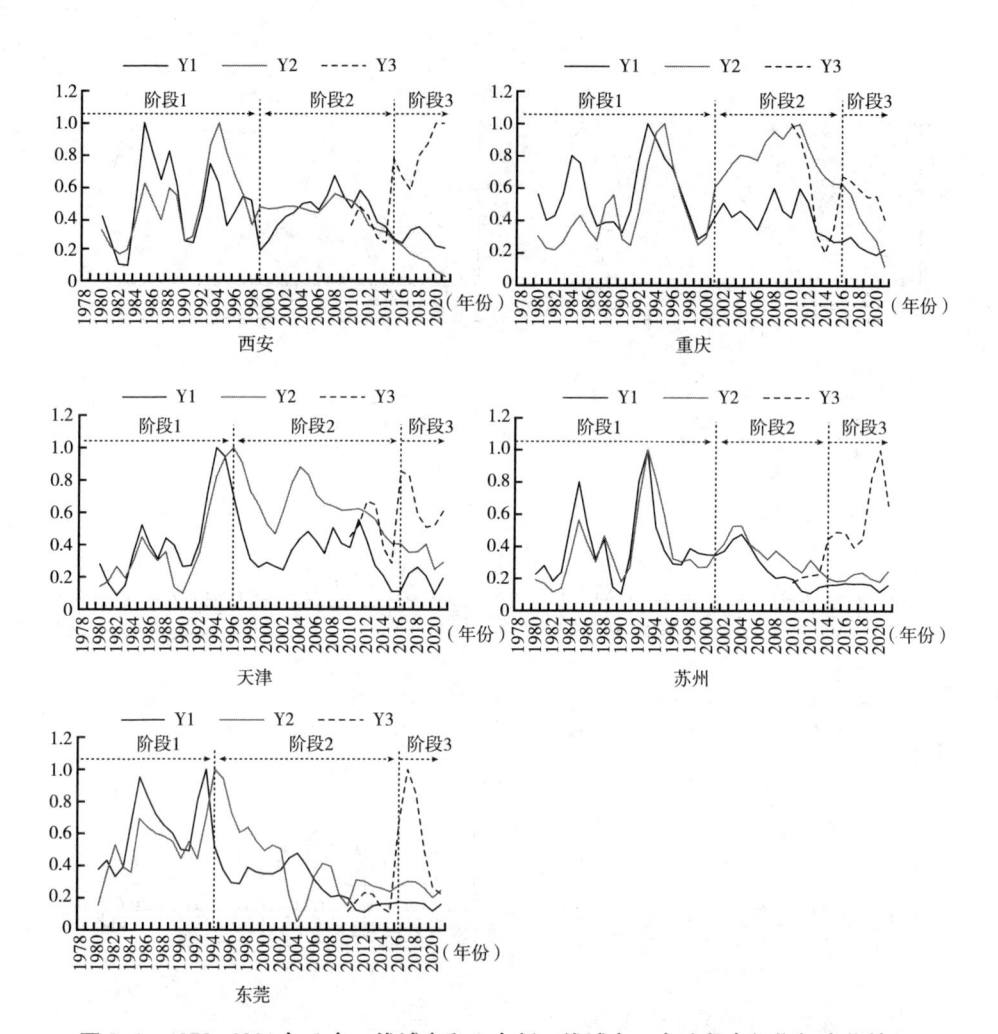

图 8-1　1978~2021 年 4 个一线城市和 9 个新一线城市三个阶段表征指标变化情况

注：Y1、阶段 1 对应以规模扩张为主要特征阶段，Y2、阶段 2 对应以效率提升为主要特征阶段，Y3、阶段 3 对应以生态一体、创新驱动为主要特征阶段；本书各个城市阶段表征指标变化情况对应意义相同。

第九章　现代城市与产业互动发展的影响因素检验

从我国一线城市和新一线城市在城市与产业互动发展过程中所呈现的阶段性特征来看，各个城市都普遍经历了"以规模扩张为主要特征"和"以效率提升为主要特征"两个发展阶段，并且也相继进入了"以生态一体、创新驱动为主要特征"的发展阶段。为进一步探究各发展阶段下，城市功能、城市空间、生产要素、微观主体四大影响因素是不是推动现代城市与产业互动发展的主要原因，本章在整理大量历史观测数据的基础上，利用格兰杰（Granger）因果关系分析模型来检验四大影响因素对现代城市与产业互动发展过程的影响关系。

第一节　检验思路和检验方法

要验证四大影响因素对现代城市与产业的互动发展过程有没有实质性影响，是不是造成二者互动结果动态变化的原因，属于变量之间因果作用关系判别的分析范畴。基本的检验思路是根据城市与产业互动发展的阶段性特征构造出"结果"系统，按照四大影响因素及其子要素来构造"原因"系统，并以时间序列指标数据来表征，从而进一步检验两个系统之间的因果作用关系。

从目前的研究和应用来看，在复杂经济系统中判别时间序列变量之间是否存在因果关系，已经发展出了格兰杰因果关系检验模型及其改进模型（条件 Granger 因果模型、Lasso-Granger 因果模型等）、双重差分模型、基于信息测度的因果分析（转移熵、条件熵、条件互信息）、贝叶斯网络等比较常用的分析方法[1]。从收集到的已有研究看，学者们利用上述不同类型的因果推断模型对数字经济发展与城市创业活跃度[2]、进出口与中国经济增长[3]、城市规模与产业发展升级[4]等之间的关系进行了验证。本书要检验的"关系"是多元因素对城市与产业的互动发展过程是否造成了影响，考虑到城市与产业发展过程中的变量复杂性，以及影响关系存在的时间滞后性[5]，本书选择了能判断因果关系方向性且考虑了多元变量"先导—滞后"关系的格兰杰因果关系检验模型来进行验证。

格兰杰因果关系分析方法的基本思想是利用时间序列的"前因后果"逻辑来判断两个变量之间的"因果关系"，主要从"一个变量过去的行为在影响另一个变量的当前行为"这一假设出发进行检验，即如果要试图探讨变量 X 是否对变量 Y 有因果影响关系，那么只需要估计 X 的滞后期是否会影响 Y 的现在值，若在包含了变量 X 过去信息的条件下，对变量 Y 的预测效果要优于只单独由 Y 的过去信息对 Y 进行的预测效果，则认为变量 X 是引致变量 Y 的格兰杰原因。基于此原理，格兰杰因果关系检验模型有三个显著的优点。一是能够有效判断出系统中各变量之间具有方向性的因果

---

[1] 任伟杰、韩敏：《多元时间序列因果关系分析研究综述》，《自动化学报》2021年第1期，第64~78页。

[2] 袁圆：《进出口与中国经济增长相互影响的实证研究》，《全国流通经济》2023年第3期，第48~51页。

[3] 邹琪、樊丽：《数字经济发展与城市创业活跃度因果关系的识别》，《统计与决策》2022年第23期，第17~22页。

[4] 李晓斌：《产业升级与城市增长的双向驱动——基于中国数据的理论和实证研究》，《城市规划》2017年第5期，第94~101页。

[5] 即四大影响因素发生变化后需要一定的时间周期才能传导到城市与产业的互动上。

关系（单向或双向），二是充分考虑了各影响因素在时间序列上的多个滞后期，三是模型构建能够便捷有效地从二元变量拓展至多元变量，在多元时间序列变量系统因果关系分析与建模中得到了广泛的应用。由此可见，格兰杰因果关系检验模型所具备的这些显著优点对解决现代城市与产业互动发展过程中的影响因素多元性、影响过程长时间跨度性以及时间滞后性等问题高度适用，为探讨"四大影响因素在长时间序列上的动态作用造成了现代城市与产业的互动发展（因果逻辑）"这一命题提供了有效的论证工具。

在实际检验过程中，格兰杰因果关系检验模型是通过受约束的F检验来完成，即针对X不是Y的格兰杰原因这一假设进行F统计检验，如果计算出的F统计值对应的显著性检验值小于给定水平（0.05或0.1）[1]，则认为X是Y的格兰杰原因。

专栏9-1　格兰杰（Granger）因果关系检验模型

在时间序列情形下，两个经济变量X、Y之间的格兰杰因果关系定义为：若在包含了变量X、Y的过去信息的条件下，对变量Y的预测效果要优于只单独由Y的过去信息对Y进行的预测效果，即变量X有助于解释变量Y的将来变化，则认为变量X是引致变量Y的格兰杰原因。考察X是否影响Y的问题，主要看当期的Y能够在多大程度上被过去的X解释，在Y_t方程中加入X滞后值是否使解释程度显著提高。如果X在Y的预测中有帮助，或者X与Y的相关系数在统计上显著时，就可以说"X是Y的Granger原因"。

对两个变量Y与X，格兰杰因果关系检验要求估计以下回归模型：

$$Y_t = \beta_0 + \sum_{i=1}^{m} \beta_i Y_{t-i} + \sum_{i=1}^{m} \alpha_i X_{t-i} + \mu_t \quad (1)$$

$$X_t = \delta_0 + \sum_{i=1}^{m} \delta_i X_{t-i} + \sum_{i=1}^{m} \lambda_i Y_{t-i} + v_t \quad (2)$$

---

[1] F统计值大于给定显著性水平下F分布的相应临界值。

可能存在四种检验结果：

（1）X对Y有单向影响，表现为（1）式X各滞后项（X_{t-i}等）前面的参数整体不为零，而（2）式Y各滞后项前的参数整体为零；

（2）Y对X有单向影响，表现为（2）式Y各滞后项前的参数整体不为零，而（1）式X各滞后项前的参数整体为零；

（3）Y与X间存在双向影响，表现为（1）式X各滞后项前的参数整体不为零，同时（2）式Y各滞后项前的参数整体也不为零；

（4）Y与X是独立的，表现为（1）式X各滞后项前的参数整体为零，同时（2）式Y各滞后项前的参数整体也为零。

格兰杰检验是通过受约束的F检验完成的。如针对X不是Y的格兰杰原因这一假设，即针对（1）式中X滞后项前的参数整体为零的假设，分别做包含与不包含X滞后项的回归，即前者的残差平方和为RSS_U，后者的残差平方和为RSS_R；再计算F统计量：

$$F = \frac{(RSS_R - RSS_U)/m}{RSS_U/(n-k)}$$

式中，m为X的滞后项的个数，n为样本容量，k为包含可能存在的常数项及其他变量在内的无约束回归模型的待估参数的个数。

如果计算的F值大于给定显著性水平α下F分布的相应临界值$F_\alpha(m, n-k)$，则拒绝原假设，认为X是Y的格兰杰原因。

资料来源：杨维忠、张甜编著《Stata统计分析从入门到精通》，清华大学出版社，2022，第358~411页。

专栏9-2　格兰杰（Granger）因果关系检验模型的 STATA 16.0 实现过程示例

以成都在"以规模扩张为主要特征"阶段的城市空间影响因素（CS）为例，进行格兰杰（Granger）因果关系检验模型计算示例。该数据集包含

第九章　现代城市与产业互动发展的影响因素检验

成都1978~1999年城市空间因素的相关自变量（CS1、CS2、CS3）和因变量数据（IS）（变量含义及表征指标详见本章第三节）。在STATA 16.0中打开"CD_ IS-CS"数据文件，操作步骤及相应命令如下。

1. 定义时间变量（数据预处理）

stata处理带有时间变量的数据序列都需要首先定义时间变量，否则无法识别。命令如下：

$$\text{tsset YEAR, yearly}$$

YEAR为时间序列变量（年份）。

2. 变量数值对数化（数据预处理）

在实际的经济分析中，由于许多经济时间序列都是二阶单整序列，为了利用一阶单整序列良好的统计性质，一般首先将它们进行对数处理，然后分析对数序列之间的关系，因此格兰杰（Granger）因果关系检验时一般都需要对变量数据进行取对数处理。命令如下：

$$\text{generate LNIS}=\ln(\text{IS})$$
$$\text{generate LNCS1}=\ln(\text{CS1})$$
$$\text{generate LNCS2}=\ln(\text{CS2})$$
$$\text{generate LNCS3}=\ln(\text{CS3})$$

3. 平稳性检验［单位根（ADF）检验］

用于检验时间数据是平稳序列还是非平稳序列，主要有三个检验模型（带滞后期、带趋势项等）。若原始数据存在单位根（非平稳序列），则需要对其做一阶差分后再继续进行检验看平稳情况，若还是非平稳序列则需要做二阶差分，即通过一次或多次差分的方式把时间序列处理至平稳。如果一个时间序列经过一次差分变成平稳的，就称原序列是一阶单整序列，经过d次差分后变成平稳序列，则称原序列是d阶单整序列。命令如下：

$$\text{dfuller LNIS, lags}(0)\quad\text{trend}$$
$$\text{dfuller LNCS2, lags}(0)\quad\text{trend}$$

```
dfuller LNCS3, lags(0)   trend
dfuller d. LNIS, lags(0)   trend
dfuller d. LNCS2, lags(0)   trend
dfuller d. LNCS3, lags(0)   trend
```

本命令的含义是对城市空间因素的自变量、因变量进行单位根检验，包含趋势，滞后期为 0。d. LNIS 的执行结果如下所示。p 值为 0.0002＜0.05，拒绝原假设，不存在单位根，故变量 IS 是一阶单整序列。其他变量判定方式同理。

```
. dfuller d.LNIS, lags(0) trend
Dickey-Fuller test for unit root                    Number of obs  =     20

                        ————— Interpolated Dickey-Fuller —————
              Test       1% Critical     5% Critical    10% Critical
           Statistic        Value           Value           Value

Z(t)        -5.032         -4.380         -3.600          -3.240

Mackinnon approximate p-value for Z(t) = 0.0002
```

4. VAR 模型估计

格兰杰（Granger）因果关系检验都是基于 VAR 模型估计之后的结果，根据数据平稳的要求，这里需要计算变量的一阶差分格兰杰，所以先用 qui var 做一个不显示结果的 VAR（3）估计。命令如下：

```
qui var d. LNIS   d. LNCS1 d. LNCS2 d. LNCS3, lags(1/3)
```

本命令的含义是使用 VAR 模型（根据信息准则判断后，此处的滞后阶数为 3 阶）对城市空间因素的自变量、因变量进行拟合，并且不展示相应结果，仅对拟合结果进行暂存。

5. 格兰杰因果检验

```
vargranger
```

本命令的含义是对估计完成的"CD_ IS-CS" VAR（3）模型进行格兰杰因果关系检验，分析结果如下图所示。

第九章　现代城市与产业互动发展的影响因素检验

Granger causality Wald tests

Equation	Excluded	chi2	df	Prob > chi2
D_LNIS	D.LNCS1	30.013	3	0.000
D_LNIS	D.LNCS2	36.296	3	0.000
D_LNIS	D.LNCS3	10.921	3	0.012
D_LNIS	ALL	60.709	9	0.000

以第一个方程为例，结果的第1行给出了方程D_ LNIS中D_ LNCS1的3个滞后期的系数的F检验值，因为其p值为0.000<0.1，所以拒绝原假设，可以认为D_ LNCS1是D_ LNIS的"格兰杰因"（原因），第2行、第3行的判定方式同理。第4行检验的是方程D_ LNIS中所有其他3个内生变量的3个后期的系数是否联合为0，根据其p值，可以拒绝D_ LNCS1、D_ LNCS2、D_ LNCS3联合起来不是D_ LNIS的"格兰杰因"的原假设。最终结论是，D_ LNCS1、D_ LNCS2、D_ LNCS3的格兰杰因果关系均显著，均是D_ LNIS的"格兰杰因"。

资料来源：杨维忠、张甜编著《Stata统计分析从入门到精通》，清华大学出版社，2022，第358~411页。

第二节　样本城市选择与变量指标设定

一　样本城市的选择

现代城市与产业互动发展过程中的影响因素是在二者的长期交互中所显现出来的，并且普遍存在于各类城市的演进中，因此，用来验证的样本城市应具有较强的代表性，既要能够充分反映城市发展的梯度特征，也要能够覆盖我国不同区位、不同资源禀赋下成长起来的城市。对此，本书参照新一线城市研究所[1]发布的2023年《城市商业魅力排行榜》，选择北京、

---

[1] 新一线城市研究所是第一财经旗下的城市数据研究机构（第一财经隶属于上海广播电视台、上海文化广播影视集团有限公司，是中国深具影响力的财经全媒体集团），是一家致力于分析城市商业数据、地理数据、人口数据和互联网数据，用不同视角探究城市发展的数据研究机构，已连续8年发布一线城市和新一线城市榜单。

上海、广州、深圳4个一线城市，以及15个新一线城市中的杭州（东部地区排名最高）、武汉（中部地区排名最高）、成都（西部地区排名最高）3个城市（合计7个城市），作为主要影响因素实证检验的样本城市。

二 表征现代城市与产业互动发展结果的量化指标

现代城市与产业的互动发展过程在影响关系的检验中属于一个"结果"系统，每一个阶段都需要一个可量化的指标来表征。对此，本章继续沿用上章在划分现代城市与产业互动发展阶段时所采用的代表性指标，即选取"人均GDP"作为"以规模扩张为主要特征的阶段"现代城市与产业互动发展结果的量化指标（用IS表示），选取"全员劳动生产率与地均GDP的乘积"作为"以效率提升为主要特征的阶段"现代城市与产业互动发展结果的量化指标（用IE表示）。对于"以生态一体、创新驱动为主要特征的阶段"，考虑到我国的城市大致是在2014年以后才正式迈入此发展阶段，历史观测数据较少，城市与产业互动发展基本上还处于演化发展的初期，其结果尚待稳定，因此，本书暂不对此阶段进行验证，主要基于前两个阶段各城市的历史观测数据来检验。

三 表征四大影响因素的量化指标

本书在选取表征城市功能、城市空间、生产要素、微观主体影响因素的量化指标时，遵循合理性、代表性、可行性等基本原则，并主要有以下两个方面的考量。一方面，充分学习借鉴已有学者、机构的相关研究成果，并尽可能沿用已有研究论证的量化指标，这些指标数据来源可靠、计算方法明确、认可度较高，可确保量化指标选取的合理性和代表性，但本书与已有研究在研究对象、研究范围等方面存在差异，导致部分已有研究的量化指标缺乏作为论据支撑的合理性和实际可行性，因此，另一方面，本书考虑指标在论证时的客观合理性以及数据获取的可行性，选取了一些具有典型替代性且

第九章　现代城市与产业互动发展的影响因素检验

满足数据可行性的量化指标作为优化补充，具体从四大影响因素来看。

城市功能影响因素（用CF表示）在促进现代城市与产业互动发展的过程中主要通过经济运筹功能（CF1）、创新策源功能（CF2）、需求引领功能（CF3）、门户枢纽功能（CF4）、文化融汇功能（CF5）、生态宜居功能（CF6）等六大子要素发挥作用。其中，经济运筹功能主要体现城市经济控制力和资源要素运筹力，创新策源功能主要体现创新资源集聚情况、创新投入与产出水平、创新成果转化能力等，需求引领功能主要体现以消费为代表的需求端对城市产业供给端的牵引作用，门户枢纽功能主要体现人流、商流、资金流、物流、信息流等流量运筹平台、通道的支撑作用，文化融汇功能则主要体现城市的文化软实力，生态宜居功能主要体现以人为本理念和可持续发展能力。

在充分结合量化指标选取合理性、代表性、可行性等原则的基础上，城市功能影响因素中创新策源功能、需求引领功能、门户枢纽功能、生态宜居功能均沿用了已有研究成果的量化表征指标，分别选取"全社会研发投入总额、社会消费品零售总额、进出口总额、建成区绿地面积"等作为量化表征指标。经济运筹功能和文化融汇功能已有研究中的量化表征指标数据难以满足本书实证的时间序列维度，本书选取了城市"地区生产总值占全国比重"和"每万人拥有文化设施数量"等典型替代指标作为经济运筹功能和文化融汇功能的量化表征指标。就经济运筹功能而言，本书认为无论是在经济运筹功能相对单一、内驱力较弱的阶段，还是经济运筹功能向多元化、高端化拓展的阶段，生产能力始终发挥重要的影响作用，而体现生产能力最核心的量化指标就是一座城市的地区生产总值，同时，经济运筹功能也体现了一座城市在区域甚至全国的能级位势，因此"地区生产总值占全国比重"这一量化指标具有典型替代性。就文化融汇功能而言，本书认为公共图书馆数量、高校数量等文化公共服务设施是构建该功能的重要基础，且在一定程度上具有成为城市文化标识的潜质，而人均拥有量更能体现一座城市均衡的文化软实力，因此"每万人拥有文化设施数量"这一量化指标是具有典型替代性的。综上所述，城市功能影响因素的量化表征指标选取具体如表9-1所示。

表9-1 城市功能影响因素量化表征指标选取

影响因素次级子要素	研究者	已有研究的量化表征指标	本研究选取量化表征指标	选取方式
经济运筹功能（CF1）	弗里德曼[1]	将跨国公司总部数量作为世界城市经济控制力的重要量化指标	地区生产总值占全国比重	替代
	泰勒等、GaWC[2]	将代表资源要素运筹力的生产性服务业及企业作为管理控制功能的重要量化指标		
创新策源功能（CF2）	周振华[3]	选取世界级科研机构数、重大发明专利数等指标作为世界城市创新功能量化表征指标	全社会研发投入总额	沿用
	马海倩、杨波[4]	用研发机构数、研发投入强度、每万人发明专利授权数量、科技成果转化率等指标组成上海全球城市目标体系创新影响力分项目标		
需求引领功能（CF3）	关利欣[5]	用社会消费品零售总额、商圈数量、餐厅及星级宾馆数量等指标表征城市商业消费活力	社会消费品零售总额	沿用
	新一线城市研究所[6]	将商业资源集聚度作为新一线城市五大评价维度之一，用品牌门店数、核心商圈数、餐饮、便利店门店数等指标作为量化表征指标		

[1] 弗里德曼"世界城市"假说认为世界城市是世界/全球经济系统中的节点，控制能力由企业总部集聚能力决定。
[2] Peter J. Taylor, Pengfei Ni, Ben Derudder, et al., "Measuring the World City Network: New Developments and Results" (2020-12-20). GaWC Research Bulletin 300, http://www.lboro..ac.uk/gawc/rb/rb300.html.
[3] 周振华：《增强上海全球城市吸引力、创造力和竞争力研究》，《科学发展》2018年第7期，第26~37页。
[4] 马海倩、杨波：《上海迈向2040全球城市战略目标与功能框架研究》，《上海城市规划》2014年第6期，第12~18页。
[5] 关利欣：《顶级世界城市的消费中心功能比较及其对中国的启示》，《国际贸易》2022年第7期，第30~38页。
[6] 新一线城市研究所发布的《城市商业魅力排行榜》。

第九章 现代城市与产业互动发展的影响因素检验

续表

影响因素次级子要素	研究者	已有研究的量化表征指标	本研究选取量化表征指标	选取方式
门户枢纽功能（CF4）	弗里德曼[1]	"世界城市"假说中将国际性的港口、国际航空港等世界交通的重要枢纽作为世界城市的七项指标之一	进出口总额	沿用
	周阳[2]	将进出口总额、入境游客接待数、机场客货运量等指标作为区域开放门户的量化表征		
	马海倩、杨波[3]	注重开放平台的作用，选取贸易平台数量、国际会展、体育赛事等活动举办场次等指标作为国际开放度的量化表征		
文化融汇功能（CF5）	周振华[4]	用文化设施数量、国际文化交流场次等指标表征文化创意功能	每万人拥有文化设施数量	替代
	马海倩、杨波[5]	用世界级文化地标数、文化创意产业占GDP比重、国际知名文化交流活动场次等指标作为文化融汇功能的量化表征		
	周阳[6]	充分考虑智力因素，用普通高校数量及在校大学生数、文体教娱从业人员数等指标作为文化中心功能的量化表征		
生态宜居功能（CF6）	周振华[7]	用PM2.5浓度、居民年均用电量等指标作为生态宜居功能的量化表征	建成区绿地面积	沿用
	马海倩、杨波[8]	用建成区绿地面积、全年空气质量优良率等指标作为生态宜居功能的量化表征		

---

[1] 马海倩、杨波：《上海迈向2040全球城市战略目标与功能框架研究》，《上海城市规划》2014年第6期，第12~18页。

[2] 周阳：《国家中心城市：概念、特征、功能及其评价》，《城市观察》2012年第1期，第132~142页。

[3] 马海倩、杨波：《上海迈向2040全球城市战略目标与功能框架研究》，《上海城市规划》2014年第6期，第12~18页。

[4] 周振华：《增强上海全球城市吸引力、创造力和竞争力研究》，《科学发展》2018年第7期，第26~37页。

[5] 马海倩、杨波：《上海迈向2040全球城市战略目标与功能框架研究》，《上海城市规划》2014年第6期，第12~18页。

[6] 周阳：《国家中心城市：概念、特征、功能及其评价》，《城市观察》2012年第1期，第132~142页。

[7] 周振华：《增强上海全球城市吸引力、创造力和竞争力研究》，《科学发展》2018年第7期，第26~37页。

[8] 马海倩、杨波：《上海迈向2040全球城市战略目标与功能框架研究》，《上海城市规划》2014年第6期，第12~18页。

城市空间影响因素（用CS表示）在促进现代城市与产业互动发展的过程中主要通过产业空间（CS1）、市域空间（CS2）、区域空间三（CS3）者的演化发展来发挥作用。

其一，产业空间作为城市集聚配置生产要素、强化产业承接能力的物理实体，主要表现为工业区、开发区、新型产业园区、城市综合体等具体形态，并以工业厂房、专业楼宇等作为直接的核心载体。其二，市域空间是城市人口、产业经济和基础设施等集中布局而形成的建成区地域空间，普遍上会经过极核集聚、单核心蔓延、多节点疏散、多核心集约等发展历程，主要表现为中心城区、城市新区、卫星城等城市空间形态。在梳理总结前辈学者的相关研究，并充分结合各城市统计年鉴的统计口径和指标含义的基础上，本书分别采用"城市房屋累计竣工面积（住宅除外）、城市建成区面积"这两个统计指标来表征上述两类城市空间。其三，区域空间表示城市之间通过整合空间和扩大空间联系范围，从而形成都市圈、城市群的空间发展格局，普遍是通过区域中心城市强化与周边城市的空间联系度来实现。从现有的研究来看，学者们一般是基于多维度的量化指标，采用位序—规模法则、探索性空间数据分析（ESDA）等方法来探究城市群空间结构指数和各城市之间相互作用关系[1]。考虑到计算长时间序列的城市群空间结构指数不仅数据获取难度较大，而且也存在一定误差，本书选取"城市行政区土地面积"这一替代指标来作为区域空间的量化表征指标。根据刘清云、华杰媛等学者关于城市群空间结构的研究，城市行政区土地面积是城市群的空间现实基础和重要影响因素，城市辖区面积不断向外扩张，并且推动相邻区域逐渐连接成片是加快城市群城市化发展进程的主要驱动力，城市辖区面积越大越有助于城市群形成多中心的空间结构，因此也能够很好地表征区域空

---

[1] 王金营、范世杰：《京津冀城市群空间结构特征及其演变趋势判断》，《燕山大学学报》（哲学社会科学版）2023年第5期，第68~80页。

第九章　现代城市与产业互动发展的影响因素检验

间这一子要素。综上所述，城市空间影响因素的量化表征指标选取具体如表9-2所示。

表9-2　城市空间影响因素量化表征指标选取

影响因素次级子要素	研究者	已有研究的量化表征指标/研究结论	本研究选取量化表征指标	选取方式
产业空间（CS1）	陈明宇[1]	将"房屋建筑竣工面积"作为京津冀城市群产业综合承载力的评价指标	城市房屋累计竣工面积（住宅除外）	沿用
	崔雪竹、王学通[2]	以"工厂和商场店铺房屋建筑面积"代表工业和商业类产业空间		
	嵇留洋等[3]	将"房屋建筑面积"作为城市软件外包类产业载体（园区）的衡量指标		
市域空间（CS2）	王家庭等[4]	采用"城市建成区面积""人口变化"等衡量产业发展对城市蔓延影响	城市建成区面积	沿用
	王家庭等[5]	将"主城区建成区面积"作为城市空间扩张的表征指标		
	吴庭禄等[6]	采用"城市建成区面积"扩张的倍数衡量城市空间的扩张情况		

---

[1]　陈明宇：《京津冀城市群产业综合承载力系统内生互动机制研究》，河北大学硕士论文，2021。
[2]　崔雪竹、王学通：《上海市土地利用变化及其物质代谢效应研究》，《中国土地科学》2014年第12期，第39~46页。
[3]　嵇留洋、何有世、张璇：《江苏省软件外包产业的竞争力分析与对策研究》，《科技管理研究》2010年第8期，第143~145页。
[4]　王家庭、谢郁、卢星辰等：《产业发展是否推动了中国的城市蔓延？——基于35个大中城市面板数据的实证检验》，《西安交通大学学报》（社会科学版）2017年第4期，第9~18页。
[5]　王家庭、谢郁、卢星辰等：《产业发展是否推动了中国的城市蔓延？——基于35个大中城市面板数据的实证检验》，《西安交通大学学报》（社会科学版）2017年第4期，第9~18页。
[6]　吴庭禄、李莉、陈珍启等：《内陆开放背景下重庆主城区空间重构及其驱动机制》，《城市发展研究》2016年第10期，第36~45页。

续表

影响因素次级子要素	研究者	已有研究的量化表征指标/研究结论	本研究选取量化表征指标	选取方式
区域空间（CS3）	吉黎等[1]	选用城市群各城市"辖区面积、人口规模、生产总值、全市科学技术支出和全市教育支出"等5个指标来计算某个城市在城市群中综合规模得分，并将此作为城市群空间结构指数的核心量化指标	城市行政区土地面积	替换
	杨宏昌、戴宏伟[2]	提出成渝城市群在1992~2019年的城市扩张以原有城市面积扩张为主，城市区域的形状复杂度不断上升，相邻区域逐渐连接成片		
	刘清云等[3]	提出城市行政区面积越大，越有助于城市群形成多中心的空间结构		
	华杰媛[4]	利用"行政区域土地面积"来考察地域大小对城市群空间结构的影响		

生产要素影响因素（用CR表示）在促进现代城市与产业互动发展的过程中主要通过劳动力（CR1）、土地（CR2）、金融资本（CR3）、技术（CR4）、数据（CR5）等要素投入发挥作用，因数据要素在2019年才正式作为第五大生产要素被关注，在本章所讨论的两个阶段还没有可供分析研究的可行性，故暂不纳入本章和下一章的分析内容中。

首先，劳动力作为最重要的经济资源和生产要素，往往通过就业的变化来影响城市与产业互动发展。其次，土地作为支撑城市要素集聚和产业

---

[1] 吉黎、张婉莹、孙三百：《城市空间优化与经济高质量发展——基于区界重组的经验证据》，《财经研究》2023年第8期，第4~18页。

[2] 杨宏昌、戴宏伟：《"中心开花"需时日：空间结构对区域经济发展的影响——以我国19个城市群为例》，《科技进步与对策》2024年第3期，第64~73页。

[3] 刘清云、范俊甫、陈政等：《夜间灯光遥感数据一致性校正下成渝城市群扩张分析》，《测绘科学》2022年第6期，第99~108页。

[4] 华杰媛：《中国城市群空间结构的演化、影响因素与经济绩效》，华东师范大学硕士论文，2017年。

第九章 现代城市与产业互动发展的影响因素检验

发展的基础，在城市与产业的互动发展过程中主要表现为工业用地、商业服务业设施用地、物流仓储用地等形态。再次，金融资本作为控制、支配、调动城市资源的重要力量，在影响城市与产业互动发展的过程中集中表现在投资的变化上。最后，技术进步作为推动经济增长的重要内生变量，在影响城市与产业互动发展过程中主要通过要素数量增长产生的"增长效应"以及技术进步带来的"水平效应"实现。

在充分结合量化指标选取合理性、代表性、可行性等原则的基础上，生产要素影响因素中劳动力、土地、金融资本均沿用已有研究成果的量化表征指标，分别选取"全社会从业人员数、工业用地面积、固定资产投资"等作为量化表征指标。就技术要素而言，现有研究成果基于投入产生视角，选取研发人员全时当量、研发经费内部支出等指标代表性较好，而专利申请授权量作为反映一个国家或地区技术创新活力和竞争力的重要指标，在表征技术要素投入方面也具有代表性，且在考虑到需要分析长时间序列技术投入对产业发展影响，对表征指标的时序性要求较高，因此本书选取"专利授权量"这一量化指标进行替代。综上所述，生产要素影响因素的量化表征指标选取具体如表9-3所示。

表9-3　生产要素影响因素量化表征指标选取

影响因素次级子要素	研究者	已有研究的量化表征指标	本研究选取量化表征指标	选取方式
劳动力（CR1）	任跃文[1]	采用历年全社会从业人员数衡量劳动力投入	全社会从业人员数	沿用
	宋敏[2]	选取全社会从业人员数表示劳动力投入		

---

[1]　任跃文、蒋国洲、许夏冰童：《基于结构方程模型的我国城市化水平对经济增长影响分析》，《商业时代》2014年第10期，第46~47页。

[2]　宋敏、马艳霞、汪琦：《金融发展、技术进步与全要素能源效率——基于中介效应的实证研究》，《资源与产业》2020年第2期，第69~78页。

续表

影响因素次级子要素	研究者	已有研究的量化表征指标	本研究选取量化表征指标	选取方式
土地（CR2）	荀文会、王雨晴[1]	选取城镇工矿建设用地面积作为衡量产业发展土地要素投入表征指标	工业用地面积	沿用
	李勃、郝武波[2]	选取城市建设用地面积作为衡量二、三产业发展土地要素投入表征指标		
	毛振强等[3]	选取城市建设用地面积作为产业发展土地要素投入表征指标		
金融资本（CR3）	符想花[4]	选取固定资产投资额、固定资产年平均价值、从业人员人均固定资产价值作为衡量区域产业发展资金要素投入指标	固定资产投资	沿用
	荀文会、王雨晴[5]	选取固定资产投资作为衡量产业发展资金要素投入表征指标		
技术（CR4）	逯进等[6]	将研发人员全时当量、研发经费内部支出、研发经费投入强度作为城市技术创新投入衡量指标	专利授权量	替代
	吴涛[7]	选取研发人员全时当量、研发经费投入强度、技术市场交易金额、技术改造投资等指标作为区域研发投入的量化表征		

微观主体影响因素（用 CM 表示）在促进现代城市与产业互动的过程中主要通过居民（CM1）、企业（CM2）和政府（CM3）等三大主体的行为活动来产生影响。

---

[1] 荀文会、王雨晴：《沈阳市老工业基地振兴中土地要素对产业发展的贡献研究》，《中国人口·资源与环境》2013 年第 S1 期，第 63~65 页。

[2] 李勃、郝武波：《城市土地要素对二、三产业发展的定量分析——基于环渤海 10 个主要城市》，《经济研究导刊》2013 年第 15 期，第 172~175 页。

[3] 毛振强、左玉强、耿冲等：《再论土地对中国二三产业发展的贡献》，《中国土地科学》2009 年第 1 期，第 19~24 页。

[4] 符想花：《基于多元统计分析的区域高技术产业发展水平比较研究》，《经济经纬》2010 年第 1 期，第 64~67 页。

[5] 荀文会、王雨晴：《沈阳市老工业基地振兴中土地要素对产业发展的贡献研究》，《中国人口·资源与环境》2013 年第 S1 期，第 63~65 页。

[6] 逯进、张竣喃、周惠民：《我国技术创新、产业结构与金融发展的协同效应》，《系统工程》2018 年第 4 期，第 78~86 页。

[7] 吴涛：《创投资本集聚、技术要素流动与区域创新能力的空间效应分析》，南昌大学硕士论文，2020。

第九章 现代城市与产业互动发展的影响因素检验

其一,居民作为城市的主人,其消费需求的扩大与提升牵引着城市和产业的发展升级,而消费需求程度的实现则取决于居民当期和预期的消费水平。其二,企业既是城市产业规模扩张的微观主体单元,也是推动城市产业在更大范围内组织资源要素和推动城市要素有序更新的重要主体。其三,政府始终在城市经济运行中扮演着重要的角色,无论是"全能型政府"还是"效能型政府"抑或"服务型政府"。政府作为经济运行中的主导力量,通过经济手段、行政手段、法律手段等进行调节和干预,以确保经济平稳运行和发展目标的实现,而政府财力对调节和干预有重要影响。

在充分结合量化指标选取合理性、代表性、可行性等原则的基础上,微观主体影响因素中居民、企业、政府均沿用已有研究成果的量化表征指标,分别选取"城镇居民人均可支配收入、规模以上工业企业数量、财政收入"等作为量化表征指标。综上所述,微观主体影响因素的量化表征指标选取具体如表9-4所示。

表9-4 微观主体影响因素量化表征指标选取

影响因素次级子要素	研究者	已有研究的主要结论/量化表征指标	本研究选取量化表征指标	选取方式
居民 (CM1)	凯恩斯[1]	短期中,收入与消费是相关的,消费取决于居民现期的、绝对的收入,消费与收入之间具有稳定的函数关系	城镇居民人均可支配收入	沿用
	杜森贝里[2]	消费者的消费支出取决于相对收入水平,即相对于其他人的收入水平和相对于本人历史上最高的收入水平		
	弗里德曼[3]	消费者的消费支出不是由他的现期收入决定,而是由他的永久收入决定,即消费者可以预计到的长期收入		

---

[1] 凯恩斯绝对收入理论认为,在短期中,收入与消费是相关的,消费取决于居民现期的、绝对的收入,消费与收入之间具有稳定的函数关系。
[2] 杜森贝里相对收入理论认为,消费者的消费支出取决于相对收入水平,即相对于其他人的收入水平和相对于本人历史上最高的收入水平。
[3] 弗里德曼永久收入消费理论认为,消费者的消费支出不是由他的现期收入决定,而是由他的永久收入决定,即消费者可以预计到的长期收入。

续表

影响因素次级子要素	研究者	已有研究的主要结论/量化表征指标	本研究选取量化表征指标	选取方式
企业（CM2）	刘小铁[1]	具有一定规模效应的企业数量集聚是产业集群规模的重要特征之一，也是影响城市产业集群发展的重要影响因素	规模以上工业企业数量	沿用
	徐晓燕[2]	企业效率是影响制造业产业效率的重要影响因素，而企业效率的提升，往往得益于产业链中处于支配性地位的规模型企业凭借先进的技术创新能力和成本优势，带动产业链上的中小企业进行创新与降本活动，导致产业链内新的投资乘数效应和加速效应，效率得到提升		
政府（CM3）	任爱华等[3]	财政收入对区域内产业结构升级具有溢出效应，同时财政收入对产业结构及产业效率提升的溢出效应在时间上呈现正态分布和卡方分布形态	财政收入	沿用

最终，本书构建的现代城市与产业互动发展的四大影响因素及其子要素的量化表征指标体系如表9-5所示。

表9-5　现代城市与产业互动发展的四大影响因素及其子要素的量化表征指标体系

影响因素名称	次级子要素	量化表征指标	单位
城市功能影响因素（CF）	经济运筹功能（CF1）	地区生产总值占全国比重	%
	创新策源功能（CF2）	全社会研发投入总额	亿元
	需求引领功能（CF3）	社会消费品零售额	亿元
	门户枢纽功能（CF4）	进出口总额	亿元
	文化融汇功能（CF5）	每万人拥有文化设施数量	个
	生态宜居功能（CF6）	建成区绿地面积	公顷

---

[1] 刘小铁：《产业集群发展水平的评价模型及指标体系》，《江西社会科学》2013年第10期，第54~58页。

[2] 徐晓燕：《影响制造业产业效率的因素分析》，《经济论坛》2009年第6期，第12~14页。

[3] 任爱华、刘洁、陈小荣：《京津冀财政税收对产业结构升级的"非线性"影响研究》，《技术经济与管理研究》2022年第10期，第117~122页。

第九章　现代城市与产业互动发展的影响因素检验

续表

影响因素名称	次级子要素	量化表征指标	单位
城市空间影响因素（CS）	产业空间（CS1）	城市房屋累计竣工面积（住宅除外）	万平方米
	市域空间（CS2）	城市建成区面积	平方公里
	区域空间（CS3）	城市行政区土地面积	平方公里
生产要素影响因素（CR）	劳动力（CR1）	全社会从业人员数	人
	土地（CR2）	工业用地面积	平方公里
	金融资本（CR3）	固定资产投资	亿元
	技术（CR4）	专利授权量	件
微观主体影响因素（CM）	居民（CM1）	城镇居民人均可支配收入	万元
	企业（CM2）	规模以上工业企业数量	家
	政府（CM3）	财政收入	亿元

注：各量化表征指标的历史数据主要来源于中国城市统计年鉴、各城市统计年鉴以及 CNKI（中国知网）中国经济社会大数据研究平台。

第三节　四大影响因素在不同阶段的影响关系

本书基于 1978 年以来 7 个样本城市的观测数据，逐一对城市功能（CF）、城市空间（CS）、生产要素（CR）、微观主体（CM）四大影响因素在城市与产业互动发展过程中的影响关系进行验证，以探究在两个阶段的普遍性规律和个性化差异。

一　城市功能影响因素

无论现代城市与产业的互动发展是处于以规模扩张为主要特征还是以效率提升为主要特征的阶段，经检验测算，7 个样本城市的城市功能影响因素（CF）整体上均有显著的影响作用（CF[1] 的 p 值均小于 0.1[2]）。

---

[1] 表 9-6 中的 CF 表示城市功能影响因素所属 6 个子要素的联合，其检验值表示 6 个影响子要素联合后对城市与产业互动过程影响的显著性，可以表征城市功能影响因素整体的影响。

[2] 参照王积建《基于 VAR 模型的传统产业转型升级影响因素的贡献率分析》（发表于《科技通报》）等的研究，本书格兰杰因果关系检验的显著性水平取值均为 0.1（含下文城市空间影响因素、生产要素影响因素、微观主体影响因素的检验）。

这充分表明即使是资源禀赋和发展历程存在差异的城市，通过提升生产能力、集聚创新资源、激活消费需求、建设链接通道、营造文化软实力以及打造城市宜居形态，推动城市功能体系向多元化和高端化演进，普遍上是可以为城市塑造竞争力、推动发展方式转变以及产业优化升级提供有效驱动力的。

具体而言，不论城市与产业的互动发展处于何种阶段，经济运筹功能（CF1）、创新策源功能（CF2）、需求引领功能（CF3）、文化融汇功能（CF5）子要素在检验的7个样本城市所得的p值均小于0.1，说明这四大子要素始终会对二者的互动发展产生显著影响。而门户枢纽功能（CF4）和生态宜居功能（CF6）除在个别城市（武汉、成都）的某个阶段由于城市自身发展的特性呈现为不显著之外，对于多数城市的不同发展阶段均存在普遍的显著影响关系（在其他城市所得的检验值p均小于0.1）。可以说，促进外向型经济发展、塑造绿色生态城市形态也可视为提升城市和产业辐射能级、增强城市资源要素承载力的普遍有效方式，能够在较大程度上影响大多数城市与产业的互动发展过程。

门户枢纽功能（CF4）在武汉以效率提升为主要特征的阶段呈现为不显著（p=0.104>0.1）[1]，这可能与其依托内河航运的特殊交通方式有较大关系。在城市与产业互动发展的初期，凭借长江发达的水运网络体系，武汉能够与上海等沿海城市在外向型经济发展上形成联动，但进入以效率提升为主要特征的阶段后，武汉的内河航运网络体系对促进外向型经济发展的作用相对弱化，在城市与产业的互动发展中门户枢纽功能（CF4）所产生的影响随之减弱（2010年以来武汉的进出口总额增速呈下降态势）。而生态宜居功能（CF6）在成都以规模扩张为主要特征的阶段呈现为不显著（p=0.420>0.1），这可能与成都早期城市产业发展依赖"三线建设"带来的"植入式"

---

[1] 四大影响因素各子要素的显著性与其贡献度息息相关，格兰杰因果关系检验结果显著可以视为存在贡献率的前提条件，若某一个子要素的格兰杰因果关系检验结果（p值）不显著，本篇第十章则不再考虑计算其贡献率的大小。

第九章　现代城市与产业互动发展的影响因素检验

工业发展模式有较大关系。这一时期成都关注的重点在于生产能力的快速形成和工业企业的集中集聚，一定程度上忽视并弱化了生态宜居功能（CF6）对城市与产业互动发展的作用，而随着成都城市发展格局的向外铺开以及生态空间的加快打造，生态宜居功能（CF6）对城市与产业的互动发展在以效率提升为主要特征的阶段就呈现了显著的影响关系。

表9-6　城市功能影响因素（CF）的格兰杰因果关系检验结果

城市	自变量	以规模扩张为主要特征的阶段						
		CF1	CF2	CF3	CF4	CF5	CF6	CF
北京	检验值	4.180	16.399	7.671	5.895	34.438	6.657	37.358
	p值	0.041	0.000	0.006	0.015	0.000	0.010	0.000
上海	检验值	5.428	4.040	2.914	17.924	21.188	18.327	82.979
	p值	0.020	0.044	0.088	0.000	0.000	0.000	0.000
广州	检验值	3.316	4.421	2.786	9.903	14.721	6.802	60.941
	p值	0.069	0.035	0.095	0.002	0.000	0.009	0.000
深圳	检验值	31.184	3.823	13.793	20.892	3.712	7.507	58.426
	p值	0.000	0.051	0.000	0.000	0.054	0.006	0.000
杭州	检验值	14.364	62.391	5.559	28.580	29.684	21.379	127.030
	p值	0.001	0.000	0.062	0.000	0.000	0.000	0.000
武汉	检验值	9.104	5.566	36.216	28.034	21.432	55.889	257.070
	p值	0.011	0.018	0.000	0.000	0.000	0.000	0.000
成都	检验值	6.962	9.722	5.394	6.786	6.819	1.737	37.605
	p值	0.031	0.008	0.067	0.034	0.033	0.420	0.000
城市	自变量	以效率提升为主要特征的阶段						
		CF1	CF2	CF3	CF4	CF5	CF6	CF
北京	检验值	4.182	6.767	7.434	7.272	10.503	13.826	29.914
	p值	0.041	0.009	0.006	0.007	0.001	0.000	0.000
上海	检验值	294.82	247.83	104.68	346.82	188.87	6.481	773.230
	p值	0.000	0.000	0.000	0.000	0.000	0.011	0.000
广州	检验值	68.657	101.07	65.599	34.530	8.130	430.69	886.140
	p值	0.000	0.000	0.000	0.000	0.017	0.000	0.000
深圳	检验值	4.456	11.333	5.842	10.054	4.221	5.898	24.952
	p值	0.035	0.001	0.016	0.002	0.040	0.015	0.000

续表

城市	自变量	以效率提升为主要特征的阶段						
		CF1	CF2	CF3	CF4	CF5	CF6	CF
杭州	检验值	64.273	6.031	144.88	77.916	19.754	5.788	338.430
	p值	0.000	0.014	0.000	0.000	0.000	0.016	0.000
武汉	检验值	7.529	2.818	6.003	2.640	4.283	16.079	22.369
	p值	0.006	0.093	0.014	0.104	0.039	0.000	0.001
成都	检验值	2.932	5.625	4.746	11.875	3.217	4.823	25.790
	p值	0.087	0.018	0.029	0.001	0.073	0.028	0.000

注：①CF的检验值表示CF1、CF2、CF3、CF4、CF5、CF6等6个子要素联合后对城市与产业互动发展的影响关系的显著性；②格兰杰因果关系检验仅适用于平稳序列或有协整关系的单位根过程，对于不存在协整关系的单位根变量，则只能先差分，得到平稳序列后再进行格兰杰因果检验，因此，本书此处以及后文所有的格兰杰因果关系检验结果均是在得到原始时间序列数据的平稳序列后计算得到。

二 城市空间影响因素

城市空间影响因素（CS）对7个样本城市在两个阶段的城市与产业互动发展均表现出了显著的影响关系（CS的p值均小于0.1），这表明在城市与产业互动发展的不同阶段，城市空间影响因素（CS）整体上是造成二者互动关系动态变迁的重要原因，产业空间建设模式的迭代升级、城市内部结构的功能分区，以及与周边城市的空间联动等均发挥了重要的作用。

具体而言，产业空间（CS1）和市域空间（CS2）的格兰杰因果关系检验结果（p值）在7个样本城市的两个阶段均小于0.1。这充分反映了以工业厂房、专业楼宇等为代表的产业空间（CS1）作为城市集聚配置生产要素、强化产业承接能力的主要载体，以中心城区、城市新区、卫星城等城市建成区为代表的市域空间（CS2）作为城市"多中心、组团式、网络化"发展模式的直接承载，对城市与产业互动发展的过程（规模扩张和效率提升）均存在着显著的影响关系。而区域空间（CS3）方面，除深圳在以效率提升为主要特征的阶段表现为不显著（p=0.412>0.1）之外，在其他6个城市的不同阶段均表现出了显著性，因此就普遍意义而言，以城市行政区土地面积为代表的区域空间（CS3）作为中心城市和周边城市开展建设联动和产业协作的空间基础，在城市与产业的互动发展中发挥了重要的影响作用。

略作探究可以发现，造成深圳这一特例的主要原因与其经济特区的特殊管理方式有较大关系，在1994~2012年的以效率提升为主要特征的阶段，深圳的特区和非特区之间有很长一段时间处于以特区管理线（围网）为界的"关内""关外"分割发展状态（2010年才将深圳经济特区的范围扩大到深圳全市），与外界形成了较强的制度和物理隔离。这使得深圳的城市行政区土地面积并未发生明显扩张，一定程度上影响了深圳与周边城市的发展联动，弱化了区域空间（CS3）的影响关系。并且深圳自2000年之后开始推动大规模的城市开发建设和旧工业厂房改造，又进一步增强了市域空间（CS2）对城市与产业互动发展的影响，客观上使得深圳区域空间（CS3）作用的显著性并不突出。

表9-7 城市空间影响因素（CS）的格兰杰因果关系检验结果

城市	自变量	以规模扩张为主要特征的阶段				以效率提升为主要特征的阶段			
		CS1	CS2	CS3	CS	CS1	CS2	CS3	CS
北京	检验值	40.867	21.035	5.410	89.645	6.343	13.981	8.529	20.952
	p值	0.000	0.000	0.067	0.000	0.042	0.001	0.014	0.002
上海	检验值	37.695	17.926	22.806	57.209	20.387	15.138	23.113	78.957
	p值	0.000	0.000	0.000	0.000	0.000	0.001	0.000	0.000
广州	检验值	20.562	26.912	9.123	37.218	17.389	20.065	429.210	707.340
	p值	0.000	0.000	0.010	0.000	0.001	0.000	0.000	0.000
深圳	检验值	17.639	28.063	4.840	64.392	35.282	7.308	1.773	50.551
	p值	0.000	0.000	0.028	0.000	0.000	0.026	0.412	0.000
杭州	检验值	12.340	9.452	7.957	15.364	14.588	18.373	16.393	32.086
	p值	0.006	0.024	0.047	0.081	0.001	0.000	0.000	0.000

续表

城市	自变量	以规模扩张为主要特征的阶段				以效率提升为主要特征的阶段			
		CS1	CS2	CS3	CS	CS1	CS2	CS3	CS
武汉	检验值	18.525	17.440	10.825	34.784	12.869	4.797	10.103	14.881
	p 值	0.000	0.001	0.013	0.000	0.002	0.091	0.006	0.021
成都	检验值	30.013	36.296	10.921	60.709	32.294	12.310	5.310	51.701
	p 值	0.000	0.000	0.012	0.000	0.000	0.002	0.070	0.000

注：CS 的检验值表示 CS1、CS2、CS3 等 3 个子要素联合后对城市与产业互动发展的影响关系的显著性。

三 生产要素影响因素

生产要素影响因素（CR）的格兰杰因果关系检验结果在 7 个样本城市的两个阶段所得的 p 值均小于 0.1，这表明以全社会从业人员数、工业用地面积、固定资产投资和专利授权量为量化表征指标的劳动力（CR1）、土地（CR2）、金融资本（CR3）、技术（CR4）等子要素，整体上在城市与产业互动发展的不同阶段均存在显著的影响关系。

具体而言，劳动力（CR1）和技术（CR4）对 7 个样本城市的两个阶段均表现出显著的影响关系（p 值均小于 0.1），一定程度上反映了城市从业人员的规模、创新成果的转化水平等对城市与产业互动发展过程的规模扩张和效率提升均存在较为显著的影响关系。而土地（CR2）仅在深圳的以效率提升为主要特征阶段表现出不显著（p=0.186>0.1），金融资本（CR3）仅在上海的以规模扩张为主要特征阶段表现出不显著（p=0.187>0.1），除此之外，二者在其他城市不同发展阶段的检验结果均表现为显著。因此，就普遍意义而言，金融资本（CR3）在上海以及土地（CR2）在深圳所体现出的这种不显著是个性化和阶段性的相对不显著，不存在长时间的持续性和多样本的普遍性，土地资源的利用、金融资本的投入依旧会对城市与产业的互动发展产生显著影响。

第九章　现代城市与产业互动发展的影响因素检验

略作探究可以发现,造成深圳这又一特例的原因可能是由于在以效率提升为主要特征的阶段(1994~2012年),深圳开始推动为高新技术产业"腾笼换鸟",并按照"一街道一特色"大力建设标准化垂直工业楼宇,由以园区开发为主向以"摩天工厂"和高档楼宇为主转变,减少了对工业用地增量的依赖,尤其是2009年之后,深圳的工业用地增量开始显著放缓,客观上弱化了土地(CR2)的影响作用。而造成上海这一特例的原因可能在于,一方面是在以规模扩张为主要特征的阶段(1978~1994年),上海的固定资产投资相对比较稳定,大幅增长主要是在之后的浦东新区大开发时期;另一方面是上海在此阶段开始探索实施"高精尖"工业发展路线,大力发展新技术、新工艺,虽然技术投资增长较快,但其占固定投资的比例偏小,对投资增长的贡献相对还不高,在客观上使得金融资本(CR3)作用的显著性并不突出。

表9-8　生产要素影响因素(CR)的格兰杰因果关系检验结果

城市	自变量	以规模扩张为主要特征的阶段				
		CR1	CR2	CR3	CR4	CR
北京	检验值	28.690	42.429	54.150	83.956	142.840
	p值	0.000	0.000	0.000	0.000	0.000
上海	检验值	11.058	31.630	3.357	9.079	47.571
	p值	0.004	0.000	0.187	0.011	0.000
广州	检验值	44.427	55.354	57.538	8.974	120.440
	p值	0.000	0.000	0.000	0.011	0.000
深圳	检验值	6.104	28.068	6.431	25.145	47.826
	p值	0.013	0.000	0.011	0.000	0.000
杭州	检验值	35.100	14.988	8.664	16.719	97.069
	p值	0.000	0.002	0.034	0.001	0.000
武汉	检验值	8.523	22.131	24.215	10.932	62.897
	p值	0.014	0.000	0.000	0.004	0.000
成都	检验值	11.075	16.701	6.141	59.816	66.216
	p值	0.004	0.000	0.046	0.000	0.000

续表

城市	自变量	以效率提升为主要特征的阶段				
		CR1	CR2	CR3	CR4	CR
北京	检验值	19.929	15.420	5.979	121.180	182.290
	p值	0.000	0.000	0.050	0.000	0.000
上海	检验值	13.544	12.200	33.941	104.790	314.680
	p值	0.001	0.002	0.000	0.000	0.000
广州	检验值	19.964	6.573	8.950	5.414	47.703
	p值	0.000	0.037	0.011	0.067	0.000
深圳	检验值	16.781	3.369	8.544	26.434	77.750
	p值	0.000	0.186	0.014	0.000	0.000
杭州	检验值	58.058	21.045	7.236	146.120	169.630
	p值	0.000	0.000	0.027	0.000	0.000
武汉	检验值	57.251	152.990	12.825	136.340	216.580
	p值	0.000	0.000	0.002	0.000	0.000
成都	检验值	6.706	5.971	3.170	4.927	14.984
	p值	0.010	0.015	0.075	0.026	0.005

注：CR的检验值表示CR1、CR2、CR3、CR4等4个子要素联合后对城市与产业互动发展的影响关系的显著性。

四 微观主体影响因素

居民（CM1）、企业（CM2）、政府（CM3）三个子要素及其联合组成的微观主体因素（CM）的格兰杰因果关系检验在7个样本城市的两个阶段所得的p值均小于0.1，呈现较强的显著影响关系。这充分表明，就普遍意义而言，以城镇居民人均可支配收入、规模以上工业企业数量、财政收入为量化表征指标的居民（CM1）、企业（CM2）和政府（CM3）均可以在较长的时间维度上对城市与产业的互动发展造成持续的影响。

第九章　现代城市与产业互动发展的影响因素检验

表 9-9　微观主体影响因素（CM）的格兰杰因果关系检验结果

城市	自变量	以规模扩张为主要特征的阶段				以效率提升为主要特征的阶段			
		CM1	CM2	CM3	CM	CM1	CM2	CM3	CM
北京	检验值	5.346	4.137	5.179	16.245	37.300	52.618	17.901	77.039
	p 值	0.021	0.042	0.023	0.001	0.000	0.000	0.000	0.000
上海	检验值	10.202	5.748	12.071	29.894	9.321	21.502	17.887	41.052
	p 值	0.006	0.056	0.002	0.000	0.009	0.000	0.000	0.000
广州	检验值	12.160	9.557	16.056	66.094	90.987	14.254	9.400	145.51
	p 值	0.002	0.008	0.000	0.000	0.000	0.001	0.009	0.000
深圳	检验值	8.387	25.411	25.065	49.298	7.640	13.839	10.822	23.004
	p 值	0.015	0.000	0.000	0.000	0.022	0.001	0.004	0.001
杭州	检验值	6.623	17.667	28.260	50.686	17.613	7.896	10.429	20.778
	p 值	0.085	0.001	0.000	0.000	0.000	0.019	0.005	0.002
武汉	检验值	88.609	56.689	8.509	139.96	28.479	8.145	11.354	29.452
	p 值	0.000	0.000	0.037	0.000	0.000	0.017	0.003	0.000
成都	检验值	31.313	24.395	16.172	41.499	7.531	18.438	34.887	64.728
	p 值	0.000	0.000	0.001	0.000	0.023	0.000	0.000	0.000

注：CM 的检验值表示 CM1、CM2、CM3 等 3 个子要素联合后对城市与产业互动发展的影响关系的显著性。

第十章 两阶段下四大影响因素的贡献度评估

对于大多数城市而言，城市功能、城市空间、生产要素和微观主体四大影响因素及其对应的子要素均是造成城市与产业互动发展的重要原因，影响着城市与产业的演进。那么随之而来的问题就是，在城市与产业互动发展的两个不同阶段下，各影响因素所属的子要素是否存在影响程度上的差异呢？对此，本书利用向量自回归模型（VAR）来量化评估四大影响因素所属的子要素对现代城市与产业互动发展过程的贡献度大小，清晰直观地量化分析在两个发展阶段下，城市与产业的互动发展过程中是哪些要素起着主导作用。

第一节 评估思路和评估方法

量化评估四大影响因素及其所属子要素对现代城市与产业互动发展过程的贡献度，属于"经济增长影响要素贡献率"的研究范畴[1]。从目前相关研究的发展和应用来看，学者们主要利用 C-D 函数（柯布—道格拉斯生产函数）及其改进形式、索罗余值法、两阶段 DEA 模型、计量经济学

---

[1] 王积建：《基于 VAR 模型的传统产业转型升级影响因素的贡献率分析》，《科技通报》2022 年第 4 期，第 109~115 页。

第十章 两阶段下四大影响因素的贡献度评估

时间序列分析模型（AR、MA、VAR、PVAR 等）[1]、因子分析、主成分分析等方法进行测算和分析[2]，在省域高校科技创新对经济贡献率[3]、资本和劳动力以及全要素对经济增长贡献差异[4]、科技进步贡献率和资本等要素对经济增长贡献率[5]等领域的研究中取得了较好的效果。本书要评估的经济活动是城市与产业的互动发展过程中多元变量之间复杂的动态作用关系，各影响因素均由长跨度的时间序列指标（时间序列数据）所构成[6]，不仅要考虑多元时间序列变量对城市与产业互动影响的滞后性，也要充分考虑如何剔除城市发展或产业发展二者自身所产生的贡献度。经综合对比分析各种方法后，本书选取时间序列分析模型中的向量自回归模型（由多元时间序列变量组成）来评估四大影响因素及其子要素在现代城市与产业互动发展过程中的贡献度，用贡献率来衡量。

向量自回归模型（VAR 模型）将单变量自回归模型推广到多元时间序列变量，其核心思想是将经济系统中每一个内生变量作为系统中所有内生变量的滞后值的函数来构造联立方程组，既考虑了复杂经济系统中多元

---

[1] 根据时间序列的平稳性、非平稳性、经济变量数量（单变量、多变量）以及变量相互之间关系的复杂程度等可分为自回归模型（AR）、移动平均模型（MA）、自回归移动平均模型（ARMA）、自回归综合移动平均模型（ARIMA）、向量自回归模型（VAR）、面板向量自回归模型（PVAR）以及由此衍生出来 TAR、VARMA 等模型。

[2] 张高波、胡涵清、李剑玲等：《创新价值链视角下高校科技创新对经济高质量发展的影响研究——基于面板分位数空间自回归模型》，《中国高校科技》2021 年第 10 期，第 55~60 页；粟晓珊：《中国超大城市产业结构演进及其影响因素研究》，武汉大学硕士论文，2017。

[3] 李文辉、江涌芝、何秋锐等：《中国省域高校科技创新能力、效率及其经济贡献率研究》，《重庆大学学报》（社会科学版）2019 年第 3 期，第 108~121 页。

[4] 宋丽敏、乔中娜：《区域经济增长要素贡献率差异分析——以东北地区为例》，《辽宁大学学报》（哲学社会科学版）2020 年第 1 期，第 45~53 页。

[5] 刘洪、刘晓洁、李云：《基于改进索罗余值法的湖北省科技进步贡献率测算》，《统计与决策》2018 年第 15 期，第 107~110 页。

[6] 截面数据、时间序列数据、面板数据为计量经济分析中所用的三大类重要数据，在实际应用时，计量经济学模型类型的选择设定对需要量化的经济学行为、被解释变量数据类型等具有较强的依赖性。

变量之间的双向影响，也考虑了被解释变量和解释变量的多阶段"滞后期"对"报告期"的持续动态影响。VAR模型一般用脉冲响应分析、方差分解等工具来解释变量之间的影响关系（方向、程度等），自提出以来，经常被运用在分析随机扰动变量对经济系统的动态冲击研究中，在处理多个相关经济指标的动态分析上具有优势。由此可见，VAR模型的构建原理、变量类型以及数据结构，均与城市与产业互动发展过程中影响因素多、时间跨度大、影响过程双向性和滞后性等特征相契合，能合理量化出各影响因素的动态冲击对现代城市与产业互动发展过程的贡献率。

利用VAR模型评估四大影响因素贡献度（贡献率）的主要步骤包括数据搜集与检验、变量选择与模型构建、确定最佳滞后阶数、模型估计与检验等过程，以及最后的脉冲响应函数分析和变量方差分解。其中，变量方差分解是本书最为核心的应用工具，主要思路是在构建起城市与产业互动发展结果（被解释变量）与影响因素所属子要素（解释变量）之间的VAR模型后，将各解释变量的方差进行分解，从而分析出每一个子要素冲击对城市与产业互动发展过程的贡献率，最后根据不同滞后期下贡献率的变化情况来综合评价各影响因素的不同子要素所产生的贡献度大小。

专栏10-1　VAR模型分析步骤

1. 变量选择与模型构建

根据需要分析的问题及假设，选择核心的解释变量与被解释变量，并基于VAR模型的基础模型设定待验证的模型。

2. 数据搜集与检验

数据检验包括两个方面，一是相关性检验，测量变量之间的相关性，只有变量之间存在相关关系的VAR模型才有意义；二是平稳性检验，VAR模型要求所选择的数据具有平稳性，防止建立的模型出现"伪回归"，可以采用ADF检验法对每个变量进行平稳性检验。

第十章 两阶段下四大影响因素的贡献度评估

3. 确定最佳滞后阶数和模型估计

建立VAR模型除了要满足平稳性条件外，还应该合理确定滞后期K。如果滞后期太少，误差项的自相关会很严重，并导致参数的非一致性估计。在VAR模型中适当加大K值（增加滞后变量个数），可以消除误差项中存在的自相关；但从另一方面看，K值又不宜过大。K值过大会导致自由度减小，直接影响模型参数估计量的有效性。一般可以根据LR（似然比）准则、AIC准则、SC准则来确定VAR模型的最佳滞后阶数。对VAR模型的估计可以通过最小二乘法，极大似然估计或者贝叶斯估计来估计模型的参数。

4. 模型检验

协整检验主要是检验自变量与因变量之间是否存在长期稳定的均衡关系。检验存在r个协整向量，即$(N-r)$个非协整向量，或者$(N-r)$个单位根，可以表达为相应$(N-r)$个特征值，$\lambda_{r+1}, \cdots, \lambda_N$，为零。上述LR检验是一个连续检验过程。模型稳定性检验主要是对建立的VAR模型验证AR根的稳定性，使用单位根检验法来检验。VAR模型稳定的充分与必要条件是所有特征值都要在单位圆（在以横轴为实数轴，纵轴为虚数轴的坐标体系中，以原点为圆心、半径为1的圆称为单位圆）以内。

5. 方差分解

方差分解是将VAR模型中各变量的方差分解到各扰动项上，通过分析每一个影响因素冲击对规模、效率变迁（通常用方差来度量）的贡献率，进一步评价不同因素所带来的影响程度的差异。方差分解的贡献率解释了每个自变量对因变量的相对影响程度（即自变量之间的相对重要性），方差分解表中的时间表示滞后期数（月、季度、年等），它表示自变量X的波动对未来几年因变量Y产生的影响程度（从Y的角度看，则表示过去时期自变量X的观察值对当期因变量Y的贡献率），每一个贡献率值则可以理解为Y的波动有多大程度上是由X决定的。比如，在滞后期为1和2

时，X对Y的贡献率分别为40%和35%，则表示当年自变量X发生变化，1年后对Y波动的贡献率是40%，2年后是35%。

资料来源：李子奈、潘文卿主编《计量经济学（第四版）》，高等教育出版社，2015，第190~199页；张卫东等编著《中级计量经济学方法与应用》，西南财经大学出版社，2021，第109~150页。

专栏10-2　基于VAR模型计算贡献率的STATA 16.0实现过程示例

以成都在"以规模扩张为主要特征"阶段的城市空间因素为例，进行VAR模型的构建及贡献率计算示例。该数据集包含成都1978~1999年城市空间因素（CS）的相关自变量和因变量数据。在STATA 16.0中打开"CD_IS-CS"数据文件，操作步骤及相应命令如下（数据处理及平稳性检验参照专栏9-2，此处不再赘述）。

1. VAR模型最佳滞后阶数选择

在拟合VAR模型之前，首先需要判断VAR模型的最佳阶数，命令如下：

varsoc LNIS LNCS1 LNCS2 LNCS3, maxlag(4)

上述命令的含义是计算LNIS LNCS1 LNCS2 LNCS3的VAR模型的最佳滞后阶数，maxlag()表示设置不同的最大滞后阶数进行尝试，分析结果如下图所示：

```
Selection-order criteria
Sample: 1982~1999                           Number of obs       =       18

lag      LL       LR       df    p      FPE       AIC       HQIC      SBIC
 0    -2.28808                       0.000024   0.698676   0.725958   0.896536
 1    90.8559   186.29    16  0.000  4.8e-09   -7.87288   -7.73647   -6.88358
 2    116.675   51.638    16  0.000  2.2e-09   -8.9639    -8.71836   -7.18316
 3    160.405   87.459*   16  0.000  3.2e-10  -12.045*   -11.6903*  -9.47278*
 4       .        .       16         -7.6e-56*

Endogenous: LNIS LNCS1 LNCS2 LNCS3
Exogenous:  _cons
```

第十章　两阶段下四大影响因素的贡献度评估

从结果中可以看出，AIC、HQIC 和 SBIC 三列信息准则均在滞后 3 期处取值最小（"*"的值），如果选择最大滞后期为 3 作为该模型的最佳滞后阶数。

2. VAR 模型估计

确定最佳滞后阶数后，可对 LNIS LNCS1 LNCS2 LNCS3 的 VAR 模型进行拟合估计，命令如下：

var LNIS　LNCS1 LNCS2 LNCS3, lags(1/3)

在结果中（部分示例），Equation 为方程，本例中有 4 个（主要分析第一个），Parms 为方程中待估计的参数，每个方程都是 13 个。从方程（LNIS 与 LNCS1、LNCS2、LNCS3）的 RMSE=0.097（均误差的平方根）、R-sq=0.99（可决系数）、P>chi2 远小于 0.05（方程整体的显著性水平）可以看出，方程的解释能力较好。由于方程具体形式不是本书研究的重点，故不再展开赘述。

```
var LNIS LNCS1 LNCS2 LNCS3, lags(1/3)

Vector autoregression

Sample: 1981 ~ 1999                    Number of obs    =         19
Log likelihood    =    160.4435        AIC              =   -11.41511
FPE               =    4.40e-10        HQIC             =   -10.97766
Det(Sigma_ml)     =    5.44e-13        SBIC             =   -8.830325

Equation         Parms      RMSE      R-sq      chi2      P>chi2

LNIS               13     0.097313    0.9966    5526.239    0.0000
LNIS1              13     0.028495    0.9997   59537.56     0.0000
LNIS2              13     0.077144    0.9889    1686.15     0.0000
LNIS3              13     0.080315    0.9842    1182.139    0.0000
```

3. VAR 模型稳定性检验

模型稳定性检验主要是对建立的 VAR 模型验证 AR 根的稳定性，使用单位根检验法来检验，命令如下：

varstable, graph

从绘制的伴随矩阵特征值图形可以看出，所有特征值均在单位圆之内，故此 VAR 模型是稳定的。

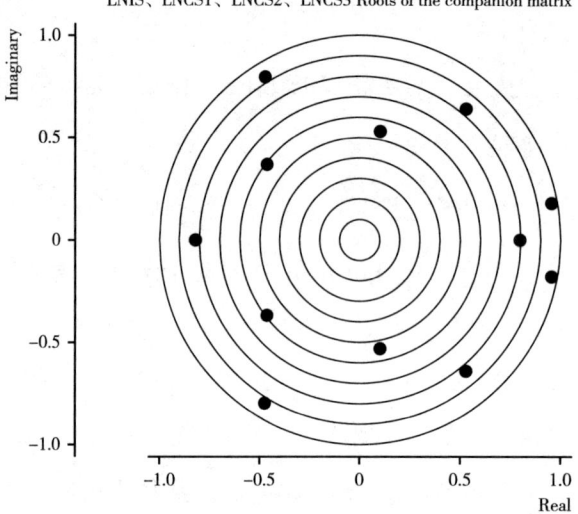

LNIS、LNCS1、LNCS2、LNCS3 Roots of the companion matrix

4. 方差分解

方差分解是将 VAR 模型中各变量的方差分解到各扰动项上，通过分析 CS1、CS2、CS3 的冲击对 IS 的贡献率，解释了每个自变量对因变量的相对影响程度（即自变量之间的相对重要性）。命令如下：

```
irf create IS_CS, set(CD_IS-CS) step(10) replace
irf graph coirf, impulse(LNCS1 LNCS2 LNCS3) response(LNIS)
irf table fevd, impulse(LNCS1 LNCS2 LNCS3) response(LNIS)
```

从计算结果可以看出，从左到右分别表示 CS1、CS2、CS3 对 IS 冲击的方差分解情况，fevd 所在列反映了滞后期数（step）为 10 期时，各期的贡献率值，Lower 和 Upper 两列分别为 95% 的置信区间的下限和上限。

step	(1)fevd	(1)Lower	(1)Upper	(2)fevd	(2)Lower	(2)Upper	(3)fevd	(3)Lower	(3)Upper
0	0	0	0	0	0	0	0	0	0
1	0	0	0	0	0	0	0	0	0
2	0.004573	−0.028048	0.037194	0.120937	−0.044219	0.286094	0.003652	−0.010147	0.01745
3	0.009754	−0.035477	0.054985	0.146041	−0.02686	0.318942	0.002338	−0.006488	0.011164
4	0.012556	−0.037968	0.06308	0.146249	−0.012454	0.304952	0.002038	−0.007087	0.011164
5	0.025256	−0.053703	0.104214	0.187	−0.021068	0.395067	0.001628	−0.004216	0.007473
6	0.021079	−0.052004	0.094162	0.208026	−0.023584	0.439635	0.001471	−0.004357	0.007299
7	0.026302	−0.055981	0.108586	0.204282	−0.025769	0.434334	0.001188	−0.003107	0.005484
8	0.028731	−0.061771	0.119234	0.225492	−0.029405	0.48039	0.00095	−0.002694	0.004595
9	0.028429	−0.063513	0.120372	0.233388	−0.033737	0.500513	0.000801	−0.002345	0.003946
10	0.029619	−0.065732	0.124969	0.23506	−0.037609	0.507729	0.000709	−0.002119	0.003537

95% lower and upper bounds reported
（1）irfname = IS_CS，impulse = LNCS1，and response = LNIS
（2）irfname = IS_CS，impulse = LNCS2，and response = LNIS
（3）irfname = IS_CS，impulse = LNCS3，and response = LNIS

资料来源：杨维忠、张甜编著《Stata 统计分析从入门到精通》，清华大学出版社，2022，第358~411页。

第二节 城市功能因素的贡献度评估

一 以规模扩张为主要特征的阶段：经济运筹功能是对城市与产业互动发展贡献率最高的核心子要素

总体来看，在该阶段，经济运筹功能（CF1）对城市与产业互动发展的贡献最为显著，创新策源功能（CF2）、需求引领功能（CF3）、门户枢纽功能（CF4）的贡献率因城市而异，文化融汇功能（CF5）和生态宜居功能（CF6）对城市与产业互动发展的贡献率普遍较低。

具体而言，经济运筹功能（CF1）方面，广州、深圳、成都、杭州、武汉、上海、北京等7个城市的经济运筹功能（CF1）贡献率水平位居城市功能影响因素的子要素贡献率首位，平均贡献率分别为60.6%、54.8%、41.2%、38.7%、29.7%、11.6%和5.7%。这可能与该时期城市的快速工业化，主要以工业生产为牵引带动现代城市功能建设有较大关系。其他子要素方面，创新策源功能（CF2）对深圳、杭州、北京的城市与产业互动发展的平均贡献率分别为 17.0%、6.1% 和 3.8%，位居城市功能影响因素的子要素平均贡献率第二位，门户枢纽功能（CF4）对广州、武汉、上海的城市与产业互动发展的平均贡献率分别为 20.0%、9.0%、4.8%，位居城市功能影响因素的子要素贡献率第二位，成都的需求引领功能（CF3）平均贡献率为 8.0%，位居城市功能影响因素的子要素贡献率第二位。文化融汇功能（CF5）方面，成都和深圳的该子要素对城市与产业互动发展的平均贡献率分别为 3.8% 和 2.1%，贡献率水平排在 7 个城市的前两位。生态宜居功能（CF6）方面，在 7 个城市中平均贡献率最高的是上海，但也仅为 1.3%，充分表明这一时期生态宜居功能（CF6）对城市与产业互动发展的影响还较小。

值得关注的是，上海创新策源功能（CF2）、需求引领功能（CF3）和门户枢纽功能（CF4）的平均贡献率分别为 4.6%、4.3%、4.8%，较其他城市表现出更为均衡的状况（见表 10-1）。

表 10-1 城市功能影响因素（CF）在以规模扩张为主要特征阶段的贡献率

单位：%

滞后期数	北京					
	CF1	CF2	CF3	CF4	CF5	CF6
1	0	0	0	0	0	0
2	3.83	0.96	0.02	0.17	0.02	0.05
3	5.18	2.13	0.05	0.28	0.02	0.05
4	5.39	2.64	0.73	0.40	0.04	0.05
5	4.84	2.42	1.72	0.45	0.11	0.08
6	4.95	1.93	1.71	0.23	0.05	0.04
7	6.02	2.66	1.59	0.19	0.02	0.02
8	7.15	3.84	2.48	0.31	0.04	0.01

续表

滞后期数	北京					
	CF1	CF2	CF3	CF4	CF5	CF6
9	9.09	5.64	2.65	0.59	0.17	0.03
10	4.69	2.55	0.88	0.29	0.14	0.02
平均贡献率	5.68	3.75	1.31	0.32	0.07	0.04

滞后期数	上海					
	CF1	CF2	CF3	CF4	CF5	CF6
1	0	0	0	0	0	0
2	13.29	4.89	0.78	0.32	0.03	0.39
3	10.28	3.59	3.81	0.24	0.15	1.85
4	17.20	3.81	3.44	0.67	0.13	1.69
5	14.11	4.07	5.07	2.03	0.21	1.54
6	13.04	4.09	5.01	4.30	0.19	1.48
7	11.11	4.60	4.71	9.31	0.32	1.47
8	8.75	4.04	5.16	7.20	0.25	1.13
9	8.02	6.39	4.87	9.53	0.26	1.27
10	8.77	5.89	6.00	9.96	0.24	1.18
平均贡献率	11.62	4.60	4.32	4.84	0.20	1.33

滞后期数	广州					
	CF1	CF2	CF3	CF4	CF5	CF6
1	0	0	0	0	0	0
2	64.75	6.76	0.95	13.88	0.02	0.33
3	57.22	4.76	7.44	12.96	0.05	0.72
4	57.58	2.70	8.08	16.61	0.05	0.70
5	56.59	1.93	5.78	18.99	0.04	0.52
6	62.03	1.20	2.74	21.62	0.03	0.39
7	61.57	1.25	3.71	21.72	0.05	0.64
8	60.10	1.23	4.02	21.99	0.07	1.00
9	60.99	1.61	2.44	25.38	0.04	0.62
10	64.10	1.96	1.27	26.61	0.03	0.36
平均贡献率	60.55	2.60	4.05	19.97	0.04	0.59

滞后期数	深圳					
	CF1	CF2	CF3	CF4	CF5	CF6
1	0	0	0	0	0	0
2	70.47	15.58	0.02	0.38	0.51	0.25

199

续表

滞后期数	深圳					
	CF1	CF2	CF3	CF4	CF5	CF6
3	61.23	12.28	0.05	3.39	1.51	0.74
4	56.47	14.72	0.73	3.65	1.10	0.55
5	56.60	14.66	1.72	3.72	1.31	0.66
6	54.59	15.67	1.71	4.20	1.18	0.60
7	51.33	17.58	1.59	4.93	1.42	0.72
8	48.67	19.53	2.48	5.62	3.72	1.90
9	47.25	21.05	2.65	5.96	6.40	3.29
10	46.77	21.92	0.88	6.06	2.15	1.08
平均贡献率	54.82	17.00	1.31	4.21	2.14	1.09

滞后期数	杭州					
	CF1	CF2	CF3	CF4	CF5	CF6
1	0	0	0	0	0	0
2	44.67	8.55	0.45	0.44	0.15	0.11
3	52.00	7.19	0.42	0.34	0.15	0.13
4	45.38	6.43	1.26	0.45	0.15	0.12
5	39.64	5.60	2.49	0.62	0.27	0.31
6	36.18	5.88	2.42	0.53	0.23	0.27
7	39.24	5.66	2.28	0.53	0.22	0.25
8	38.25	5.91	3.22	1.02	0.28	0.25
9	31.42	4.87	5.42	1.23	0.48	0.20
10	21.48	4.63	6.62	0.92	0.47	0.14
平均贡献率	38.70	6.08	2.73	0.68	0.27	0.20

滞后期数	武汉					
	CF1	CF2	CF3	CF4	CF5	CF6
1	0	0	0	0	0	0
2	21.57	0.51	0.51	5.76	0.25	0.31
3	41.36	0.63	1.51	9.41	0.74	0.23
4	32.46	0.45	1.10	11.01	0.55	3.13
5	33.55	0.53	1.31	11.11	0.66	3.04
6	32.93	0.56	1.18	10.75	0.60	1.03
7	9.80	0.17	1.42	4.25	0.72	2.15
8	27.44	0.60	3.72	5.66	1.90	1.21
9	34.30	0.55	6.40	8.33	3.29	1.77

续表

滞后期数	武汉					
	CF1	CF2	CF3	CF4	CF5	CF6
10	33.48	0.49	2.15	14.22	1.08	0.83
平均贡献率	29.65	0.50	2.14	8.95	1.09	0.31

滞后期数	成都					
	CF1	CF2	CF3	CF4	CF5	CF6
1	0	0	0	0	0	—
2	1.99	0.02	0.27	0.31	0.00	—
3	18.80	3.47	0.22	0.26	0.00	—
4	61.77	2.30	2.82	0.95	1.30	—
5	61.87	2.19	10.42	3.98	5.46	—
6	45.63	9.09	17.60	8.96	8.74	—
7	50.65	10.16	8.61	4.95	4.26	—
8	67.46	3.21	9.33	3.97	4.25	—
9	46.22	7.10	15.75	7.86	6.97	—
10	16.09	4.90	6.80	3.63	3.34	—
平均贡献率	41.16	4.72	7.98	3.87	3.81	—

注：表中各子要素的贡献率为相对贡献率，具体数值表示该子要素在城市功能影响因素系统中相对于其他子要素的贡献率大小；"—"表示该子要素对"现代城市与产业互动发展"的格兰杰因果关系检验结果不显著，故此处不再考虑计算其贡献率（详细内容见本篇第九章）。

二 以效率提升为主要特征的阶段：创新策源功能、需求引领功能、门户枢纽功能等子要素对城市与产业互动发展的贡献率开始提升

总体来看，与以规模扩张为主要特征的阶段相比，经济运筹功能（CF1）对城市与产业互动发展的贡献率水平仍然较高，与此同时，部分城市创新策源功能（CF2）、需求引领功能（CF3）、门户枢纽功能（CF4）等对城市与产业互动发展的贡献率显著提升，甚至替代经济运筹功能（CF1）成为对城市与产业互动发展贡献率最高的核心子要素，而文化融汇

功能（CF5）的贡献率较之前有一定提高，但生态宜居功能（CF6）对城市与产业互动发展的贡献仍不明显。

具体而言，北京、上海、广州、深圳等城市经济运筹功能（CF1）的平均贡献率分别为13.5%、12.6%、29.5%、12.3%，4个一线城市除广州以外，经济运筹功能（CF1）不再是城市功能影响因素中贡献率首位的子要素。与以规模扩张为主要特征的阶段相比，北京在这一时期，创新策源功能（CF2）的平均贡献率大幅提升至41.3%，在城市功能影响因素中占据首要地位。上海需求引领功能（CF3）对城市与产业互动发展的平均贡献率上升至27.0%，成为该时期城市功能影响因素中贡献最大的子要素。广州门户枢纽功能（CF4）对城市与产业互动发展的平均贡献率跃升至24.9%，已经接近经济运筹功能（CF1）的贡献率。深圳需求引领功能（CF3）和创新策源功能（CF2）的平均贡献率已分别达到35.2%和25.6%，超越经济运筹功能（CF3）的12.3%，跃升至子要素贡献率的前两位。其他3个城市中，成都经济运筹功能（CF1）仍然占据主导地位，平均贡献率高达52.0%，而创新策源功能（CF2）和门户枢纽功能（CF4）对城市与产业互动发展的贡献紧随其后，平均贡献率分别为10.5%和9.8%。武汉和杭州这一时期的经济运筹功能（CF1）贡献率出现下降，同时，杭州表现出创新策源功能（CF2）、门户枢纽功能（CF4）两大子要素贡献率齐头并进且明显高于其他子要素的特征，武汉则表现出创新策源功能（CF2）贡献率后来居上的特征（见表10-2）。

表10-2 城市功能影响因素（CF）在以效率提升为主要特征阶段的贡献率

单位：%

滞后期数	北京					
	CF1	CF2	CF3	CF4	CF5	CF6
1	0	0	0	0	0	0
2	8.05	3.03	0.93	14.62	0.78	0.00

第十章 两阶段下四大影响因素的贡献度评估

续表

滞后期数	北京					
	CF1	CF2	CF3	CF4	CF5	CF6
3	12.81	27.56	2.58	9.94	2.30	0.37
4	18.46	29.80	3.04	18.53	21.06	0.52
5	16.40	49.75	10.69	8.03	9.63	0.84
6	17.55	46.55	18.83	8.74	8.67	0.37
7	14.81	53.96	22.64	3.80	12.18	0.86
8	12.49	53.28	25.59	3.12	10.34	0.48
9	10.98	54.48	28.90	1.47	10.83	0.86
10	9.79	53.59	30.72	1.11	5.93	0.66
平均贡献率	13.48	41.33	15.99	7.71	9.08	0.55

滞后期数	上海					
	CF1	CF2	CF3	CF4	CF5	CF6
1	0	0	0	0	0	0
2	1.17	0.89	4.06	0.21	1.03	0.89
3	6.95	3.93	6.05	0.25	22.05	3.93
4	7.75	1.11	12.06	0.31	24.14	1.11
5	18.87	0.69	36.65	3.70	18.37	0.69
6	19.58	1.39	54.69	9.08	6.29	1.39
7	9.26	3.45	37.18	9.60	13.79	3.45
8	8.91	2.90	10.74	2.54	36.49	2.90
9	19.76	0.66	28.11	4.13	25.25	0.66
10	21.44	1.27	53.16	9.85	7.96	1.27
平均贡献率	12.63	1.81	26.97	4.41	17.26	1.81

滞后期数	广州					
	CF1	CF2	CF3	CF4	CF5	CF6
1	0	0	0	0	0	0
2	2.56	4.80	0.12	0.59	0.99	0.22
3	16.30	2.88	1.61	22.92	1.31	0.12
4	52.66	1.93	2.42	35.03	0.66	0.12
5	33.44	1.02	1.14	23.35	0.45	0.37
6	33.32	1.07	1.14	25.46	0.46	0.48
7	31.15	0.96	1.21	26.24	0.46	0.43
8	32.38	1.00	1.09	21.24	0.42	0.46
9	32.10	1.24	1.08	20.20	0.46	0.45

续表

滞后期数	广州						
	CF1	CF2	CF3	CF4	CF5	CF6
10	31.74	1.25	1.06	25.18	0.52	0.44
平均贡献率	29.52	1.79	1.21	24.91	0.64	0.34

滞后期数	深圳					
	CF1	CF2	CF3	CF4	CF5	CF6
1	0	0	0	0	0	0
2	13.28	20.66	2.19	0.78	0.05	3.00
3	13.68	23.67	4.36	2.30	0.05	2.75
4	2.73	4.65	59.88	21.06	0.02	1.17
5	18.62	27.97	37.36	9.63	0.02	1.46
6	14.73	40.46	29.18	8.67	0.48	2.87
7	12.50	26.70	43.83	12.18	0.35	2.10
8	12.09	31.37	40.31	10.34	0.32	1.89
9	7.60	16.63	61.54	10.83	0.20	1.20
10	15.64	38.48	37.83	5.93	0.16	0.96
平均贡献率	12.32	25.62	35.16	9.08	0.18	2.06

滞后期数	杭州					
	CF1	CF2	CF3	CF4	CF5	CF6
1	0	0	0	0	0	0
2	0.62	0.85	0.92	7.42	0.01	1.54
3	1.34	0.82	0.92	7.20	0.08	2.97
4	1.23	4.24	0.73	3.58	0.19	1.75
5	1.17	5.73	1.77	5.15	0.49	1.55
6	1.26	6.10	1.66	4.96	0.55	1.56
7	1.22	5.93	1.93	4.91	0.72	1.65
8	1.14	5.59	1.80	4.95	0.67	1.61
9	1.13	5.37	1.83	5.14	0.76	1.56
10	1.07	5.50	2.43	7.00	0.75	1.49
平均贡献率	1.14	4.33	1.45	5.41	0.43	1.77

滞后期数	武汉					
	CF1	CF2	CF3	CF4	CF5	CF6
1	0	0	0	—	0	0
2	0.13	3.10	1.57	—	1.22	0.48
3	3.33	5.91	2.04	—	0.44	1.20
4	3.94	11.34	1.84	—	0.50	0.70
5	5.51	11.74	3.22	—	0.29	1.19

续表

滞后期数	武汉					
	CF1	CF2	CF3	CF4	CF5	CF6
6	5.86	12.72	4.11	—	0.37	1.05
7	5.95	12.73	7.50	—	0.76	1.22
8	5.56	12.40	7.17	—	0.84	0.92
9	5.54	12.26	6.20	—	0.79	0.71
10	6.78	10.33	4.61	—	0.50	0.73
平均贡献率	4.48	10.28	4.21	—	0.65	0.93

滞后期数	成都					
	CF1	CF2	CF3	CF4	CF5	CF6
1	0	0	0	0	0	0
2	62.74	11.96	2.50	4.85	2.32	1.45
3	47.85	9.03	6.96	11.60	6.49	1.37
4	47.76	8.85	7.76	12.30	7.30	1.15
5	48.38	10.67	7.26	11.89	6.69	1.19
6	52.05	13.71	5.80	10.02	5.23	0.86
7	37.90	10.09	7.39	12.87	6.72	1.29
8	49.06	11.27	5.89	9.88	5.41	1.05
9	70.31	8.42	3.12	5.16	2.92	0.77
10	73.11	12.26	2.14	3.52	2.01	0.52
平均贡献率	52.01	10.50	5.84	9.82	5.39	1.14

注：表中各子要素的贡献率为相对贡献率，具体数值表示该子要素在城市功能影响因素系统中相对于其他子要素的贡献率大小；"—"表示该子要素对"现代城市与产业互动发展"的格兰杰因果关系检验结果不显著，故此处不再考虑计算其贡献率（详细内容见本篇第九章）。

第三节　城市空间因素的贡献度评估

一　以规模扩张为主要特征的阶段：市域空间和区域空间是对城市与产业互动发展贡献率较高的两大核心子要素

总体来看，在该阶段中，7个城市的市域空间（CS2）和区域空间

（CS3）的贡献率均相对较高，而产业空间（CS1）对城市与产业互动发展贡献率相对较低。

具体而言，市域空间（CS2）对深圳、武汉、杭州、成都的平均贡献率分别达到54.8%、29.7%、28.2%、19.0%，相较其他两个子要素的平均贡献率明显高出很多。区域空间（CS3）对北京、上海、广州的平均贡献率分别达到56.4%、25.4%、30.2%，相较其他两个子要素的平均贡献率也明显高出很多。这表明在城市与产业互动发展的早期，大规模工业化推动城市建成区面积围绕"心脏地带"不断进行"极核"集聚和扩张，使得城市行政区土地面积不断向外围扩展，促使城市率先发展成为所在区域的中心城市。而产业空间（CS1）在7个城市中除深圳之外的平均贡献率均不足10%，并且有5个城市的平均贡献率小于3%，由此可见，对于多数城市而言，工业厂房等传统产业空间在此阶段对城市与产业互动发展的贡献实际上并不大。

值得关注的是，在改革开放之后近20年的发展历程中，深圳和成都两个城市建成区面积的快速扩张（分别扩大了26倍和54倍）在各自城市与产业的互动发展过程中起到了显著的贡献作用，市域空间（CS2）的平均贡献率明显高于其他两个子要素，对深圳的平均贡献率更是高达54.8%。而产业空间（CS1）在此阶段之所以对深圳的平均贡献率达17.0%，与最初以出口导向的工业区为起步建设经济特区存在一定关系。此外，北京、上海、广州等发展较早的一线城市的区域空间（CS3）平均贡献率均在25%以上，最高的为北京，达56.3%，一定程度上说明这些城市在此时间段已经基本完成"极核"集聚，成为区域的中心城市，并开始通过与相邻区域的合作来做大城市和产业的总体规模（见表10-3）。

第十章 两阶段下四大影响因素的贡献度评估

表 10-3 城市空间影响因素（CS）在以规模扩张为主要特征阶段的贡献率

单位：%

滞后期数	北京			上海		
	CS1	CS2	CS3	CS1	CS2	CS3
1	0	0	0	0	0	0
2	1.00	0.22	53.92	7.24	0.00	6.94
3	0.90	0.20	59.65	6.25	0.84	9.32
4	0.71	0.16	55.33	3.68	1.08	11.29
5	0.55	0.12	61.24	2.14	0.59	22.04
6	0.52	0.12	57.81	1.18	0.37	32.50
7	0.66	0.15	49.37	0.67	0.20	36.25
8	0.56	0.12	53.79	0.43	0.12	36.45
9	0.56	0.12	53.41	0.32	0.07	36.57
10	0.45	0.10	62.57	0.29	0.04	36.93
平均贡献率	0.66	0.15	56.34	2.47	0.37	25.37

滞后期数	广州			深圳		
	CS1	CS2	CS3	CS1	CS2	CS3
1	0	0	0	0	0	0
2	0.09	3.44	9.90	15.58	70.47	0.38
3	0.05	6.92	29.14	12.28	61.23	3.39
4	0.07	8.25	34.23	14.72	56.47	3.65
5	0.17	8.58	33.50	14.66	56.60	3.72
6	0.15	11.14	29.05	15.67	54.59	4.20
7	0.21	8.70	24.82	17.58	51.33	4.93
8	0.30	10.25	32.76	19.53	48.67	5.62
9	0.25	15.88	39.52	21.05	47.25	5.96
10	0.33	16.13	38.72	21.92	46.77	6.06
平均贡献率	0.18	9.92	30.18	17.00	54.82	4.21

滞后期数	杭州			武汉		
	CS1	CS2	CS3	CS1	CS2	CS3
1	0	0	0	0	0	0
2	0.00	13.14	2.08	5.76	21.57	0.51

续表

滞后期数	杭州			武汉		
	CS1	CS2	CS3	CS1	CS2	CS3
3	0.00	30.04	7.28	9.41	41.36	0.63
4	0.80	31.24	8.83	11.01	32.46	0.45
5	2.78	28.97	8.05	11.11	33.55	0.53
6	2.77	30.75	9.11	10.75	32.93	0.56
7	2.67	30.11	12.61	4.25	9.80	0.17
8	2.64	30.22	13.21	5.66	27.44	0.60
9	3.32	29.80	14.94	8.33	34.30	0.55
10	3.03	29.27	18.48	14.22	33.48	0.49
平均贡献率	2.00	28.17	10.51	8.95	29.65	0.50

滞后期数	成都		
	CS1	CS2	CS3
1	0	0	0
2	0.46	12.09	0.37
3	0.98	14.60	0.23
4	1.26	14.62	0.20
5	2.53	18.70	0.16
6	2.11	20.80	0.15
7	2.63	20.43	0.12
8	2.87	22.55	0.10
9	2.84	23.34	0.08
10	2.96	23.51	0.07
平均贡献率	2.07	18.96	0.16

注：各子要素的贡献率为相对贡献率，具体数值表示该子要素在城市空间影响因素系统中相对于其他子要素的贡献率大小。

二 以效率提升为主要特征的阶段：产业空间开始成为对城市与产业互动发展贡献率较高的核心子要素

总体来看，与以规模扩张为主要特征的阶段相比，7个城市产业空间（CS1）的平均贡献率均出现了明显提升，而市域空间（CS2）和区域空间（CS3）的平均贡献率均出现了明显的下降，虽然依旧会产生一定程度的影

第十章 两阶段下四大影响因素的贡献度评估

响,但已不再占据绝对的主导地位。

具体而言,产业空间(CS1)的平均贡献率在 7 个城市中均位居城市空间影响因素的子要素贡献率首位,除深圳是 9.5%之外,产业空间(CS1)在其他 6 个城市的平均贡献率均大于 10%。这表明对于多数城市而言,在科学城、开发区、商务区等经济区集中建设的高品质标准厂房、高端写字楼等产业载体,为城市与产业的互动发展带来了新的模式和动力,有效推动了城市产业的集群、专精和开放发展,从而逐渐成为对城市与产业互动发展贡献率最高的核心子要素。相比之下,市域空间(CS2)对深圳、杭州、武汉、成都、广州等 5 个城市的平均贡献率分别下降至 8.3%、1.7%、4.5%、9.6%和 2.4%,降幅分别达 46.5 个百分点、26.5 个百分点、25.2 个百分点、9.4 个百分点和 7.6 个百分点。而区域空间(CS3)对北京、上海、广州、杭州等 4 个城市的平均贡献率分别下降至 3.4%、1.3%、10.4%、5.2%,降幅分别达 53.0 个百分点、24.1 个百分点、19.8 个百分点和 5.3 个百分点。在此阶段,城市空间影响因素的各子要素贡献率在各城市的差异明显,这可能是区域发展差异的又一例证。

值得关注的是,武汉、成都和广州的产业空间(CS1)对城市与产业互动发展的平均贡献率处于前三位,分别达 36.1%、23.1%和 19.2%。深圳的产业空间(CS1)平均贡献率在 7 个城市中相对较低,这与深圳在此阶段继续呈现"以中心城区为核心向外围不断扩张"的城市发展特征有较大关系,一定程度上弱化了产业空间(CS1)的平均贡献率(见表 10-4)。

表 10-4 城市空间影响因素(CS)在以效率提升为主要特征阶段的贡献率

单位:%

滞后期数	北京			上海		
	CS1	CS2	CS3	CS1	CS2	CS3
1	0	0	0	0	0	0
2	0.00	3.38	1.26	0.03	1.65	0.03

续表

滞后期数	北京			上海		
	CS1	CS2	CS3	CS1	CS2	CS3
3	7.72	3.30	1.41	30.47	2.98	0.47
4	15.40	6.60	3.29	19.53	1.62	1.28
5	15.23	7.76	3.75	18.75	1.26	1.83
6	15.26	7.89	3.81	37.78	2.76	4.20
7	15.18	8.25	3.96	16.92	2.70	1.86
8	15.80	8.32	3.94	10.69	0.72	0.69
9	15.25	9.51	4.40	12.90	0.46	0.89
10	13.35	9.69	4.36	20.06	0.88	0.57
平均贡献率	12.58	7.19	3.36	18.57	1.67	1.31

滞后期数	广州			深圳		
	CS1	CS2	CS3	CS1	CS2	CS3
1	0	0	0	0	0	—
2	0.20	0.22	0.08	7.04	7.88	—
3	0.41	0.91	11.22	8.01	8.26	—
4	10.81	2.04	9.84	5.94	6.80	—
5	17.68	2.64	9.53	6.28	7.65	—
6	16.35	3.39	7.95	10.11	10.58	—
7	16.35	3.96	13.32	11.43	9.31	—
8	26.73	3.65	15.36	10.47	7.88	—
9	39.93	2.56	13.85	11.54	8.18	—
10	44.23	1.77	12.64	14.81	8.09	—
平均贡献率	19.19	2.35	10.42	9.51	8.29	—

滞后期数	杭州			武汉		
	CS1	CS2	CS3	CS1	CS2	CS3
1	0	0	0	0	0	0
2	0.73	0.12	0.37	38.19	1.12	1.16
3	2.74	0.45	1.39	36.16	1.81	8.21
4	8.60	1.41	4.37	37.19	1.48	9.08
5	6.13	1.01	3.11	39.21	1.68	15.74
6	5.88	0.97	2.99	35.26	4.82	20.47
7	14.84	2.44	7.54	35.40	6.98	21.33
8	16.35	2.69	8.30	35.85	8.05	20.90
9	16.88	2.78	8.57	33.92	7.62	24.53

续表

滞后期数	杭州			武汉		
	CS1	CS2	CS3	CS1	CS2	CS3
10	19.86	3.27	10.09	33.66	6.90	28.83
平均贡献率	10.22	1.68	5.19	36.09	4.50	16.69

滞后期数	成都		
	CS1	CS2	CS3
1	0	0	0
2	0.00	0.00	0.00
3	28.64	12.15	0.30
4	41.75	17.71	0.44
5	29.25	12.40	0.31
6	13.38	5.68	0.14
7	14.98	6.00	0.18
8	26.24	10.51	0.32
9	30.03	12.01	0.36
10	24.03	9.56	0.30
平均贡献率	23.14	9.56	0.26

注：表中各子要素的贡献率为相对贡献率，具体数值表示该子要素在城市空间影响因素系统中相对于其他子要素的贡献率大小；"—"表示该子要素对"现代城市与产业互动发展"的格兰杰因果关系检验结果不显著，故此处不再考虑计算其贡献率（详细内容见本篇第九章）。

第四节 生产要素因素的贡献度评估

一 以规模扩张为主要特征的阶段：劳动力是对城市与产业互动发展贡献率较高的核心子要素

总体来看，在该阶段中，劳动力（CR1）对城市与产业互动发展的贡献最为显著，土地（CR2）、金融资本（CR3）的贡献率因城市而异，技术（CR4）对城市与产业互动发展的贡献率则普遍较低。

具体而言，劳动力（CR1）对成都、武汉、广州、杭州等4个城市的平均贡献率分别达 40.0%、21.0%、16.2%、7.3%，明显高于上述城市其他三个子要素的平均贡献率。土地（CR2）对深圳和广州的平均贡献率分别为 22.6% 和 11.7%，贡献率水平在 7 个城市中排前两位，这与改革开放之后的十多年里，深圳和广州工业用地面积的迅速增长有较大关系（分别扩大了 37 倍和 3.7 倍）。金融资本（CR3）对成都和广州的平均贡献率相对较高，分别为 8.0% 和 7.8%，对其他城市的平均贡献率则相对较低，均不足 1%。技术（CR4）对北京、深圳、杭州、武汉等 4 个城市的平均贡献率均不足 2%，分别为 0.1%、0.4%、0.2%、1.1%，这表明对多数城市而言，以专利等为代表的技术子要素在此阶段下对城市与产业互动发展的贡献尚不突出（见表 10-5）。

表 10-5 生产要素影响因素（CR）在以规模扩张为主要特征阶段的贡献率

单位：%

滞后期数	北京				上海			
	CR1	CR2	CR3	CR4	CR1	CR2	CR3	CR4
1	0.00	0.00	0.00	0.00	0.00	0.00	—	0.00
2	1.56	4.73	0.37	0.15	4.07	3.72	—	10.62
3	1.67	5.46	0.37	0.13	5.26	4.75	—	13.50
4	1.60	5.16	0.35	0.15	6.04	4.77	—	13.37
5	2.10	6.13	0.28	0.40	9.92	5.38	—	13.82
6	0.97	2.85	0.31	0.20	9.81	5.28	—	13.86
7	0.46	1.44	0.31	0.10	10.29	5.17	—	13.25
8	0.21	0.61	0.28	0.10	5.93	3.01	—	8.30
9	0.06	0.19	0.30	0.06	3.68	2.76	—	8.34
10	0.10	0.43	0.33	0.02	6.33	4.81	—	13.69
平均贡献率	0.90	2.70	0.29	0.13	6.13	3.96	—	10.88

滞后期数	广州				深圳			
	CR1	CR2	CR3	CR4	CR1	CR2	CR3	CR4
1	0.00	0.00	0.00	0.00	0.00	0.00	0.00	0.00
2	11.71	14.84	14.08	1.48	6.23	11.15	0.00	0.24

第十章 两阶段下四大影响因素的贡献度评估

续表

滞后期数	广州				深圳			
	CR1	CR2	CR3	CR4	CR1	CR2	CR3	CR4
3	14.66	13.35	9.88	3.97	5.77	8.66	0.63	0.68
4	15.60	12.88	10.09	5.55	6.35	18.53	0.97	0.54
5	14.88	11.34	10.45	6.83	5.09	35.10	0.87	0.51
6	17.37	10.88	6.41	7.74	3.57	54.52	0.66	0.38
7	16.09	9.72	5.93	7.58	7.25	51.04	0.30	0.33
8	20.90	13.50	7.46	8.71	12.05	23.99	0.25	0.10
9	26.19	16.48	7.31	10.36	12.73	12.74	0.29	0.15
10	24.07	14.36	5.88	10.00	11.25	10.46	0.43	0.62
平均贡献率	16.15	11.74	7.75	6.22	7.03	22.62	0.44	0.35

滞后期数	成都				杭州			
	CR1	CR2	CR3	CR4	CR1	CR2	CR3	CR4
1	0.00	0.00	0.00	0.00	0.00	0.00	0.00	0.00
2	41.18	4.97	0.72	13.42	11.42	1.61	1.88	0.08
3	43.24	4.72	5.09	18.89	4.87	0.75	0.96	0.18
4	18.06	2.75	7.11	8.24	8.00	1.18	1.47	0.21
5	49.35	3.93	5.46	21.25	7.61	1.15	1.41	0.29
6	51.38	5.65	11.45	23.37	6.24	0.97	0.81	0.19
7	52.65	6.11	11.64	24.45	13.43	2.06	1.12	0.18
8	44.85	5.84	13.35	22.16	4.97	0.82	0.39	0.09
9	49.93	5.79	11.71	23.49	9.51	1.29	0.81	0.09
10	49.36	5.91	12.93	23.88	6.41	0.96	0.60	0.18
平均贡献率	40.00	4.57	7.95	17.91	7.25	1.08	0.95	0.15

滞后期数	武汉			
	CR1	CR2	CR3	CR4
1	0.00	0.00	0.00	0.00
2	27.08	3.20	0.43	1.49
3	27.83	3.50	0.23	1.63
4	27.94	6.09	0.30	1.54
5	26.77	6.07	0.22	1.43
6	27.06	8.65	0.28	1.36
7	18.67	7.27	0.19	0.97
8	18.42	7.14	0.30	1.03
9	19.22	9.74	0.23	1.04

续表

滞后期数	武汉			
	CR1	CR2	CR3	CR4
10	17.06	7.42	0.20	0.93
平均贡献率	21.01	5.91	0.24	1.14

注：表中各子要素的贡献率为相对贡献率，具体数值表示该子要素在生产要素影响因素系统中相对于其他子要素的贡献率大小；"—"表示该子要素对"现代城市与产业互动发展"的格兰杰因果关系检验结果不显著，故此处不再考虑计算其贡献率（详细内容见本篇第九章）。

二 以效率提升为主要特征的阶段：金融资本和技术对城市与产业互动发展的贡献率开始提升

总体来看，与以规模扩张为主要特征的阶段相比，大部分城市的劳动力（CR1）对城市与产业互动发展的贡献率有所下降，而金融资本（CR3）与技术（CR4）的贡献率则开始上升，土地（CR2）的贡献率则表现出城市间的差异。

具体而言，劳动力（CR1）在4个城市上的平均贡献率均出现了不同程度的下降，其中，成都、武汉和广州的降幅最为明显，分别下降了31.8个百分点、18.8个百分点和5.9个百分点。土地（CR2）对广州和成都的平均贡献率出现了下降，分别降至3.8%和2.2%，而对上海、武汉、北京等城市的平均贡献率则上升至21.3%、20.2%和9.3%，分别提高了17.3个百分点、14.3个百分点和6.6个百分点。金融资本（CR3）对北京、上海、深圳、杭州、武汉等5个城市的平均贡献率分别为6.2%、7.2%、16.7%、2.4%和1.0%，分别上升了6.0个百分点、7.2个百分点[1]、16.3个百分点、1.4个百分点和0.8个百分点。技术（CR4）对北京、深圳、杭州、武汉等4个城市的平均贡献率分别上升至6.9%、3.2%、4.2%

---

[1] 上海的金融资本（CR3）在以规模扩张为主要特征的阶段不显著，故假设贡献率为0。

第十章 两阶段下四大影响因素的贡献度评估

和4.2%，分别提高了6.7个百分点、2.8个百分点、4.1个百分点和3.1个百分点。可以说明，在这一阶段，伴随着上述城市的主导产业逐步从劳动密集型转向资本密集型、技术密集型，资金、技术等生产要素对城市与产业互动发展的贡献作用开始有所增强（见表10-6）。

值得关注的是，金融资本（CR3）在此阶段对深圳的平均贡献率是7个城市中最高的（其他城市均在10%以下），并且也是深圳生产要素影响因素中平均贡献率最高的子要素，这可能是由于该时期深圳的金融业发展迅猛[1]，对全社会固定资产投资产生了显著的促进作用[2]。

表10-6　生产要素影响因素（CR）在以效率提升为主要特征阶段的贡献率

单位：%

滞后期数	北京 CR1	CR2	CR3	CR4	上海 CR1	CR2	CR3	CR4
1	0	0	0	0	0	0	0	0
2	0.02	0.19	3.21	4.52	2.91	14.52	3.61	10.51
3	0.07	0.73	3.18	8.07	2.63	22.73	6.72	9.54
4	0.13	1.65	2.70	6.40	3.15	19.41	8.83	7.48
5	0.44	6.78	5.26	6.78	9.32	21.12	7.64	9.19
6	0.47	12.41	8.82	6.42	7.38	20.34	6.44	7.12
7	0.46	12.47	8.08	8.62	12.52	22.73	8.52	5.56
8	1.99	17.89	7.07	8.46	12.05	19.82	7.61	5.37
9	1.75	19.74	11.14	7.45	9.91	17.81	7.61	5.44
10	1.01	11.70	6.72	5.11	6.23	32.93	8.03	7.02
平均贡献率	0.70	9.28	6.24	6.87	7.34	21.27	7.22	7.47

滞后期数	广州 CR1	CR2	CR3	CR4	深圳 CR1	CR2	CR3	CR4
1	0	0	0	0	0	—	0	0

---

[1] 2008年，深圳的金融业增加值增速一度达到21.5%，位列全国第一。
[2] 赵楠等学者通过我国省际层面的宏观数据实证研究表明，我国各地区金融发展对本地区的全社会固定资产投资均存在显著的促进作用（赵楠：《中国各地区金融发展与固定资产投资关系的实证研究》，厦门大学博士论文，2006，第125页）。

续表

滞后期数	广州				深圳			
	CR1	CR2	CR3	CR4	CR1	CR2	CR3	CR4
2	0.01	0.00	4.90	0.00	0.72	—	18.44	2.05
3	12.12	0.22	3.41	0.00	0.88	—	19.18	1.68
4	11.71	0.21	3.92	3.21	0.91	—	20.34	2.11
5	11.00	5.00	5.73	3.82	21.99	—	15.54	3.80
6	10.52	6.31	6.61	3.51	21.37	—	14.72	3.60
7	11.20	6.10	7.32	3.52	17.81	—	13.91	4.00
8	11.73	5.42	7.00	3.21	18.49	—	18.37	4.22
9	12.02	5.32	6.32	3.12	15.01	—	14.66	3.66
10	11.90	5.51	6.42	3.42	10.49	—	15.33	3.21
平均贡献率	10.25	3.79	5.74	3.40	11.96	—	16.72	3.15

滞后期数	成都				杭州			
	CR1	CR2	CR3	CR4	CR1	CR2	CR3	CR4
1	0	0	0	0	0	0	0	0
2	5.20	1.68	2.03	0.01	8.71	0.30	2.43	3.63
3	3.95	1.07	1.59	0.16	9.68	0.21	1.58	3.57
4	8.64	2.00	1.14	0.07	11.33	1.46	2.86	4.37
5	9.73	1.82	0.29	0.05	11.64	1.05	2.84	4.58
6	12.05	4.13	0.58	0.03	12.19	1.17	2.03	4.37
7	15.16	4.47	2.90	0.10	11.04	3.28	2.15	4.15
8	4.33	1.29	0.47	0.07	11.13	2.97	2.35	4.28
9	8.24	2.06	0.13	0.03	11.51	2.74	2.27	4.37
10	7.12	1.32	1.02	0.02	11.83	2.02	2.75	4.70
平均贡献率	8.27	2.21	1.13	0.05	11.01	1.69	2.36	4.23

滞后期数	武汉			
	CR1	CR2	CR3	CR4
1	0	0	0	0
2	0.67	0.08	0.95	4.04
3	1.40	15.96	0.72	3.04
4	1.71	20.41	0.66	2.81
5	2.69	20.11	0.87	4.29
6	2.57	22.00	0.83	5.12
7	2.63	23.70	0.91	4.42
8	2.72	26.70	1.01	4.34

续表

滞后期数	武汉			
	CR1	CR2	CR3	CR4
9	2.73	26.76	1.27	4.38
10	2.79	26.04	1.85	5.69
平均贡献率	2.21	20.20	1.01	4.24

注：表中各子要素的贡献率为相对贡献率，具体数值表示该子要素生产要素影响因素系统中相对于其他子要素的贡献率大小；"—"表示该子要素对"现代城市与产业互动发展"的格兰杰因果关系检验结果不显著，故此处不再考虑计算其贡献率（详细内容见本篇第九章）。

第五节 微观主体因素的贡献度评估

一 以规模扩张为主要特征的阶段：企业和政府是对城市与产业互动发展贡献率较高的两大核心子要素

总体来看，在该阶段中，企业（CM2）和政府（CM3）对城市与产业互动发展的贡献率相对较高，居民（CM1）的贡献率则相对较低，在不同城市表现出明显的差异。

具体而言，企业（CM2）对成都、杭州、上海、深圳、广州等5个城市的平均贡献率分别为78.0%、53.8%、18.4%、10.1%和6.2%，在上述各城市微观主体影响因素的子要素平均贡献率中均排第一位，对北京和武汉的平均贡献率则均排在两个城市各子要素平均贡献率的第二位，分别为20.9%和13.9%。这可能是由于在此阶段，规模以上企业（尤其是大型国有企业）在我国工业部门乃至我国整体经济总量中都占据绝对优势地位[1]，是推动城市与产业互动的重要主体。政府（CM3）对北京、武汉、杭州的平均贡献率分别为37.6%、33.8%和20.5%，贡献率水平在7个城市中排前三位，并

---

[1] 马立政：《国有企业是中国社会主义经济实践的中流砥柱——新中国70年来国有企业发展历程及主要经验》，《国企》2019年第19期。

且是对北京、武汉平均贡献率最高的一个子要素，远高于其他两个子要素的贡献率，体现出了较强的"全能型政府"特征。居民（CM1）对城市与产业互动发展的贡献率则普遍较低，在7个城市中的平均贡献率除深圳是6.3%以外，均小于5%。这可能与该时期供给引领需求的主要发展方式有较大关系，消费需求牵引供给的作用还不够明显（见表10-7）。

值得关注的是，企业（CM2）在此阶段对成都城市与产业互动发展的贡献尤为显著，平均贡献率比排在第二位的政府（CM3）高了75.6个百分点。这与成都该时期不断涌现的乡镇企业、外资合资企业和沿海搬迁企业有较大关系，在1978~1990年的10余年间，成都各行业的乡镇企业从1.3万家猛涨至19.7万家[1]。

表10-7 微观主体影响因素（CM）在以规模扩张为主要特征阶段的贡献率

单位：%

滞后期数	北京			上海		
	CM1	CM2	CM3	CM1	CM2	CM3
1	0	0	0	0	0	0
2	1.85	6.43	0.13	0.03	7.68	1.06
3	2.02	6.70	0.39	0.13	16.86	5.03
4	3.31	6.14	4.44	0.11	20.01	4.63
5	3.75	15.71	29.63	0.35	25.43	4.00
6	4.70	28.10	55.66	0.30	21.56	3.93
7	5.38	30.86	60.98	0.26	17.86	3.58
8	5.42	31.40	61.58	0.19	17.61	3.84
9	5.39	31.55	61.65	0.14	17.99	4.12
10	5.38	31.58	61.67	0.14	20.34	4.06
平均贡献率	4.13	20.94	37.35	0.18	18.37	3.81

滞后期数	广州			深圳		
	CM1	CM2	CM3	CM1	CM2	CM3
1	0	0	0	0	0	0

---

[1] 详细内容见本书第一篇第二章第三节"改革开放掀起乡镇经济发展热潮"部分。

第十章 两阶段下四大影响因素的贡献度评估

续表

滞后期数	广州			深圳		
	CM1	CM2	CM3	CM1	CM2	CM3
2	4.62	2.68	1.04	6.50	13.00	1.99
3	4.14	5.85	1.66	4.76	9.75	0.34
4	3.33	6.46	1.67	5.51	9.81	2.48
5	3.00	6.18	1.44	5.46	10.00	4.76
6	3.43	6.21	1.35	6.54	10.24	5.01
7	3.65	6.88	1.42	6.56	10.19	4.98
8	3.47	7.21	1.41	7.01	9.55	5.33
9	3.38	7.18	1.34	6.97	9.49	4.79
10	3.52	7.16	1.30	7.45	8.69	5.16
平均贡献率	3.62	6.20	1.40	6.31	10.08	3.87

滞后期数	杭州			武汉		
	CM1	CM2	CM3	CM1	CM2	CM3
1	0	0	0	0	0	0
2	2.53	30.71	21.32	1.48	16.34	0.14
3	1.51	30.14	37.84	0.83	30.66	0.08
4	3.65	45.11	38.32	0.01	7.59	56.84
5	5.01	55.37	27.16	9.80	12.14	37.89
6	6.65	59.67	18.94	11.13	11.65	38.53
7	6.97	62.66	13.74	0.50	8.77	58.72
8	4.28	64.80	11.06	3.28	14.48	31.12
9	5.73	67.17	8.86	10.92	14.66	25.13
10	5.03	68.72	7.37	5.13	8.83	56.04
平均贡献率	4.60	53.82	20.51	4.79	13.90	33.83

滞后期数	成都		
	CM1	CM2	CM3
1	0	0	0
2	0.24	30.57	0.97
3	0.59	47.83	1.07
4	0.32	70.36	2.00
5	0.42	82.66	2.49
6	0.36	90.06	2.40
7	0.35	93.43	2.72
8	0.38	95.02	2.64

续表

滞后期数	成都		
	CM1	CM2	CM3
9	0.34	95.69	2.74
10	0.38	96.03	2.67
平均贡献率	0.38	77.96	2.19

注：各子要素的贡献率为相对贡献率，具体数值表示该子要素在微观主体影响因素系统中相对于其他子要素的贡献率大小。

二 以效率提升为主要特征的阶段：居民子要素对城市与产业互动发展的贡献率开始提升

总体来看，与以规模扩张为主要特征的阶段相比，7个城市的居民（CM1）对城市与产业互动发展的贡献率均出现了提升，部分城市的企业（CM2）虽然出现了下降，但贡献率依旧较高，政府（CM3）的贡献率下降则较为明显。

具体而言，居民（CM1）的平均贡献率在广州和北京这两个城市中，均上升至微观主体影响因素的子要素平均贡献率第一位，分别为25.1%和11.6%（增幅分别达21.5个百分点和7.5个百分点），在武汉和深圳这两个城市中则均上升至第二位，分别为17.7%和7.4%（增幅分别达12.9个百分点和1.1个百分点），这是此阶段城市经济快速发展，居民人均可支配收入不断提升导致的。企业（CM2）对杭州、武汉、上海、深圳等4个城市的平均贡献率分别为34.2%、34.2%、16.4%和13.3%，均排在上述各城市微观主体影响因素的子要素平均贡献率第一位，对北京和成都的平均贡献率虽有不同程度的下降（降幅分别为15.1个百分点和66.9个百分点），但依旧排在子要素平均贡献率的第二位。政府（CM3）对北京、武汉、杭州的平均贡献率分别降至0.2%、7.5%和14.8%，降幅分别达37.1个百分点、26.3个百分点和5.7个百分点。

第十章　两阶段下四大影响因素的贡献度评估

值得关注的是，在此阶段，对于北京和武汉来说，政府（CM3）已不再是两个城市微观主体影响因素的核心子要素，平均贡献率最高的分别变成了居民（CM1）和企业（CM2）。这可能是由于上述城市对政府调节经济的职能进行大力改革，更加依靠市场这只"无形之手"来推动城市产业发展。

表10-8　微观主体影响因素（CM）在以效率提升为主要特征阶段的贡献率

单位：%

滞后期数	北京			上海		
	CM1	CM2	CM3	CM1	CM2	CM3
1	0	0	0	0	0	0
2	2.99	0.02	0.01	0.01	12.19	0.44
3	11.14	4.43	0.14	0.83	11.74	3.32
4	12.59	3.60	0.23	3.71	13.08	4.01
5	12.19	4.00	0.23	4.47	18.04	6.79
6	11.47	4.96	0.22	2.48	17.01	3.98
7	11.35	6.92	0.25	2.46	19.94	5.44
8	12.84	8.79	0.32	1.75	13.49	3.48
9	14.52	9.69	0.39	1.59	22.60	4.51
10	15.57	9.95	0.42	1.78	19.75	4.50
平均贡献率	11.63	5.82	0.24	2.12	16.43	4.05

滞后期数	广州			深圳		
	CM1	CM2	CM3	CM1	CM2	CM3
1	0	0	0	0	0	0
2	31.60	10.04	0.43	3.25	2.02	1.05
3	26.30	11.90	1.62	4.28	15.63	4.25
4	29.11	10.67	5.42	4.50	15.11	4.15
5	27.37	10.96	5.91	8.44	14.42	4.03
6	28.66	10.60	5.73	8.98	14.72	4.24
7	25.80	10.39	5.23	8.94	14.69	4.54
8	21.23	10.47	4.19	8.85	14.68	5.30
9	19.16	9.78	3.81	9.10	14.28	6.09
10	16.43	8.80	3.19	10.14	13.75	7.35
平均贡献率	25.07	10.40	3.95	7.39	13.25	4.56

续表

滞后期数	杭州			武汉		
	CM1	CM2	CM3	CM1	CM2	CM3
1	0	0	0	0	0	0
2	1.62	0.26	7.64	2.93	0.26	1.14
3	0.73	21.05	19.85	11.98	21.05	5.33
4	3.63	39.77	15.40	14.25	39.77	6.19
5	7.02	36.15	14.63	15.68	36.15	6.75
6	5.59	46.17	14.83	18.28	46.17	7.91
7	6.36	45.78	16.17	20.98	45.78	8.99
8	6.09	45.86	15.91	23.21	45.86	9.76
9	5.73	38.46	14.62	25.22	38.46	10.46
10	6.11	34.40	14.25	26.96	34.40	11.08
平均贡献率	4.76	34.21	14.81	17.72	34.21	7.51

滞后期数	成都		
	CM1	CM2	CM3
1	0	0	0
2	0.66	1.29	5.25
3	5.64	0.67	2.58
4	4.78	1.45	43.17
5	14.71	13.99	32.74
6	20.66	18.39	30.69
7	18.94	23.12	21.75
8	15.10	18.13	17.21
9	9.81	11.56	11.25
10	8.79	10.60	19.72
平均贡献率	11.01	11.02	20.48

注：各子要素的贡献率为相对贡献率，具体数值表示该子要素在微观主体影响因素系统中相对于其他子要素的贡献率大小。

通过前文的实证检验与定量评估可以发现，以北京、上海、广州、深圳四个一线城市和成都、杭州、武汉等新一线城市为代表的中国城市，经过40余年的发展，呈现明显的"规模—效率—生态"进化逻辑。目前，这些国内先发城市都走完了以规模扩张为主要特征（"量"的提升）、以

第十章 两阶段下四大影响因素的贡献度评估

效率提升为主要特征("质"的提高)的两个发展阶段,并从 2010 年开始相继迈入了以生态一体、创新驱动为主要特征的发展阶段("能"的飞跃)。而城市功能、城市空间、生产要素、微观主体是造成上述阶段演化最为普遍的原因,四大影响因素及其子要素在长时间序列上的动态作用推动了现代城市与产业互动发展的持续演进。在以规模扩张为主要特征的阶段,经济运筹功能、市域空间、劳动力、企业等不同影响因素的子要素以相对较高的贡献度驱动着现代城市与产业的互动发展。在进入以效率提升为主要特征的阶段后,创新策源、需求引领、门户枢纽等城市功能子要素,以及产业空间、金融资本、技术、居民等子要素的贡献率开始明显提升,以更新的模式和路径来推动现代城市调整发展方式、优化产业布局。在进入以生态一体、创新驱动为主要特征的新阶段后,现代城市与产业的互动发展一方面要重点关注依旧保持高贡献率的子要素,另一方面也要注重各影响因素所演化出来的新的子要素,从而更好地评估城市与产业的互动发展进程。

第四篇

现代城市与产业生态一体化发展评价

  当前,国内一线和新一线城市先后进入以生态一体、创新驱动为主要特征的阶段,现代城市与产业的互动发展在四大影响因素及其子要素作用下呈现新的特征。本篇首先简要介绍了现代城市与产业生态一体化发展评价的总体思路及框架,基于四大影响因素及其子要素构建了四大子系统,并以第三篇实证研究中的13个城市为评价对象,运用定量研究方法,对其发展水平进行测算,计算得出2017~2022年这些城市的现代城市与产业生态一体化发展指数排行榜,进而分别从总体评价以及城市功能指数、城市空间指数、生产要素指数、微观主体指数等四大子系统层面剖析了这13个城市在新阶段所呈现的共性与个性特征。

第十一章　现代城市与产业生态一体化发展评价总体框架

第一节　评价指标体系构建

开展现代城市与产业生态一体化发展评价的方式主要是对城市功能指数、城市空间指数、生产要素指数、微观主体指数等四大子系统及其子要素所构成体系进行综合测算和比较分析。一般来讲，构建评价指标体系常用的方法主要有综合法和分析法两类。其中，综合法注重自下而上构建评价指标体系，将拟定的数据指标按照一定标准进行聚类，依据数据指标特征作进一步归纳整理，使之逐层向上收敛并体系化；分析法注重自上而下构建评价指标体系，围绕评价目标将指标体系划分为若干子系统，并将若干子系统逐层向下细分为若干子要素，直至每个子系统及其子要素均可以用具体指标数据进行量化表征。本篇在充分结合第三篇实证分析基础上，采用分析法构建评价指标体系，以评价现代城市与产业生态一体化发展特征为目标，基于城市功能、城市空间、生产要素、微观主体四大影响因素构建四大子系统，并结合现代城市与产业互动发展新的阶段性特征，设置具体指标数据对每个子系统的子要素进行量化表征。

评价指标体系的设置充分考虑了以下原则。首先，合理性与可行性相结合。评价指标体系设置应充分体现现代城市与产业互动发展进入生态一体、创新驱动后的阶段特征,并兼顾体系的逻辑严密性与指标的代表性,在具体指标的选取上一方面充分体现对子系统及其子要素的支撑性,另一方面充分考虑数据可获取性,尽量选择数据来源可靠、计算方法明确、认可度较高的指标,确保评价分析的顺利开展。其次,系统性与针对性相结合。评价指标体系的构建应当做到总体把控、有所侧重、重点明确,通过目标层、引领层、支撑层、指标层的整体设计,以及采用逐层向下细分的方法,使整个指标体系结构一目了然、有机统一,从而使得现代城市与产业生态一体化发展评价能够成为一个系统性工程。与此同时,还应充分考虑四大子系统及其子要素在以生态一体、创新驱动为主要特征阶段的影响程度,通过设置个性指标等,增强评价的针对性。最后,注重大数据指标与传统指标相结合,在第三篇实证分析中,表征现代城市与产业互动发展的指标数据大多是国家已颁布并实施监测多年的统计指标,少部分指标受时间序列维度及阶段特征的客观影响,采用典型性替代指标进行替换,这样既反映了子系统及其子要素的阶段性特征,又在数据可获取性、横纵向可比性方面具有优势。随着现代城市与产业互动发展进入以生态一体、创新驱动为主要特征的阶段,之前受限于时间序列维度的部分指标在统计口径、统计方式方面愈发合理和健全,加之一些更能体现阶段特征和论证支撑性的新指标数据的可用性得到提升,故本篇在保留第三篇实证分析部分指标的基础上,新增第三方大数据指标和指数型合成指标来改进对现代城市与产业生态一体化发展水平的表征和分析。

第二节 评价思路与评价方法

一 评价思路

本篇在把握现代城市与产业互动发展阶段特征及影响因素基础上,以

第十一章 现代城市与产业生态一体化发展评价总体框架

系统评价现代城市与产业生态一体化发展水平为目标，基于城市功能、城市空间、生产要素、微观主体四大影响因素分别构建城市功能指数、城市空间指数、生产要素指数、微观主体指数四大子系统，在四大子系统之下，又基于经济运筹功能、创新策源功能等16个子要素分别构建相应的子要素指标体系，并通过客观赋权，拟合构建形成现代城市与产业生态一体化发展综合评价指数。之后，将第三篇实证分析中选取的国内4个一线城市以及9个新一线城市作为评价对象，以最晚进入生态一体、创新驱动为主要特征阶段的城市所处年份为基期年，通过纵向时间序列对比以及横向城市间对比，分析各城市在以生态一体、创新驱动发展为主要特征阶段的发展状况及特征差异。

二 评价方法

在指标赋权研究中，常用的方法主要包括层次分析法[1]、德尔菲法[2]、环境可持续指数法[3]、生态足迹法[4]、能值分析法[5]、生态网络分析法[6]、指标体系综合评价法[7]、数据包络分析方法[8]和基于场景

---

[1] 曹慧、胡锋、李辉信等：《南京市城市生态系统可持续发展评价研究》，《生态学报》2002年第5期，第787~792页。
[2] 黄朝永、顾朝林、甄峰：《江苏可持续发展能力评价》，《经济地理》2000年第5期，第43~46页。
[3] 杜斌、张坤民、彭立颖：《国家环境可持续能力的评价研究：环境可持续性指数2005》，《中国人口·资源与环境》2006年第1期，第19~24页。
[4] Wackemagel M, Rees W, *Our Ecological Footprint: Reducing Human Impact on the Earth*, Gabriola Island, BC, and Philadelphia: New Society Publishers, 1996.
[5] Chen S Q, Chen B, "Assessing inter—city ecological and economic relations: An emergy—based conceptual model", *Frontiers of Earth Science* 2011 (1), pp.97-102.
[6] Chen S Q, Chen B, "Urban energy consumption: different insights from energy flow analysis, input—output analysis and ecological network analysis", *Applied Energy* 2015, pp.99-107.
[7] Singh R K, Murtya H R, Gupta S K, Dikshit A K, "An overview of sustainability assessment methodologies", *Ecological Indicators* 2009 (2), pp.189-212.
[8] 曾珍香、顾培亮、张闽：《DEA方法在可持续发展评价中的应用》，《系统工程理论与实践》2000年第8期，第114~118页。

分析的评估模型[1]、因子分析法[2]、熵权系数法[3]等。为了较为客观地呈现现代城市与产业生态一体化发展的综合水平，减少主观臆断，本书采用熵权系数法来确定指标权重，根据客观计算出的信息熵值判断指标的离散程度，其底层逻辑是信息熵值越小，指标离散程度越大，对综合评价的影响（即权重）越大。

第三节　评价对象与指标选择

评价对象的选取应具备现代城市与产业互动的显著阶段性特征，而第三篇实证研究中的 13 个评价城市，均通过客观的数据表现出鲜明的阶段性特征，具有较强的合理性和说服力，同时，综合考虑全书分析口径的一致性与延续性，本篇选取的评价对象与第三篇实证研究的城市保持一致，分别为 4 个一线城市（北京、上海、广州、深圳）和京津冀、长三角、粤港澳大湾区、成渝地区双城经济圈、长江中游、山东半岛、关中平原城市群等城市群代表城市——9 个新一线城市（天津、杭州、苏州、东莞、重庆、成都、武汉、青岛、西安），对这 13 个城市在以生态一体、创新驱动为主要特征阶段的发展水平进行综合评价。

本评价指标体系共分四个层级。其中，目标层是现代城市与产业生态一体化发展水平的集中体现，通过逐层加权加总计算各层指标得分，并最终计算出现代城市与产业生态一体化发展指数，用于反映现代城市与产业

---

[1] Mörtberg U, Haas J, Zetterberg A, Franklin J P, Jonsson D, Deal B, "Urban ecosystems and sustainable urban development—analysing and assessing interacting systems in the Stockholm region", *Urban Ecosystems* 2013 (4), pp. 763-782.

[2] 廖为鲲、蔡国梁、涂文桃：《基于因子分析法的城市经济发展评价》，《统计与决策》2005 年第 24 期，第 52~54 页。

[3] 万秋成：《基于熵权系数法的城市竞争力综合评价研究》，《统计与决策》2009 年第 11 期，第 59~61 页。

第十一章　现代城市与产业生态一体化发展评价总体框架

生态一体化发展总体水平；引领层以分项指数得分反映四大影响因素在以生态一体、创新驱动为主要特征阶段的特征水平，包括城市功能指数、城市空间指数、生产要素指数、微观主体指数4个子系统；支撑层为支撑子系统的子要素，主要沿用第三篇分析论证过的子要素，共计16项；指标层为表征子要素的核心量化指标，在充分考虑影响延续性、阶段特征代表性的基础上，指标选取主要有三类：第一类为替换指标，替换进入以生态一体、创新驱动为主要特征阶段贡献较小的指标，第二类为新增指标，新增体现以生态一体、创新驱动为主要特征阶段的典型性指标，第三类为沿用指标，沿用第三篇实证分析中贡献较大或具有代表性的指标，具体指标选取如下。

城市功能指数子系统中，经济运筹功能、需求引领功能、文化融汇功能和生态宜居功能子要素的量化表征指标为替换指标。进入以生态一体、创新驱动为主要特征的阶段，随着统计口径与统计方式的完善，在第三篇中一些受限于时间序列长度，数据无法连续、统计不完整的典型性量化表征指标有了应用的可能，如经济运筹功能由"地区生产总值占全国比重"替换为"生产性服务业增加值"和"A股上市企业数量"这两个充分体现城市高端要素流运筹能力和价值链掌控能力的量化表征指标。创新策源功能和门户枢纽功能子要素的量化表征指标为沿用和新增指标，在以效率提升为主要特征的阶段，创新策源功能和门户枢纽功能子要素的贡献显著提升，进入以生态一体、创新驱动为主要特征的阶段，在沿用研发投入强度、进出口总额等量化表征指标基础上，进一步增加指标评价维度，提升评价的全面性和科学性，分别新增"技术合同成交额"、"创新氛围指数"和"城市枢纽性指数"等典型性指标或合成型综合指数作为量化表征指标。因此，城市功能指数量化表征指标的具体选取如表11-1所示。

表11-1 城市功能指数子系统量化表征指标选取

子要素	研究者	已有研究的量化表征指标	本研究选取量化表征指标	选取方式
经济运筹功能	弗里德曼[1]	将跨国公司总部数量作为世界城市经济控制力的重要量化指标	生产性服务业增加值、A股上市企业数量	替换
	泰勒等、GaWC[2]	将代表资源要素运筹力的生产性服务业及企业作为管理控制功能的重要量化指标		
创新策源功能	封珂、井水[3]	技术合同交易在推动高质量发展中发挥着促进技术创新、提升企业竞争力、推进产业升级等重要作用	研发投入强度、技术合同成交额、创新氛围指数	沿用、新增
	马海倩、杨波[4]	用研发机构数、研发投入强度、每万人发明专利授权数量、科技成果转化率等指标组成上海全球城市目标体系创新影响力分项目标		
	新一线城市研究所[5]	将初创公司数量、融资规模等5项指标通过主成分分析法计算得出各个城市的创新氛围指数		

[1] 弗里德曼"世界城市"假说认为世界城市是世界/全球经济系统中的节点，控制能力由企业总部集聚能力决定。
[2] Peter J. Taylor, Pengfei Ni, Ben Derudder, et al., "Measuring the World City Network: New Developments and Results. (2020-12-20)". GaWC Research Bulletin 300, http://www.lboro..ac.uk/gawc/rb/rb300.html.
[3] 封珂、井水：《西安市技术合同交易支持秦创原高质量发展研究》，《商业经济》2023年第9期，第45~47页。
[4] 马海倩、杨波：《上海迈向2040全球城市战略目标与功能框架研究》，《上海城市规划》2014年第6期，第12~18页。
[5] 新一线城市研究所：《城市商业魅力排行榜》。

第十一章　现代城市与产业生态一体化发展评价总体框架

续表

子要素	研究者	已有研究的量化表征指标	本研究选取量化表征指标	选取方式
需求引领功能	关利欣[1]	用社会消费品零售总额、商圈数量、餐厅及星级宾馆数量等指标表征城市商业消费活力	商业魅力指数、消费活跃度指数	替换
	新一线城市研究所[2]	将商业魅力指数作为新一线城市五大评价维度之一，用品牌门店数、核心商圈数、餐饮、便利店门店数等指标作为量化表征指标		
	新一线城市研究所[3]	将外卖活跃度、网购活跃度、海淘活跃度三项指标通过主成分分析法计算得到各城市的消费活跃度指数		
门户枢纽功能	弗里德曼[4]	"世界城市"假说中将国际性的港口、国际航空港等世界交通的重要枢纽作为世界城市的七项指标之一	进出口总额、城市枢纽性指数	沿用、新增
	周阳[5]	将进出口总额、入境游客接待数、机场客货运量等指标作为区域开放门户的量化表征		
	马海倩、杨波[6]	注重开放平台的作用，选取贸易平台数量、国际会展、体育赛事活动举办场次等指标作为国际开放度的量化表征		
	新一线城市研究所[7]	将包括民航、铁路、货运、公路在内的16项指标通过主成分分析法计算得到城市枢纽性指数		

---

[1] 关利欣：《顶级世界城市的消费中心功能比较及其对中国的启示》，《国际贸易》2022年第7期，第30~38页。
[2] 新一线城市研究所：《城市商业魅力排行榜》。
[3] 新一线城市研究所：《城市商业魅力排行榜》。
[4] 弗里德曼"世界城市"假说认为世界城市是世界/全球经济系统中的节点，控制能力由企业总部集聚能力决定。
[5] 周阳：《国家中心城市：概念、特征、功能及其评价》，《城市观察》2012年第1期，第132~142页。
[6] 马海倩、杨波：《上海迈向2040全球城市战略目标与功能框架研究》，《上海城市规划》2014年第6期，第12~18页。
[7] 新一线城市研究所：《城市商业魅力排行榜》。

续表

子要素	研究者	已有研究的量化表征指标	本研究选取量化表征指标	选取方式
文化融汇功能	新一线城市研究所[1]	将主流社交媒体活跃度、互动指数数据通过主成分分析法计算得到城市社交活跃度指数	社交活跃度指数	替换
	马海倩、杨波[2]	用世界级文化地标数、文化创意产业占GDP比重、国际知名文化交流活动场次等指标作为文化融汇功能的量化表征		
生态宜居功能	周振华[3]	用PM2.5浓度、居民年均用电量等指标作为生态宜居功能的量化表征	环境友好指数、空气质量指数	替换
	马海倩、杨波[4]	用建成区绿地面积、全年空气质量优良率等指标作为生态宜居功能的量化表征		
	新一线城市研究所[5]	主要依据PM2.5浓度、空气质量数据来编制的环境友好指数和空气质量指数		

城市空间指数子系统中，产业空间、区域空间子要素的量化表征指标均为替换指标。在以效率提升为主要特征的阶段，产业空间子要素的贡献虽然出现明显提升，但进入以生态一体、创新驱动为主要特征的阶段，产业空间更强调集约利用、精明增长，以高新区为代表的国家级开发区作为一个城市发展的主战场，其产出收入在一定程度上更具典型性和代表性，因此，本篇将产业空间子要素中的"城市房屋累计竣工面积（住宅除外）"这一指标替

---

[1] 新一线城市研究所：《城市商业魅力排行榜》。
[2] 马海倩、杨波：《上海迈向2040全球城市战略目标与功能框架研究》，《上海城市规划》2014年第6期。
[3] 周振华：《增强上海全球城市吸引力、创造力和竞争力研究》，《科学发展》2018年第7期。
[4] 马海倩、杨波：《上海迈向2040全球城市战略目标与功能框架研究》，《上海城市规划》2014年第6期。
[5] 新一线城市研究所：《城市商业魅力排行榜》。

第十一章 现代城市与产业生态一体化发展评价总体框架

换为"国家级开发区（高新区）营业收入"作为量化表征指标。而在城市群、都市圈等发展趋势和行政区经济区适度分离改革影响下，区域中心城市与周边城市的毗邻交界地带有望形成新的区域空间集聚，而跨行政区的城市房屋竣工面积成为表征区域空间的代表性指标，故本篇选取评价城市所属都市圈的房屋竣工面积作为区域空间的量化表征指标。需要说明的是，在以生态一体、创新驱动为主要特征的发展阶段，都市圈同城化、城市群协同化加速发展，由单个城市建成区面积表征的市域空间子要素的贡献率大幅降低，甚至可以将市域空间与区域空间的量化表征指标整合统一，故市域空间子要素不再纳入本篇考虑。因此，城市空间指数量化表征指标的具体选取如表11-2所示。

表11-2 城市空间指数子系统量化表征指标选取

子要素	研究者	已有研究的量化表征指标/研究结论	本研究选取量化表征指标	选取方式
区域空间	陈明宇[1]	将"房屋建筑竣工面积"作为京津冀城市群产业综合承载力的评价指标	都市圈[2]房屋竣工面积	替换
产业空间	杨宏昌、戴宏伟[3]	选用各城市"辖区面积、人口规模、生产总值、全市科学技术支出和全市教育支出"等5个指标来计算某个城市开发区综合规模得分，并将此作为城市产业空间的核心量化指标	国家级开发区（高新区）营业收入	替换

---

[1] 陈明宇：《京津冀城市群产业综合承载力系统内生互动机制研究》，河北大学硕士学位论文，2021。

[2] 根据《成都都市圈发展规划》《上海大都市圈发展规划》《杭州都市圈发展规划》《京津冀协同发展规划纲要》《武汉都市圈发展规划》《广州都市圈发展规划》《深圳都市圈发展规划》《重庆都市圈发展规划》《青岛都市圈发展规划》《西安都市圈发展规划》，成都都市圈包括成都、德阳、眉山、资阳；上海大都市圈包括上海、苏州、南通、无锡、常州、宁波、嘉兴、舟山、湖州；杭州都市圈包括杭州、绍兴、衢州、湖州、嘉兴、黄山；首都都市圈包括北京、天津、廊坊、保定；武汉都市圈包括武汉、鄂州、黄冈、黄石；广州都市圈包括广州、佛山、肇庆、清远；深圳都市圈包括深圳、东莞、惠州；重庆都市圈包括重庆、广安；青岛都市圈包括青岛、潍坊、日照、烟台；西安都市圈包括西安、咸阳、渭南、杨凌、铜川。

[3] 杨宏昌、戴宏伟：《"中心开花"需时日：空间结构对区域经济发展的影响——以我国19个城市群为例》，《科技进步与对策》2024年第3期。

生产要素指数子系统中，劳动力子要素的量化表征指标为替换指标。在以效率提升为主要特征的阶段，大部分城市的劳动力子要素对城市与产业互动发展的贡献率有所下降，而进入以生态一体、创新驱动为主要特征的阶段，城市对劳动力的需求重点向以复合型、创新型为主转变，故将"全社会从业人员数"替换为"人才吸引力指数"这一典型性指标。金融资本、技术、土地等子要素的量化表征指标均为沿用和新增指标。在以效率提升为主要特征的阶段，金融资本、技术子要素的贡献率开始上升，土地子要素的贡献率则表现出城市间的差异，因此，分别沿用"固定资产投资"、"专利授权量"和"工业用地面积"等量化表征指标。同时，进入以生态一体、创新驱动为主要特征的阶段，金融资本子要素助推大量新兴产业孵化和成长，金融一级股权投资市场和二级资本市场的投融资事件快速增多，因此，新增"投融资事件数量"这一指标。技术子要素正通过持续的技术投入改变产业的生产形态、组织形态和要素形态，因此，新增"研发人员全时当量"这一指标进行量化表征。土地子要素更加注重提升单位土地面积的经济收益，而以流通服务、科技服务、商务服务等业态为主的生产性服务业以及创新用地模式的都市工业凭借对价值链高端掌控力，具有较高的亩均收入，因此，新增"物流仓储用地面积""商业服务业设施用地"等两项指标进行量化表征。数据子要素的量化表征指标为新增指标。数据子要素作为第五大生产要素对现代城市与产业互动发展在以生态一体、创新驱动为主要特征阶段的作用方兴未艾，代表性量化表征指标有"数据中心机架数""5G基站数量"等，但考虑到以上表征指标在时间序列维度方面，数据难以可持续获取，因此选取"互联网宽带接入用户数"来对数据要素进行表征，宽带网络作为数据存储和传输的重要介质，是推动城市数据要素流动的重要载体和基础设施，其用户数量能够在一定程度反映城市数据要素的发展情况。因此，生产要素指数量化表征指标的具体选取如表11-3所示。

第十一章　现代城市与产业生态一体化发展评价总体框架

表 11-3　生产要素指数子系统量化表征指标选取

子要素	研究者	已有研究的量化表征指标	本研究选取量化表征指标	选取方式
劳动力	任跃文等[1]	采用历年全社会从业人员数衡量劳动力投入	人才吸引力指数	替换
	宋敏等[2]	选取全社会从业人员数表示劳动力投入指标		
	新一线城市研究所	使用毕业生留存率、毕业生首选就业指数、本科高校生源质量等7项指标通过主成分分析法构建人才吸引力指数		
土地	荀文会、王雨晴[3]	选取城镇工矿建设用地面积作为衡量产业发展土地要素投入表征指标	工业用地面积、物流仓储用地面积、商业服务业设施用地	沿用、新增
	李勃、郝武波[4]	选取城市建设用地面积作为衡量二、三产业发展土地要素投入表征指标		
	毛振强等[5]	选取城市建设用地面积作为产业发展土地要素投入表征指标		

---

[1] 任跃文、蒋国洲、许夏冰童:《基于结构方程模型的我国城市化水平对经济增长影响分析》,《商业时代》2014 年第 10 期,第 46~47 页。

[2] 宋敏、马艳霞、汪琦:《金融发展、技术进步与全要素能源效率——基于中介效应的实证研究》,《资源与产业》2020 年第 2 期,第 69~78 页。

[3] 荀文会、王雨晴:《沈阳市老工业基地振兴中土地要素对产业发展的贡献研究》,《中国人口·资源与环境》2013 第 S1 期,第 63~65 页。

[4] 李勃、郝武波:《城市土地要素对二、三产业发展的定量分析——基于环渤海 10 个主要城市》,《经济研究导刊》2013 年第 15 期,第 172~175 页。

[5] 毛振强、左玉强、耿冲等:《再论土地对中国二三产业发展的贡献》,《中国土地科学》2009 年第 1 期,第 19~24 页。

续表

子要素	研究者	已有研究的量化表征指标	本研究选取量化表征指标	选取方式
金融资本	符想花[1]	选取固定资产投资额、固定资产年平均价值、从业人员人均固定资产价值作为衡量区域产业发展资金要素投入指标	固定资产投资、投融资事件数量	沿用、新增
	荀文会、王雨晴[2]	选取固定资产投资作为衡量产业发展资金要素投入表征指标		
技术	逯进等[3]	将研发人员全时当量、研发经费内部支出、研发经费投入强度作为城市技术创新投入衡量指标	专利授权量、研发人员全时当量	沿用、新增
	吴涛[4]	选取研发人员全时当量、研发经费投入强度、技术市场交易金额、技术改造投资等指标作为区域研发投入的量化表征		
数据	邵剑、孟添天[5]	选取5G基站数量指标作为城市信息发展水平的量化表征	互联网宽带接入用户数	新增
	石璐萍、陈学刚[6]	选取年末宽带用户数量指标作为城市数据信息公共设施的量化表征参与衡量城市经济韧性		

微观主体指数子系统中，企业、政府子要素的量化表征指标为替换指标。在以效率提升为主要特征的阶段，部分城市的企业子要素虽然影响作用

---

[1] 符想花：《基于多元统计分析的区域高技术产业发展水平比较研究》，《经济经纬》2010年第1期，第64~67页。
[2] 荀文会、王雨晴：《沈阳市老工业基地振兴中土地要素对产业发展的贡献研究》，《中国人口·资源与环境》2013年第S1期，第63~65页。
[3] 逯进、张竣喃、周惠民：《我国技术创新、产业结构与金融发展的协同效应》，《系统工程》2018年第4期，第78~86页。
[4] 吴涛：《创投资本集聚、技术要素流动与区域创新能力的空间效应分析》，南昌大学硕士论文，2020。
[5] 邵剑、孟添天：《数字城市竞争力对商贸流通业全要素生产率的影响》，《商业经济研究》2023年第11期，第22~25页。
[6] 石璐萍、陈学刚：《新疆城市韧性水平测度与影响因素分析》，《边疆经济与文化》2023年第6期，第14~19页。

第十一章　现代城市与产业生态一体化发展评价总体框架

有所减弱，但贡献率依旧较高，表明部分城市企业子要素的量化表征指标可能对现代城市与产业发展的互动影响作用降低，同时，也可能受到新量化表征指标的影响，仍然保持较高贡献率。而企业子要素从以生态一体、创新驱动为主要特征的阶段开始，正逐步向"大变强、小变精"持续成长，以"500强"等高能级企业为代表的平台型企业和以高新技术企业为代表的创新型企业快速成长，企业梯度发展成为主流，因此，将"规模以上工业企业数量"这一量化表征指标替换为"世界五百强企业数量""高新技术企业数量"两个量化表征指标。政府子要素在以效率提升为主要特征的阶段，贡献率下降较为明显，可能是政府逐渐向"服务型政府"演变，政府的核心职能也从"给资源"到"定方向"再到"优环境"递进转变，因此将"财政收入"这一量化表征指标替换为"营商环境指数"这一量化表征指标。居民子要素的量化表征指标为沿用和新增指标。居民子要素在以效率提升为主要特征的阶段，对城市与产业互动发展的贡献率均出现了提升，表明居民子要素对城市与产业互动发展的影响作用不断增强，因此，沿用"城镇居民人均可支配收入"这一量化表征指标，同时，随着居民需求层次不断提升、消费结构不断优化以及消费方式日益多元，居民子要素对推动城市产业发展的重要性愈发凸显，本篇新增了"教育文化娱乐支出占人均消费支出比重"这一量化表征指标。因此，微观主体指数量化表征指标的具体选取如表11-4所示。

表11-4　微观主体指数子系统量化表征指标选取

子要素	研究者	已有研究的主要结论/ 量化表征指标	本研究选取 量化表征指标	选取方式
居民	凯恩斯[1]	短期中，收入与消费是相关的，消费取决于居民现期的、绝对的收入，消费与收入之间具有稳定的函数关系		沿用、新增

---

[1] 凯恩斯绝对收入理论认为，在短期中，收入与消费是相关的，消费取决于居民现期的、绝对的收入，消费与收入之间具有稳定的函数关系。

续表

子要素	研究者	已有研究的主要结论/量化表征指标	本研究选取量化表征指标	选取方式
居民	杜森贝里[1]	消费者的消费支出取决于相对收入水平,即相对于其他人的收入水平和相对于本人历史上最高的收入水平	城镇居民人均可支配收入、教育文化娱乐支出占人均消费支出比重	沿用、新增
	弗里德曼[2]	消费者的消费支出不是由他的现期收入决定,而是由他的永久收入决定,即消费者可以预计到的长期收入		
企业	刘小铁[3]	具有一定规模效应的企业数量集聚是产业集群规模的重要特征之一,也是影响城市产业集群发展的重要影响因素	世界五百强企业数量、高新技术企业数量	替换
	徐晓燕[4]	企业效率是影响制造业产业效率的重要影响因素,而企业效率的提升,往往得益于产业链中处于支配性地位的规模型企业凭借先进的技术创新能力和成本优势,带动产业链上的中小企业进行创新与降本活动,导致产业链内新的投资乘数效应和加速效应,效率得到提升		
政府	刘凤等[5]	持续优化营商环境是完善政府体制机制、促进经济高质量发展的关键举措,营商环境也能反映政府在产业生态中发挥的作用	营商环境指数	替换

---

[1] 杜森贝里相对收入理论认为,消费者的消费支出取决于相对收入水平,即相对于其他人的收入水平和相对于本人历史上最高的收入水平。
[2] 弗里德曼永久收入消费理论认为,消费者的消费支出不是由他的现期收入决定,而是由他的永久收入决定,即消费者可以预计到的长期收入。
[3] 刘小铁:《产业集群发展水平的评价模型及指标体系》,《江西社会科学》2013年第10期,第54~58页。
[4] 徐晓燕:《影响制造业产业效率的因素分析》,《经济论坛》2009年第6期,第12~14页。
[5] 刘凤、廖鑫、周贤永:《城市营商环境优化的生成逻辑与实现路径——基于实地调研和QCA的多重分析》,《科技进步与对策》2023年,第1~10页。

第十一章 现代城市与产业生态一体化发展评价总体框架

综上所述，本篇基于四大子系统及其子要素而构建的现代城市与产业生态一体化发展评价指标体系的具体设置如表11-5所示。

表11-5 现代城市与产业生态一体化发展评价指标体系

目标层	引领层	支撑层	序号	指标层	单位	数据来源
现代城市与产业生态一体化发展指数	城市功能指数	经济运筹功能	1	生产性服务业增加值	亿元	统计年鉴
			2	A股上市企业数量	家	企查查
		创新策源功能	3	研发投入强度	%	统计年鉴
			4	技术合同成交额	亿元	统计年鉴
			5	创新氛围指数	—	新一线城市研究所
		需求引领功能	6	商业魅力指数	—	新一线城市研究所
			7	消费活跃度指数	—	新一线城市研究所
		门户枢纽功能	8	城市枢纽性指数	—	新一线城市研究所
			9	进出口总额	万美元	统计年鉴
		文化融汇功能	10	社交活跃度指数	—	新一线城市研究所
		生态宜居功能	11	环境友好指数	—	新一线城市研究所
			12	空气质量指数	—	新一线城市研究所
	城市空间指数	区域空间	13	都市圈房屋竣工面积	万平方米	统计年鉴
		产业空间	14	国家级开发区（高新区）营业收入	亿元	火炬统计年鉴
	生产要素指数	劳动力	15	人才吸引力指数	—	新一线城市研究所
		土地	16	工业用地面积	平方公里	城市建设统计年鉴
			17	物流仓储用地面积	平方公里	城市建设统计年鉴
			18	商业服务业设施用地	平方公里	城市建设统计年鉴
		金融资本	19	固定资产投资	亿元	统计年鉴
			20	投融资事件数量	次	企查查
		技术	21	研发人员全时当量	万人/年	统计年鉴
			22	专利授权量	件	统计年鉴
		数据	23	互联网宽带接入用户数	万户	统计年鉴

续表

目标层	引领层	支撑层	序号	指标层	单位	数据来源
现代城市与产业生态一体化发展指数	微观主体指数	居民	24	城镇居民人均可支配收入	元	统计年鉴
		居民	25	教育文化娱乐支出占人均消费支出比重	%	统计年鉴
		企业	26	世界五百强企业数量	家	财富
		企业	27	高新技术企业数量	家	企查查
		政府	28	营商环境指数	—	中国社会科学院、泽平宏观

第十二章 现代城市与产业生态一体化发展指数测算

第一节 现代城市与产业生态一体化发展指数测算过程

一 数据标准化

由于28项具体指标的单位各不相同，无法进行直接测算比较，为了消除多指标综合评价中计量单位的差异和指标数值量级的差别，先将各量化指标数据进行无量纲化处理，即数据标准化处理。数据标准化处理方法主要有极值法标准化、Z—score标准化、功效系数法等。本篇运用极值法进行标准化处理，设 A_{ij} 为 j 指标第 i 个对象的无量纲化值，X_{ij} 为指标的统计值，X_{jMAX} 及 X_{jMIN} 分别为 j 指标的最大值和最小值。为了数据运算处理有意义，必须消除0和负值的影响，故需对无量纲化后的数据进行整体平移 α 个单位，一般 α 取值 0.0001，通过公式进行数据的标准化处理。当指标 X_i 为正效应时，$A_{ij} = (X_{ij}-X_{jMIN})/(X_{jMAX}-X_{jMIN})+\alpha$；当指标 X_i 为负效应时，$A_{ij} = 1-(X_{ij}-X_{jMIN})/(X_{jMAX}-X_{jMIN})+\alpha$。具体运算过程示例详见专栏12-1。

二 权重测算

在信息论中，熵是对不确定性的一种度量。信息量越大，不确定性就越小，熵也就越小；信息量越小，不确定性越大，熵也越大。熵权系数法能够反映出指标信息熵值的效用价值，从而确定权重，作为一种客观赋权法，由熵权系数法得出的指标权重比主观赋权法具有较高的可信度和精确度，以成都的数据处理为例，具体测算步骤详见专栏12-1。

专栏12-1 熵权系数法计算权重过程示例

熵权系数法计算操作步骤及相应计算公式如下。

1. 数据标准化

数据标准化需将指标数据进行无量纲化处理，本次计算数据为13个评价城市，近六年的数据，每年有28项指标，因此需将每个城市近六年的数据指标拉通进行标准化处理，每个城市共涉及168项指标。本文运用极值法进行标准化，由于本文所选取指标均为正效应指标，所以标准化时均采用公式 $A_{ij} = (X_{ij} - X_{jMIN}) / (X_{jMAX} - X_{jMIN}) + \alpha$。其中 A_{ij} 为标准化后的指标值，X_{jMAX} 及 X_{jMIN} 分别为 j 指标的最大值和最小值，α 取值为0.0001。

2. 计算标准化后的每个城市每年的每个指标值比重 P_{ij}：

$$P_{ij} = \frac{A_{ij}}{\sum_{i=1}^{n} A_{ij}}$$

3. 将每个城市每年的同一类指标值比重 P_{ij} 进行进一步计算得到各指标的熵值 e_j，如：评价指标体系中的第一项指标"生产性服务业增加值"的计算方法为，13个评价城市近六年的"生产性服务业增加值"的 P_{ij}，即对78个"生产性服务业增加值"指标进行计算，得到"生产性服务业增加值"这一项指标的熵值，依次计算剩余27项指标的熵值：

$$e_j = -\frac{1}{\ln n_j} \sum_{i=1}^{n} P_{ij} \ln P_{ij}, (0 \leq e_j \leq 1)$$

4. 计算每项评价指标的差异系数 g_j：

$$g_j = 1 - e_j$$

第十二章 现代城市与产业生态一体化发展指数测算

5. 确定每项评价指标的权重 W_j：

$$W_j = \frac{g_j}{\sum_{j=1}^{m} g_j} (j = 1,2,3,\cdots,m)$$

6. 根据上述权重测算结果逐层向上加权计算各城市的子要素、子系统得分并通过乘积累加的方式计算出每个城市每一年的现代城市与产业生态一体化发展指数得分及总得分：

$$S_i = \sum_{j=1}^{m} W_j \times P_{ij}$$

以成都为例，该数据集包含成都2017~2022年的城市产业生态一体化28项指标数据，共涉及168项指标，但考虑到占据篇幅较大，此处仅展示成都2022年单年数据的处理过程，如下所示。

引领层	支撑层	序号	指标层	成都2022数据标准化A_1	成都2022年指标值比重P_1	熵值e_j	差异系数g_j	指标权重W_j	成都2022年各分项指标得分S_1
城市功能指数	经济运筹功能	1	生产性服务业增加值	0.2857	0.0123	0.0422	0.9578	0.0358	0.00044
		2	A股上市企业数量	0.1918	0.0095	0.0460	0.9540	0.0356	0.00034
	创新策源功能	3	研发投入强度	0.3800	0.0127	0.0415	0.9585	0.0358	0.00046
		4	技术合同成交额	0.1706	0.0129	0.0470	0.9530	0.0356	0.00046
		5	创新氛围指数	0.3266	0.0146	0.0450	0.9550	0.0357	0.00052
		6	商业魅力指数	0.6258	0.0190	0.0418	0.9582	0.0358	0.00068
	需求引领功能	7	消费活跃度指数	0.4574	0.0129	0.0407	0.9593	0.0358	0.00046

续表

引领层	支撑层	序号	指标层	成都2022数据标准化A_1	成都2022年指标值比重P_1	熵值e_j	差异系数g_j	指标权重W_j	成都2022年各分项指标得分S_1
城市功能指数	门户枢纽功能	8	城市枢纽性指数	0.7428	0.0185	0.0407	0.9593	0.0358	0.00066
		9	进出口总额	0.0178	0.0017	0.0586	0.9414	0.0352	0.00006
	文化融汇功能	10	社交活跃度指数	0.5464	0.0148	0.0416	0.9584	0.0358	0.00053
	生态宜居功能	11	环境友好指数	0.7413	0.0144	0.0395	0.9605	0.0359	0.00052
		12	空气质量指数	0.3412	0.0097	0.0404	0.9596	0.0358	0.00035
城市空间指数	区域空间	13	都市圈房屋竣工面积	0.0001	0.0000	0.0454	0.9546	0.0357	0.00000
	产业空间	14	国家级开发区（高新区）营业收入	0.1003	0.0092	0.0512	0.9488	0.0354	0.00033
生产要素指数	劳动力	15	人才吸引力指数	0.6982	0.0192	0.0409	0.9591	0.0358	0.00069
	土地	16	工业用地面积	0.1779	0.0068	0.0419	0.9581	0.0358	0.00024
		17	物流仓储用地面积	0.3626	0.0108	0.0414	0.9586	0.0358	0.00039
		18	商业服务业设施用地	0.4699	0.0153	0.0417	0.9583	0.0358	0.00055
	金融资本	19	固定资产投资	0.1146	0.0047	0.0415	0.9585	0.0358	0.00017
		20	投融资事件数量	0.0849	0.0069	0.0486	0.9514	0.0355	0.00025

续表

引领层	支撑层	序号	指标层	成都 2022 数据标准化 A_1	成都 2022 年指标值比重 P_1	熵值 e_j	差异系数 g_j	指标权重 W_j	成都 2022 年各分项指标得分 S_1
生产要素指数	技术	21	研发人员全时当量	0.3366	0.0133	0.0425	0.9575	0.0358	0.00048
		22	专利授权量	0.2082	0.0109	0.0432	0.9568	0.0357	0.00039
	数据	23	互联网宽带接入用户数	0.4689	0.0197	0.0409	0.9591	0.0358	0.00071
微观主体指数	居民	24	城镇居民人均可支配收入	0.5433	0.0136	0.0404	0.9596	0.0358	0.00049
		25	教育文化娱乐支出占人均消费支出比重	0.3600	0.0104	0.0404	0.9596	0.0358	0.00037
	企业	26	世界五百强企业数量	0.0691	0.0073	0.0598	0.9402	0.0351	0.00026
		27	高新技术企业数量	0.3656	0.0159	0.0438	0.9562	0.0357	0.00057
	政府	28	营商环境指数	0.5968	0.0116	0.0393	0.9607	0.0359	0.00042

基于以上方法，对 13 个评价城市近六年的数据权重进行测算，得到的结果如表 12-1 所示。

表 12-1　现代城市与产业生态一体化发展评价指标体系权重

引领层	支撑层	序号	指标层	权重
城市功能指数	经济运筹功能	1	生产性服务业增加值	0.0358
		2	A股上市企业数量	0.0356
	创新策源功能	3	研发投入强度	0.0358
		4	技术合同成交额	0.0356
		5	创新氛围指数	0.0357
		6	商业魅力指数	0.0358
	需求引领功能	7	消费活跃度指数	0.0358
		8	城市枢纽性指数	0.0358
	门户枢纽功能	9	进出口总额	0.0352
		10	社交活跃度指数	0.0358
	文化融汇功能	11	环境友好指数	0.0359
	生态宜居功能	12	空气质量指数	0.0358
城市空间指数	区域空间	13	都市圈房屋竣工面积	0.0357
	产业空间	14	国家级开发区（高新区）营业收入	0.0354
生产要素指数	劳动力	15	人才吸引力指数	0.0358
	土地	16	工业用地面积	0.0358
		17	物流仓储用地面积	0.0358
		18	商业服务业设施用地	0.0358
	金融资本	19	固定资产投资	0.0358
		20	投融资事件数量	0.0355
	技术	21	研发人员全时当量	0.0358
		22	专利授权量	0.0357
	数据	23	互联网宽带接入用户数	0.0358
微观主体指数	居民	24	城镇居民人均可支配收入	0.0358
		25	教育文化娱乐支出占人均消费支出比重	0.0358
	企业	26	世界五百强企业数量	0.0351
		27	高新技术企业数	0.0357
	政府	28	营商环境指数	0.0359

第二节　现代城市与产业生态一体化发展指数评价结果

根据本章第一节权重测算结果，逐层向上加权计算各城市的子要素、子系统得分并通过乘积累加的方式计算出每个城市每一年的城市与产业生态一体化发展指数得分，所得到的结果如表12-2所示。

表12-2　2017~2022年13个评价城市的发展指数得分

年份	均值	北京	上海	广州	深圳	成都	杭州
2017	0.0105	0.0284	0.0235	0.0103	0.0129	0.0064	0.0086
2018	0.0112	0.0289	0.0239	0.0115	0.0150	0.0073	0.0087
2019	0.0122	0.0305	0.0240	0.0123	0.0160	0.0085	0.0100
2020	0.0132	0.0318	0.0253	0.0129	0.0174	0.0096	0.0109
2021	0.0149	0.0349	0.0271	0.0145	0.0200	0.0110	0.0129
2022	0.0151	0.0344	0.0272	0.0144	0.0213	0.0118	0.0135
年份	青岛	武汉	重庆	天津	苏州	东莞	西安
2017	0.0050	0.0066	0.0074	0.0082	0.0083	0.0053	0.0055
2018	0.0051	0.0072	0.0081	0.0082	0.0084	0.0059	0.0068
2019	0.0065	0.0079	0.0090	0.0092	0.0095	0.0069	0.0078
2020	0.0072	0.0084	0.0102	0.0104	0.0109	0.0077	0.0086
2021	0.0085	0.0097	0.0109	0.0120	0.0127	0.0091	0.0098
2022	0.0089	0.0100	0.0120	0.0105	0.0128	0.0093	0.0102

第一，从发展指数得分看，2017~2022年，13个评价城市的现代城市与产业生态一体化发展指数得分均呈增长趋势。北京、上海、深圳排名前三，且发展指数得分每年均高于13个评价城市的平均值，表现出较高的城市与产业生态一体化发展水平。其中，北京、上海发展指数得分一直领跑在前两位（见图12-1）。

城市产业进化论：规模·效率·生态

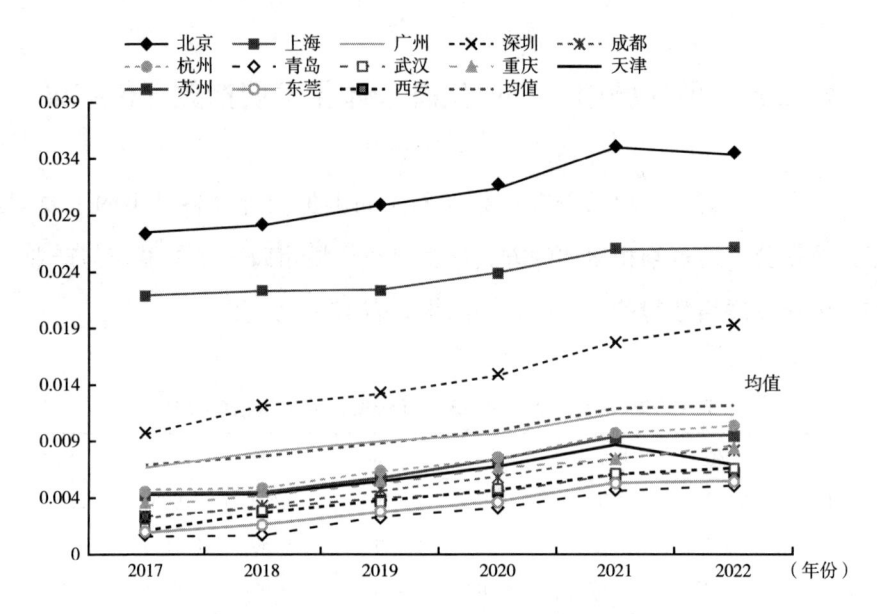

图 12-1 2017~2022 年 13 个评价城市的发展指数得分变化情况

第二，从发展指数得分的变化看，六年间，13 个评价城市的发展指数得分平均增速达到 7.3%，仅有北京、上海、广州 3 个一线城市以及天津 1 个新一线城市的增速低于 13 个评价城市的平均水平（见图 12-2）。

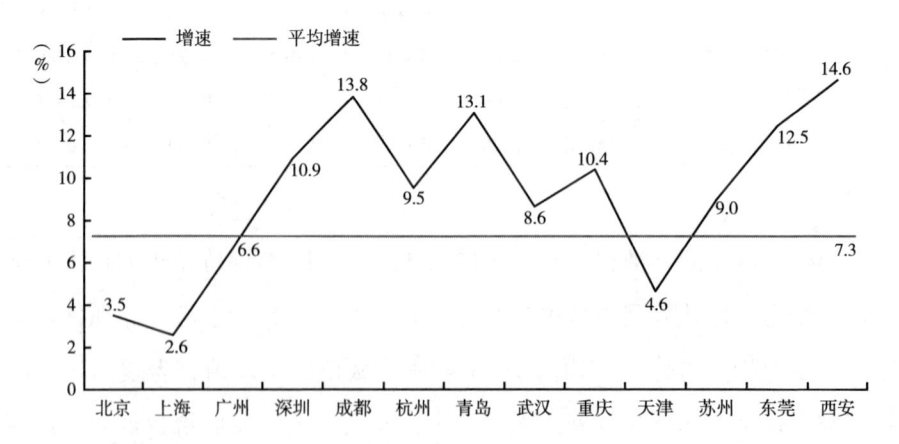

图 12-2 2017~2022 年 13 个评价城市发展指数得分增速及平均增速

第十二章　现代城市与产业生态一体化发展指数测算

第三，从叠加发展指数得分和增速看，北京、上海进入相对平稳的阶段，发展指数得分高于13个评价城市的平均水平，但增速有所放缓，而广州、天津发展指数得分及增速均低于13个评价城市的平均水平，表明广州、天津在城市与产业生态一体化发展阶段可能存在掉队风险。反观深圳，是唯一发展指数得分和增速均高于13个评价城市平均水平的城市，这表明深圳在以生态一体、创新驱动为主要特征的阶段取得了长足进步。而其余8个城市的发展指数得分虽然低于平均水平，但增速高于13个评价城市的平均水平，表明这8个城市追赶一线城市的势头较好。

值得一提的是，成都在以生态一体、创新驱动为主要特征的阶段，发展指数得分排名上升2个位次，得分增幅居新一线城市首位，且增速达13.8%，仅次于西安（14.6%），位居13个评价城市次席，表明成都发展势头强劲。同时，成都与杭州、苏州、重庆等的得分差距不超过0.0020，城市与产业生态一体化发展水平旗鼓相当，城市间竞争角逐激烈。

第四，从一线城市和新一线城市两个层次看，一线城市发展指数得分排名稳定，并占据前四位；新一线城市发展指数得分排名波动中趋稳，成都跃升了两个位次，天津、武汉下滑幅度较大。

北京、上海、深圳、广州4个一线城市2017~2022年发展指数排名均位列前四，并且排名保持不变。北京在城市功能指数、城市空间指数、生产要素指数、微观主体指数四大子系统方面均具备突出优势，上海生产要素指数子系统具有优势，深圳则是在微观主体指数子系统方面表现优秀。

9个新一线城市的发展指数"头部"和"尾部"城市排名保持稳定，"腰部"城市排名存在波动。与2017年相比，2022年杭州（第五位）、苏州（第六位）、东莞（第十二位）、青岛（第十三位）排名维持原位，重庆（第七位）、西安（第十位）在波动中排名小幅上升1位。值得关注的有3个城市，成都的发展指数得分"一路狂飙"，从2017年排名第十位，跃升至2022年第八位，排名增幅位列13个评价城市之首，而天津则从

2017年的第七位，下降至2022年的第九位，武汉从2017年的第九位下降至2022年的第十一位，降幅较大（见图12-3）。

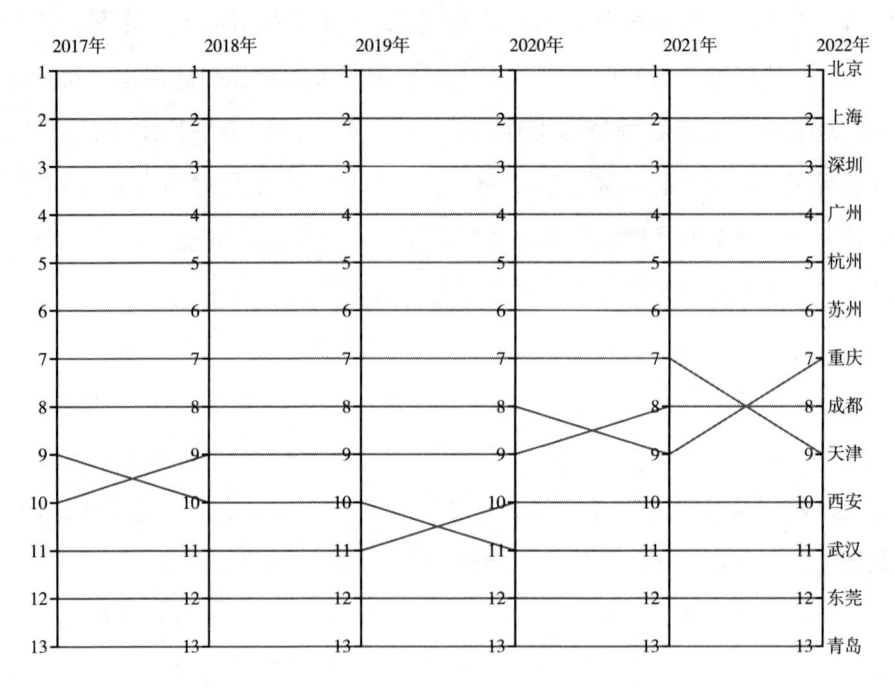

排名	2017年	2018年	2019年	2020年	2021年	2022年
1						北京
2						上海
3						深圳
4						广州
5						杭州
6						苏州
7						重庆
8						成都
9						天津
10						西安
11						武汉
12						东莞
13						青岛

图12-3 2017~2022年13个评价城市发展指数排名

第五，从城市分布区域看，发展指数得分排名前六的城市均为东部沿海城市，中、西部城市重庆和成都紧随其后。这表明东部沿海城市凭借良好的发展基础，在以生态一体、创新驱动为主要特征的阶段建立了一定的先发优势。而西部地区的西安、成都、重庆得分分别以14.6%、13.8%、10.4%的增速排在第一、第二和第六位。这可能的原因在于西部地区作为我国的战略大后方，肩负着打造重大产业链供应链备份基地、重要能源资源供应保障腹地、关键核心技术创新中心等重要使命，近些年来发展势头强劲，正加速成为带动全国高质量发展的重要增长极和新的动力源。

第十二章 现代城市与产业生态一体化发展指数测算

同时,现代城市与产业生态一体化发展指数得分的南北差异更为显著。2022年现代城市与产业生态一体化发展指数得分除北京(第一位)之外,天津(第九位)、西安(第十位)、青岛(第十三位)3座北方城市的发展指数得分均排名靠后。从增速上看,天津和北京两城指数得分增速落在十名之外,分别排名第十一位和第十二位,南北城市有进一步拉大差距的可能。

第十三章　现代城市与产业生态一体化发展子系统评估

从总体上看，13个评价城市现代城市与产业生态一体化发展四个子系统得分排名，主要呈现以下特征（见图13-13）。

第一，一线城市中，四大子系统得分排名整体较均衡且极差较小。其中，北京四大子系统得分排名均为第一，上海、深圳分别有两项子系统得分排名第二，且其余两项子系统得分排名均在前五，排名极差较小。广州四大子系统排名均在第四至第六位之间，排名整体靠前且极差同样较小。

第二，新一线城市中，根据子系统得分排名主要可分为以下三类城市。第一类是单项子系统得分排名靠前的城市，代表性城市有青岛、重庆。青岛和重庆单项子系统得分排名最高为第四位，但其他三项子系统得分排名均不高于第十位。第二类是多项子系统得分排名靠前的城市，代表性城市有苏州、杭州。苏州城市空间指数和微观主体指数两大子系统得分排名第四位，排名较为靠前。杭州城市功能指数和微观主体指数两大子系统得分排名第五。第三类是子系统得分排名均靠后的城市，代表性城市有东莞。东莞四大子系统得分排名均不高于第十位。

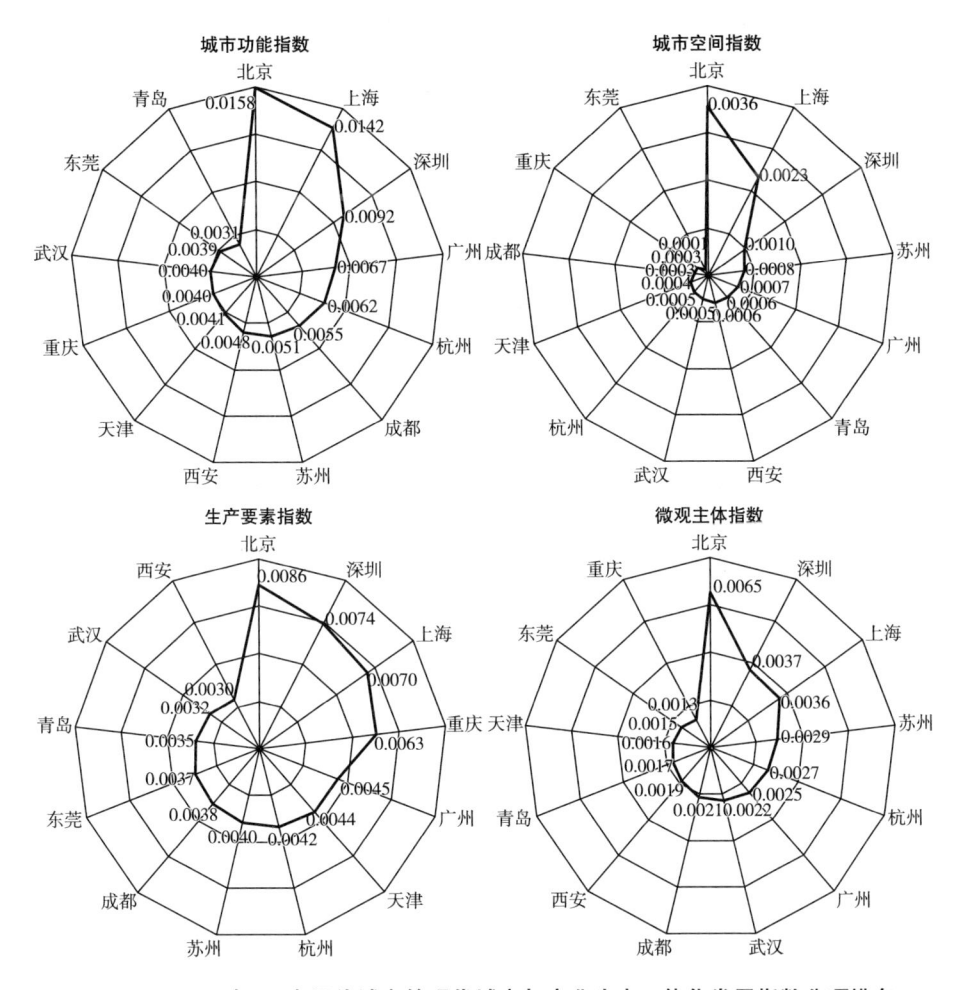

图 13-1 2022 年 13 个评价城市的现代城市与产业生态一体化发展指数分项排名

第一节 城市功能指数分析

从城市功能指数得分来看，2017~2022 年，13 个评价城市的城市功能指数得分总体呈上升趋势，城市功能对城市与产业生态一体化发展的影响不断增强。同时，呈现以下特征：城市功能指数得分排名前六的城市较稳定，而排名第七至第十三位的城市得分差距较小，排名竞争激烈且波动相对较大（见图13-2）。

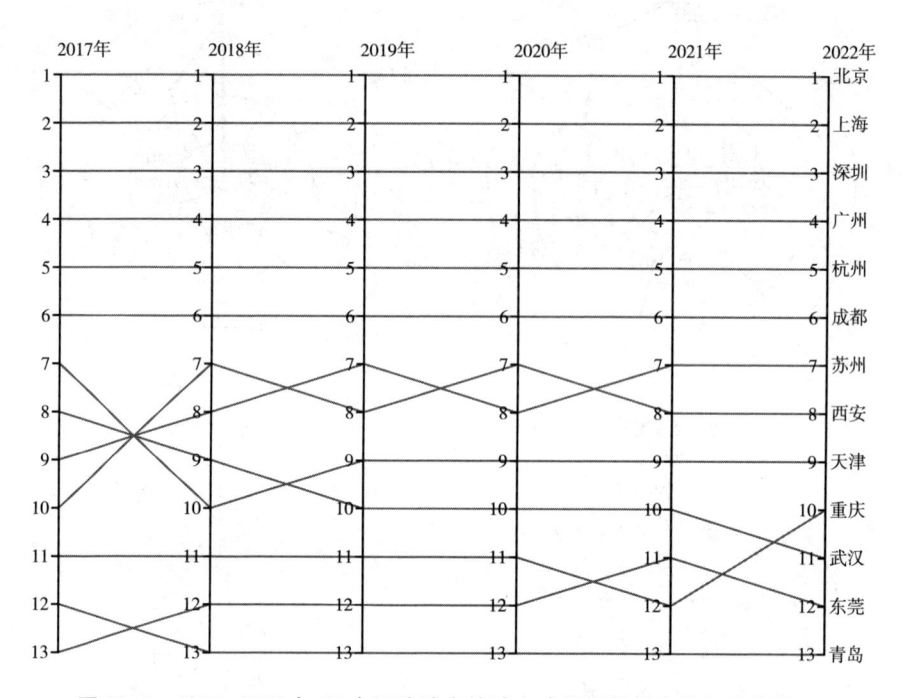

图13-2 2017~2022年13个评价城市的城市功能指数得分排名变化情况

第一，从城市功能指数得分排名前六的城市看（见图13-3），北京、上海"马太效应"显著，广州与深圳差距逐渐拉大，杭州与成都位居新一线城市前两位。

具体而言，北京、上海排名始终居前两位，城市功能指数得分达到0.01以上，且六年间城市功能指数得分增幅居前两位（0.003以上），"马太效应"显著。深圳、广州紧随其后，六年间，城市功能指数得分排名分别稳居第三、第四位，但深圳城市功能指数得分增幅高于广州，两城市之间城市功能指数得分差距正逐渐拉大，由2017年的0.0010扩大至2022年的0.0025。杭州、成都排名稳居新一线城市前两位，杭州城市功能指数得分增长了0.0029，增长率达86.8%，排名第五位。成都城市功能指数得分

第十三章 现代城市与产业生态一体化发展子系统评估

排名在六年间稳定保持在第六位，城市功能指数得分增长了0.00271，增长率达98.2%，排名第四位，表现出良好的增长势头。

第二，从城市功能指数得分排名第七至第十三位的城市看（见图13-3），苏州、西安城市功能指数得分排名均波动上升两位，增幅并列排名第一，重庆、东莞城市功能指数得分排名在波动中小幅上升，而天津、武汉、青岛则波动下降，其中武汉的城市功能指数得分排名下降三位，降幅第一。

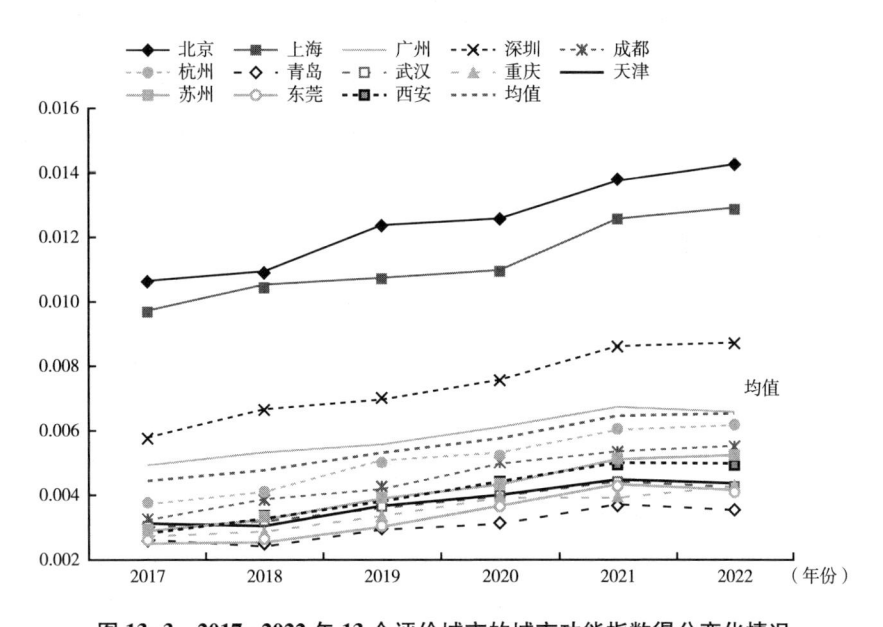

图13-3 2017~2022年13个评价城市的城市功能指数得分变化情况

具体而言，苏州增幅明显，2017~2019年城市功能指数得分排名稳步上升，从第九位上升至第七位，除2020年排名下滑至第八位外，城市功能指数得分均居第七位，值得一提的是，六年间，苏州城市功能指数得分增长了0.0028，增长率达117.7%，排名居13个评价城市首位。西安后来居上，2017年城市功能指数得分（0.0023）排名居13个评价城市第十位，但在2018年异军突起，连续跨越3个位次上升至第七位，虽然之后被苏州反超，排名回落至第八位，但六年间，西安城市功能指数得分增长了0.0026，增长率达112.3%，排名仅次于苏州，居13个评价城市第二位，增长势头强劲。

重庆城市功能指数得分由第十一位小幅上升至第十位，2017~2020年，城市功能指数得分排名稳居第十一位，2021年下滑至第十二位后于2022年上升至第十位。东莞城市功能指数得分由第十三位小幅上升至第十二位，2018~2020年，城市功能指数得分排名稳居第十二位，2021年排名超越重庆上升至第十一位后，于2022年回落至第十二位。

天津城市功能指数得分"U"形特征显著，排名曾由第七位降至第十位，又从第十位波动上升至第九位。武汉、青岛城市功能指数得分增幅最小，分别仅增长0.0015和0.0011，排名分别从2017年的第八位、第十二位，降至2022年的第十一位、第十三位。

从城市功能指数子要素得分看，第一，经济运筹功能子要素北京、上海"遥遥领先"，这主要是基于北京、上海生产性服务业发达，且上市企业数量领先。具体而言，2022年，经济运筹功能子要素排名前五的城市分别是北京、上海、深圳、杭州和广州（得分分别为0.0033、0.0031、0.0024、0.0013和0.0011）（见图13-4），它们表现出较强的高端要素运筹能力以及价值链高端收益分配权。其背后可能是发达的生产性服务业支撑和众多上市总部企业对价值链高端环节的掌控。2022年，北京、上海生产性服务业增加值分别达到2.3万亿元和2.0万亿元，占GDP的比重分别达到54.1%和45.0%，A股上市企业数量均超过440家，超出排名第三位的深圳50余家。

第二，创新策源功能子要素北京独占鳌头（见图13-5），深圳重视研发投入，广州创新成果转化实力突出，西安创新投入与产出两端表现均亮眼，北京、上海创新氛围指数较高。具体而言，2022年，北京创新策源功能子要素得分超过排在第二位的上海0.0022之多，整体表现出强劲的创新

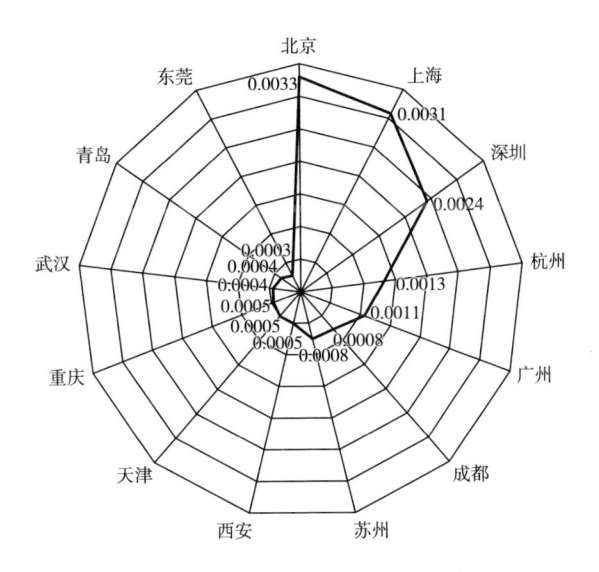

第十三章 现代城市与产业生态一体化发展子系统评估

图 13-4 2022 年 13 个评价城市经济运筹功能指数得分

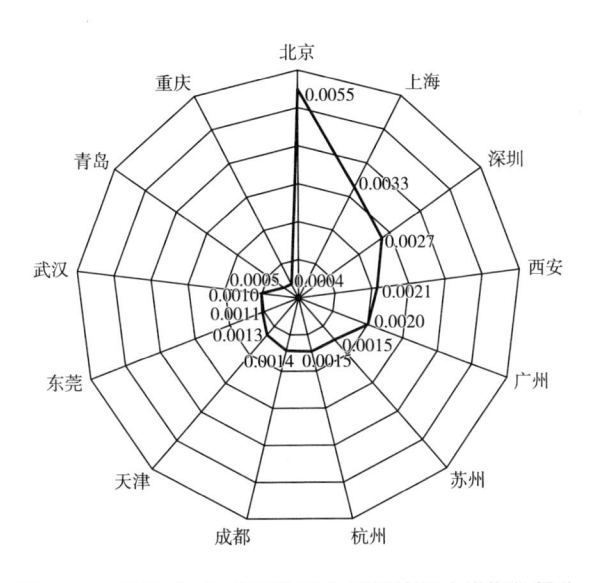

图 13-5 2022 年 13 个评价城市创新策源功能指数得分

动能。上海、深圳、西安、广州分别位居第二至第五位，创新策源功能子要素得分分别为 0.0033、0.0027、0.0021 和 0.0020。其中，深圳在创新投入端表现抢眼，2022年全社会研发投入强度为5.8%，仅次于北京，排在第二位，而广州则在创新成果转化方面表现突出，2022年广州技术合同交易额达2645.5亿元，连续五年位居广东省第一，排名全国第四。值得一提的是，西安则在创新投入与产出两端均表现亮眼，2022年全社会研发投入强度为5.1%，仅次于北京、深圳，排名第三位，而技术合同成交额高达2881亿元，同样仅次于北京、上海，排名第三位，正是创新投入与产出两端发力，促使西安在创新策源功能子要素中排名高位跃升。此外，北京、上海创新氛围浓郁，创新氛围指数分别为100和97，排名前两位。

第三，需求引领功能子要素上海反超北京，成都商业魅力指数得分较高，杭州消费活跃度指数得分较高。具体而言，2022年，需求引领功能子要素排名前五的城市分别是上海、北京、广州、深圳、杭州，得分分别为0.0021、0.0018、0.0014、0.0014和0.0012（见图13-6）。其中，上海凭借在消费供需两端持续成长反超北京，居首位。成都在商业魅力指数上得

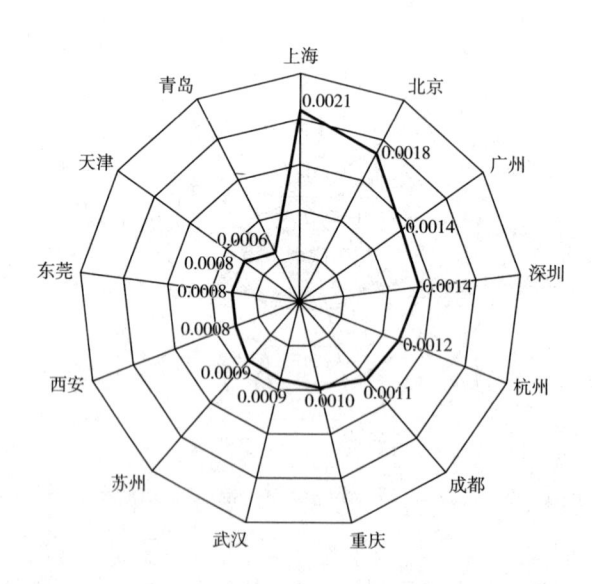

图13-6 2022年13个评价城市需求引领功能指数得分

分较高，在商业资源集聚度、生活方式多样性、未来可塑性等多个维度具有较强实力，居新一线城市榜首。杭州则具有较高的消费活跃度，在外卖、网购、海淘等用户数量及活跃度方面表现较好。

第四，门户枢纽功能子要素上海综合实力强劲，深圳进出口反超北京，成都城市枢纽地居新一线城市榜首。具体而言，2022年，门户枢纽功能子要素得分排名前五的城市分别是上海、北京、广州、深圳和成都，得分分别为0.0040、0.0036、0.0008、0.0008和0.0007（见图13-7）。其中，成都居新一线城市榜首，城市枢纽功能指数得分排名全国第四，在机场能级、高铁站能级以及城际交通基础设施等方面实力较强。深圳则在进出口方面表现较强实力，2022年进出口总额达3.7万亿元，超越北京（3.6万亿元），仅次于上海（7.7万亿元），排名第二位。

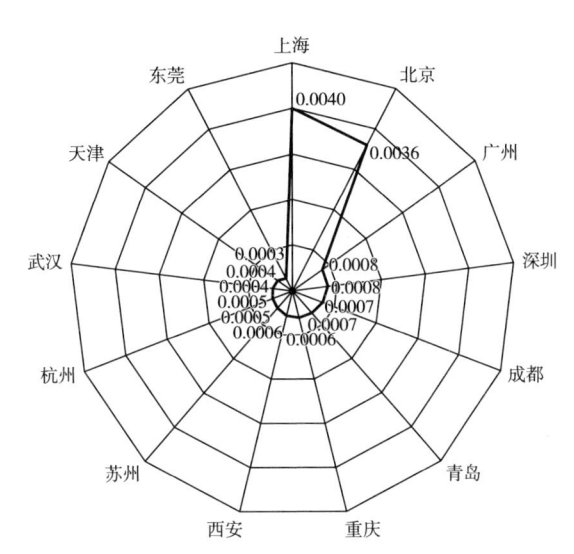

图13-7 2022年13个评价城市门户枢纽功能指数得分

第五，文化融汇功能子要素广州反超北京，杭州居新一线城市榜首。具体而言，2022年，文化融汇功能子要素得分排名前五的城市分别是上海、广州、北京、深圳和杭州，得分分别为0.0010、0.0009、0.0009、0.0008和0.0007（见图13-8）。其中，4个一线城市文化融汇功能得分差距甚微，但广州得分超越北京，表现出更为旺盛的社交活跃度。新一线城市中，杭州在淘宝直播互动指数、抖音短视频互动指数等方面活跃度较高，超越重庆、成都居新一线城市榜首。

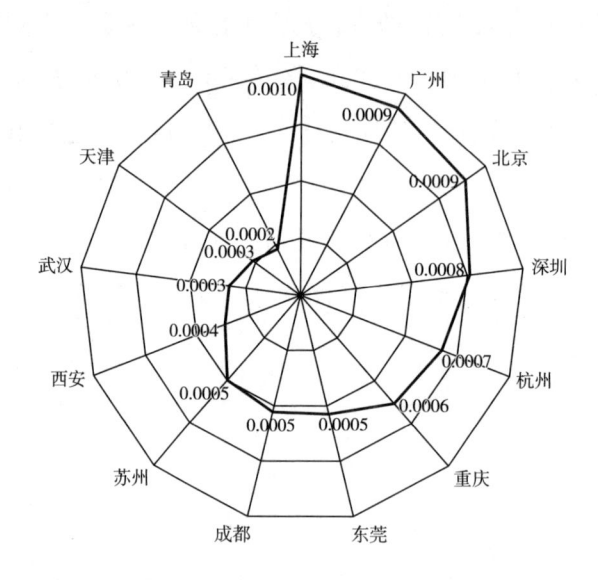

图13-8 2022年13个评价城市文化融汇功能指数得分

第六，生态宜居功能子要素深圳在一线城市中"一枝独秀"，东、中、西部地区均有新一线城市居前列。具体而言，2022年，生态宜居功能子要素排名前五的城市分别是深圳、杭州、苏州、东莞和重庆，得分分别为0.0011、0.0011、0.0010、0.0009和0.0009（见图13-9）。可以看出，与其他分项功能相比，生态宜居功能子要素中，一线城市仅有深圳进入前五，其他4个均为新一线城市，杭州（65.2）、苏州（60.9）在环境友好指数方面得分较高，东莞、重庆凭借PM2.5达标天数、AQI低于50天数等空气质量指数方面的优异表现进入前五。

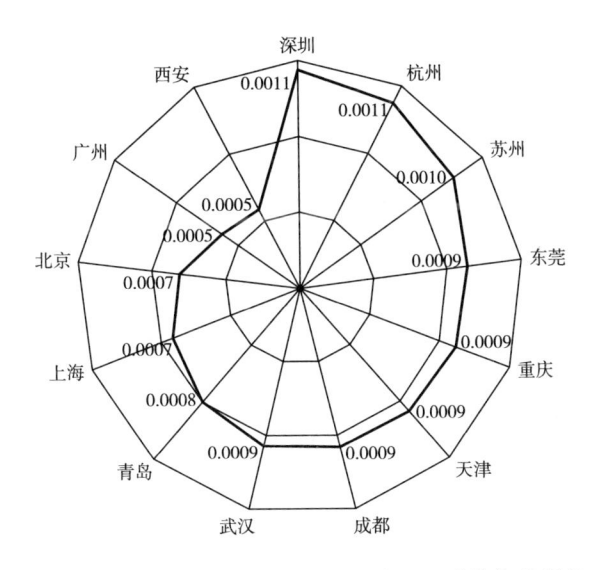

图 13-9　2022 年 13 个评价城市生态宜居功能指数得分

第二节　城市空间指数分析

从城市空间指数得分来看，2017~2022年，13个评价城市的城市空间指数得分差异化特征显著，上海、苏州、武汉、天津、杭州得分呈下降趋势。

第一，从一线城市看，北京城市空间指数得分优势显著，深圳、广州城市空间指数得分排名持续攀升。具体而言，北京、上海城市空间指数得分排名稳居前两位，北京得分增幅达0.0011，居第一位；上海则出现负增长，排名被北京反超。深圳、广州城市空间指数得分排名分别从2017年的第十二位和第九位，跃升至2022年的第三位和第五位，而深圳城市空间指数得分增幅（0.0008）高居第二位（见图13-10）。六年间，广州、深圳两座城市的城市空间指数排名不断跃升，表现出城市空间对城市与产业生态一体化发展的作用不断加强。

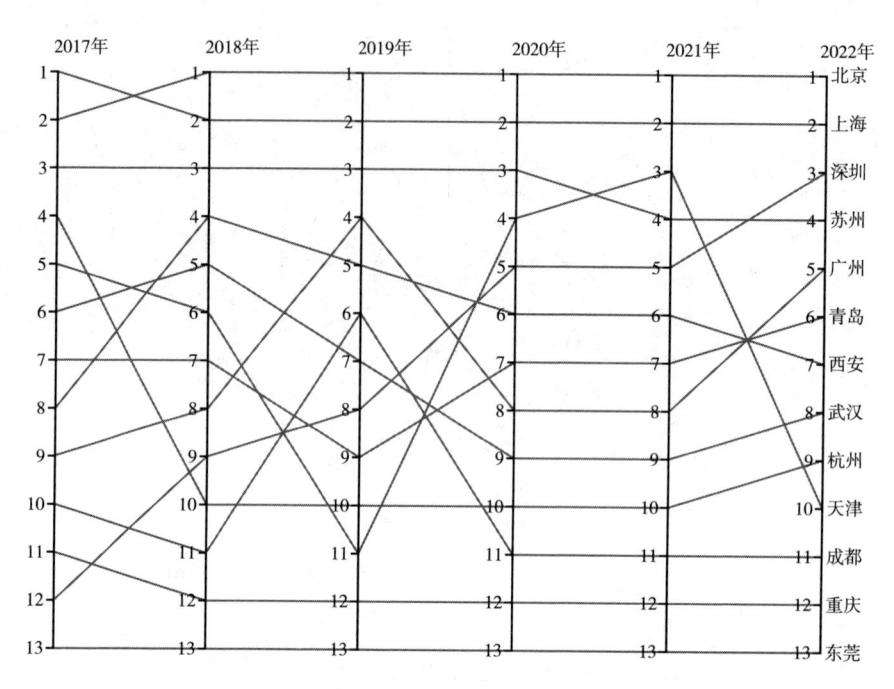

图 13-10　2017~2022 年 13 个评价城市的城市空间指数排名变化情况

第二，从新一线城市看，苏州、青岛城市空间指数得分表现抢眼，而天津、杭州城市空间指数得分排名下滑五位。具体而言，苏州、青岛城市空间指数得分排名居第四位和第六位，而苏州在 2021 年之前城市空间指数得分一度稳定在第三位。总体上来看，这两座城市的城市空间指数得分对城市与产业生态一体化的作用较为显著。值得注意的是，天津、杭州城市空间指数得分排名出现较大幅度的下滑，分别从 2017 年的第五位和第四位，下降至 2022 年的第十位和第九位，排名下降幅度并列第一（见图 13-11）。

从城市空间指数子要素得分来看，一线城市产业空间子要素得分较高，新一线城市中，苏州、青岛、西安区域空间子要素得分较高。一是 2022 年产业空间子要素得分排名前五的城市分别是北京、上海、深圳、广州和武汉，得分分别为 0.0033、0.0016、0.0009、0.0005 和 0.0004（见图 13-12）。这可能在于这些城市中的国家高新区实力强大，2022 年，五

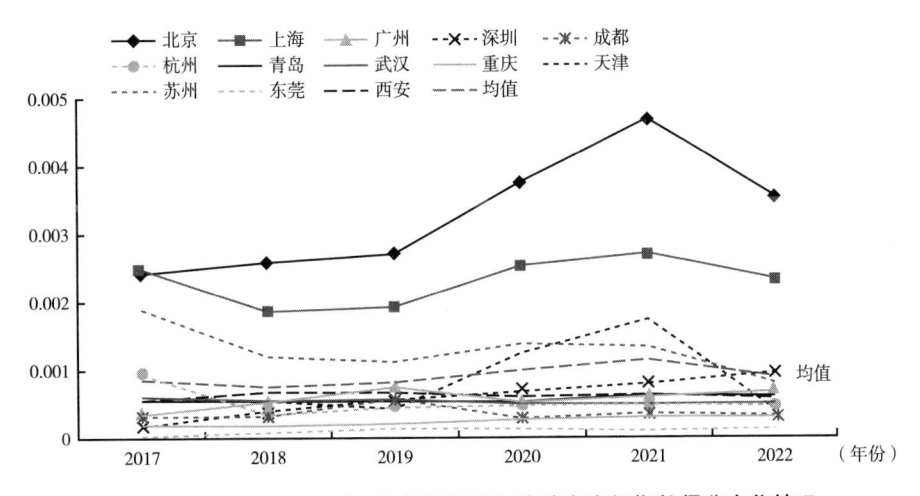

第十三章 现代城市与产业生态一体化发展子系统评估

图 13-11 2017~2022 年 13 个评价城市的城市空间指数得分变化情况

城高新区营业收入分别为 8.4 万亿元、4.2 万亿元、2.3 万亿元、1.5 万亿元和 1.3 万亿元。武汉作为上榜前五的新一线城市，在国家高新区方面拥有较强的竞争力。二是 2022 年区域空间子要素得分排名前五的城市分别为上海、苏州、青岛、西安和北京，得分分别为 0.0007、0.0007、0.0005、0.0003 和 0.0003（见图 13-13），这可能在于这些城市及所在都市圈、城市群的空间发展较快。值得关注的是，成都所处都市圈区域空间得分排名末位，表明成都所处都市圈区域空间发展整体水平还不高。

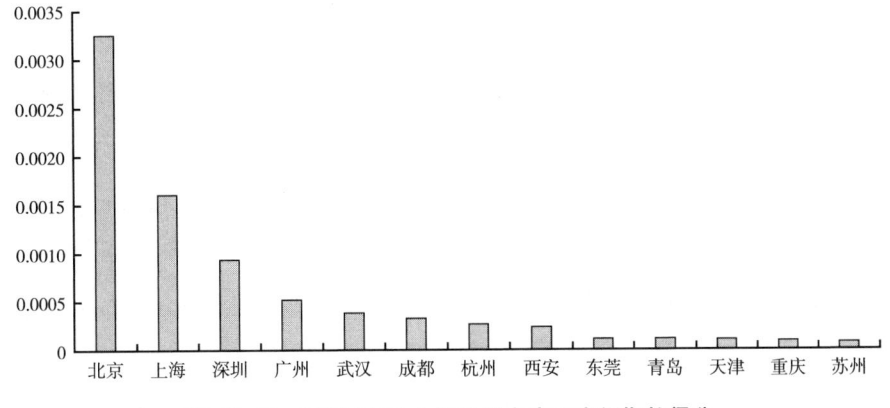

图 13-12 2022 年 13 个评价城市产业空间指数得分

图 13-13　2022 年 13 个评价城市区域空间指数得分

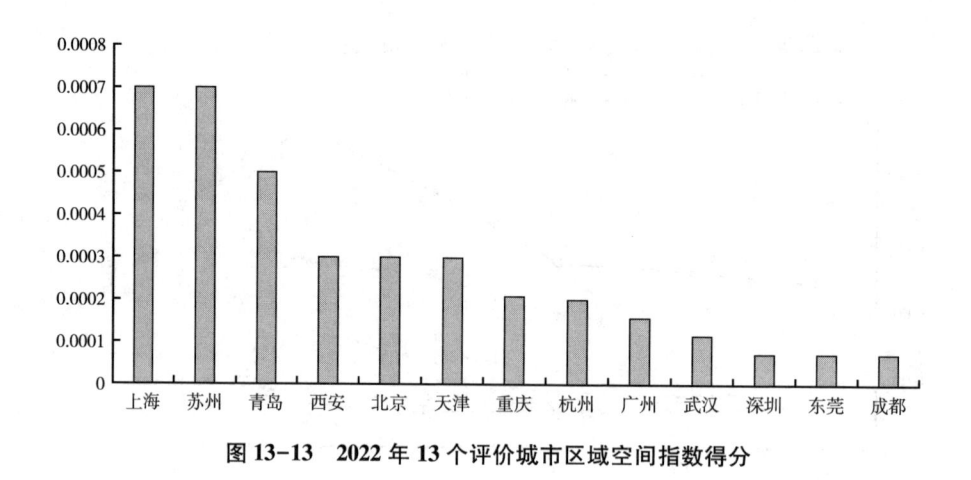

第三节　生产要素指数分析

从生产要素指数得分来看，2017~2022 年，13 个评价城市的生产要素指数得分中多数城市呈上升趋势，仅有上海生产要素指数得分呈下降趋势。排名前七的城市相对稳定（见图 13-14），排名后六位的城市虽然增幅较大，但得分整体仍然较低，并且呈现显著的地区差异特征。

第一，从生产要素指数得分排名前七的城市看，北京、上海、广州、天津四市生产要素指数得分增幅排名末四位，深圳、重庆、杭州三市增幅处于中游且排名相对稳定。具体来看，北京、上海、深圳虽然得分排名一直位列前三，但北京、上海两市生产要素指数得分增幅分别为 0.0003 和 -0.001，仅深圳还持续保持较快增长，增幅达到 0.0028。重庆表现亮眼，排名稳居第四位并且得分增幅达到 0.0023，与北京、上海的得分差距持续缩小。天津虽然得分相对较高，但增幅不足，广州得分已于 2022 年实现对天津的反超，并且杭州也有可能在未来几年内实现对天津的超越。

第二，从生产要素指数得分排名后六位的城市看，整体虽然增幅相对

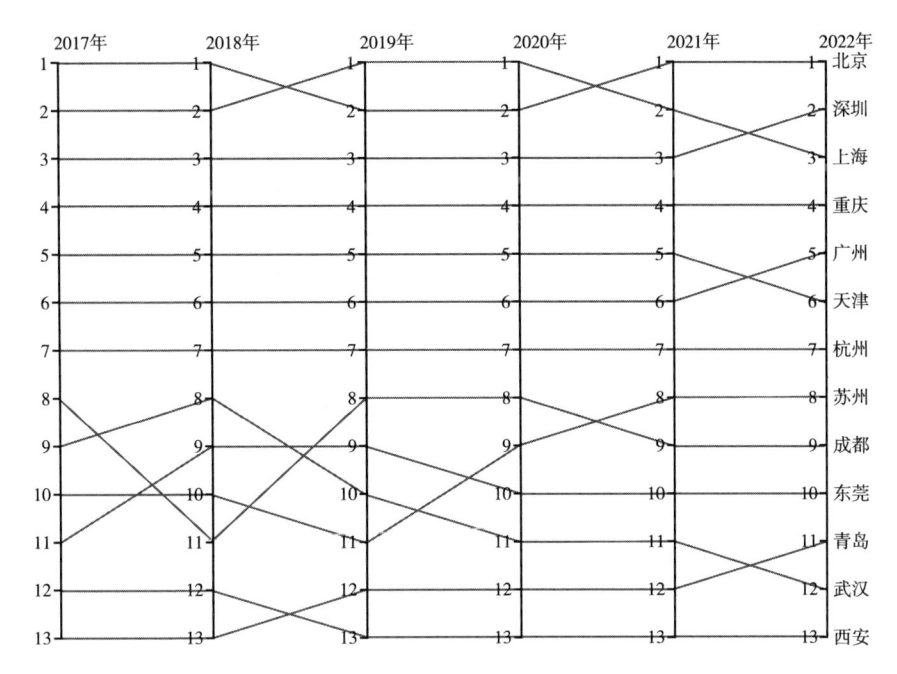

第十三章　现代城市与产业生态一体化发展子系统评估

图13-14　2017~2022年13个评价城市生产要素指数排名变化情况

较高，但得分仍然较低，并且呈现显著的地区差异特征，东部沿海城市苏州、东莞、青岛排名均呈上升趋势，而中西部城市成都、武汉、西安排名均有不同程度的下降（见图13-15）。具体来看，东部城市情况较好，苏州、东莞、青岛生产要素指数得分排名保持良好的上升势头，分别从2017年的第十位、第十一位和第十三位上升到2022年的第八位、第十位和第十一位。中、西部城市得分排名不高，成都由于增幅不及苏州，从2021年开始排名回落至第九位，武汉则因相对较低的增幅（0.0011）排名持续下滑，增幅排名在第二位的西安由于自身发展基础较弱等原因目前仍排在末位。

从生产要素指数子要素得分来看，其一，在劳动力子要素方面，北京优势显著，同处前五位的深圳、杭州、广州、上海4个城市间差距微弱。2022年，劳动力子要素得分排名前五的城市分别是北京、深圳、杭州、广州和上

267

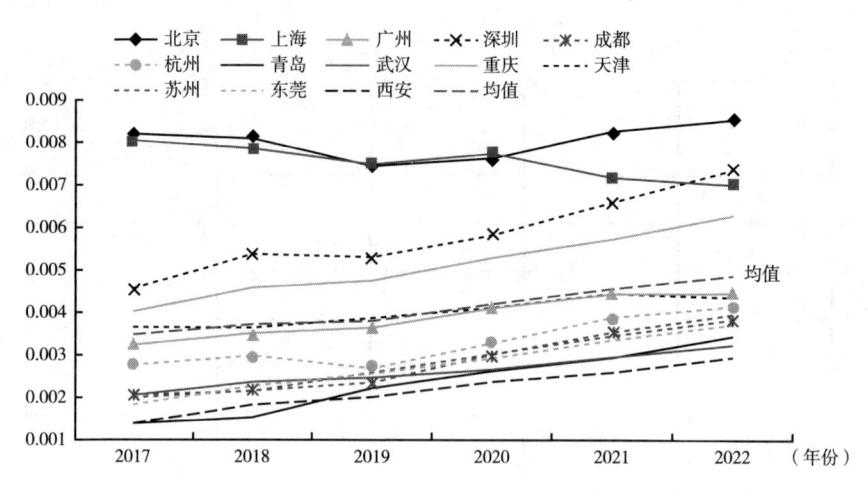

图 13-15　2017~2022 年 13 个评价城市生产要素指数得分变化情况

海，得分分别为 0.0010、0.0008、0.0008、0.0007 和 0.0007（见图 13-16）。北京凭借众多优质的高校院所和高能级企业总部成为人才吸引力最强的城市，深圳和杭州则凭借近年来数字经济等新兴产业的快速发展，吸引了大量高端人才集聚。

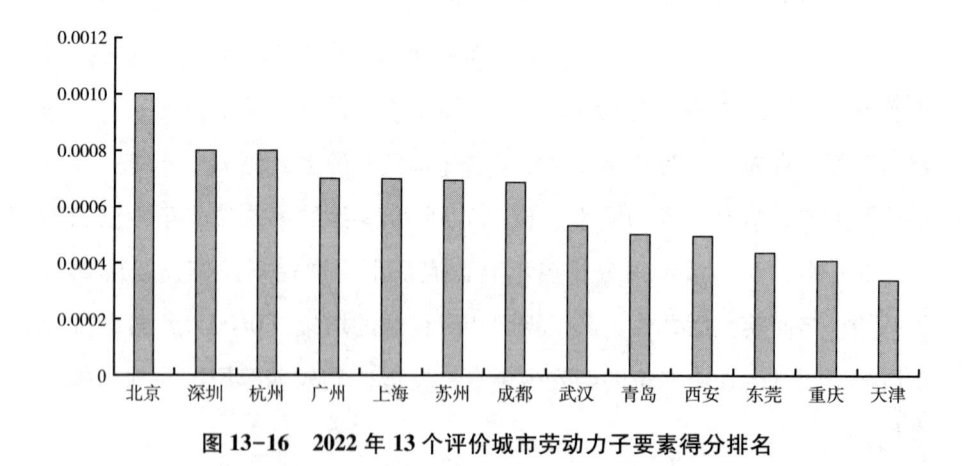

图 13-16　2022 年 13 个评价城市劳动力子要素得分排名

其二，在土地子要素方面，直辖市占据优势，东莞强势入榜。2022年，土地子要素得分排名前五的城市分别为北京、重庆、上海、天津和东莞，得分分别为 0.0026、0.0022、0.0021、0.0021 和 0.0020（见图 13-17）。其中，排名前四位的城市均为直辖市，其在土地规划及政策支持等方面都具有先天优势，北京凭借最大的物流仓储用地面积和商业服务业设施用地面积排名首位，东莞作为粤港澳大湾区的工业基地，凭借面积最大的工业用地成功入围前五。

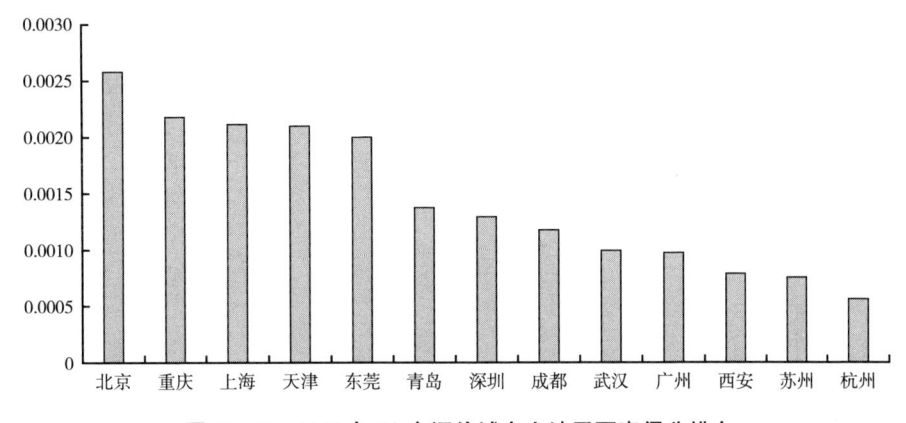

图 13-17　2022 年 13 个评价城市土地子要素得分排名

其三，在金融资本子要素方面，北京投融资事件最多，投融资活跃度较高。2022 年，金融资本子要素得分排名前五的城市为北京、深圳、重庆、上海和杭州，得分分别为 0.0019、0.0016、0.0015、0.0015 和 0.0011（见图 13-18）。北京作为链接资金流的核心城市，拥有众多投资机构及金融总部，2022 年，投融资事件数量多达 2081 次，超过广州（541 次）、深圳（1509 次）之和。

其四，在技术子要素方面，深圳创新高地优势地位明显，反超北京排名首位。2022 年，技术子要素排名前五的城市为深圳、北京、上海、广州和杭州，得分分别为 0.0033、0.0024、0.0019、0.0014 和 0.0013（见图 13-19）。深圳在研发人员全时当量和专利授权量两项指标上均处于领先地位。

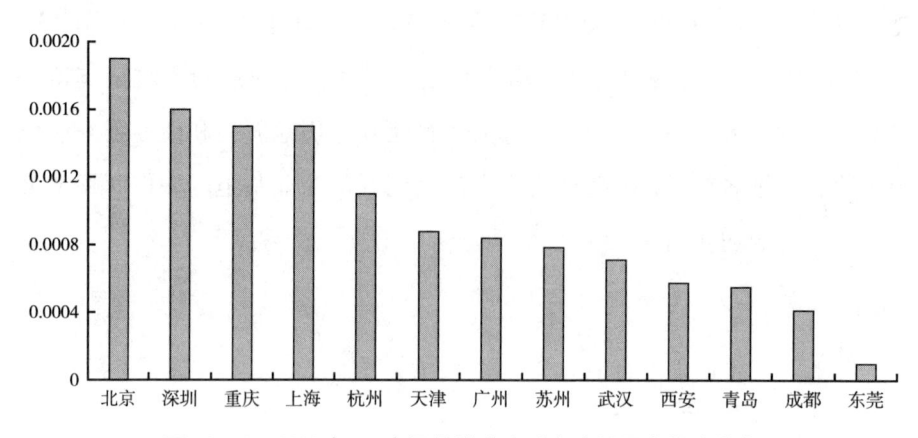

图 13-18　2022 年 13 个评价城市金融资本子要素得分排名

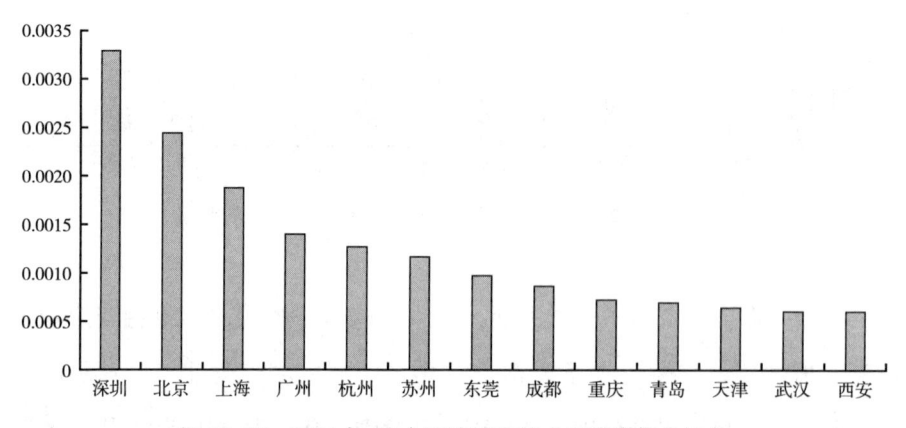

图 13-19　2022 年 13 个评价城市技术子要素得分排名

其五，在数据子要素方面，西部城市表现亮眼，重庆占据榜首，成都排名第四。2022 年，数据子要素得分排名前五的城市分别为重庆、上海、北京、成都和苏州，得分分别为 0.0015、0.0009、0.0007、0.0007 和 0.0006（见图 13-20）。成都和重庆两个西部城市凭借良好的数据基础设施建设，为发展数字经济占得先机。

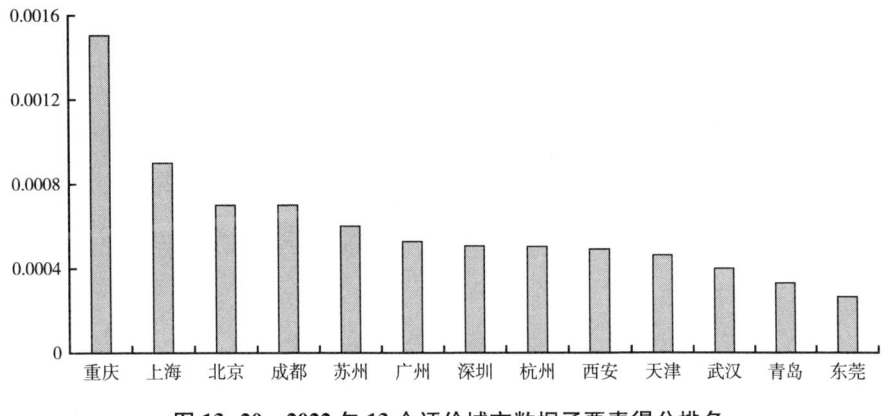

第十三章 现代城市与产业生态一体化发展子系统评估

图 13-20 2022 年 13 个评价城市数据子要素得分排名

第四节 微观主体指数分析

从微观主体指数得分来看，2017~2022 年，13 个评价城市的微观主体指数得分总体呈上升趋势（见图 13-21），微观主体在以生态一体、创新驱动为主要特征的阶段，对城市与产业生态一体化发展的作用持续增强。同时，一线城市排名相对稳定，新一线城市波动相对较大。

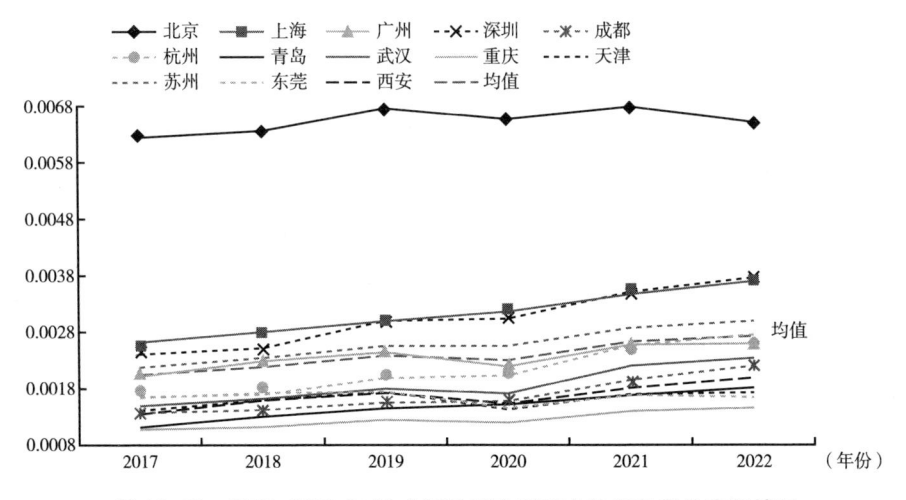

图 13-21 2017~2022 年 13 个评价城市微观主体指数得分变化情况

第一，从一线城市看，北京榜首位置稳固，上海、深圳竞争激烈，呈交替领先状态，广州排名稳中小幅下滑1位。具体而言，北京微观主体指数得分大幅领先于其他城市，但增幅较小，指数得分整体趋于平稳。上海和深圳两个城市微观主体指数得分相近，排名占据第二和第三位，并呈现交替领先的状态。广州基本保持在第五位，但2022年排名被杭州反超。

第二，从新一线城市看，苏州、杭州排名变化较小，中、西部三个城市武汉、成都、西安上升势头强劲，天津、东莞排名下滑较大。具体而言，苏州排名均保持在第四位，杭州除2018年排名滑落至第七位、2022年升至第五位之外，其余年份排名均为第六位。武汉、成都、西安三座中西部城市排名持续上升，分别从2017年的第八位、第十位和第十一位上升到2022年的第七位、第八位和第九位。青岛作为增幅排名第二的城市从2017年的第十二位上升到了2022年的第十位。值得注意的是，天津和东莞排名下滑较大，2022年分列第十一位和第十二位，天津微观主体指数得分增幅仅0.0002，东莞微观主体指数得分增幅不足0.0001（见图13-22）。

从微观主体指数子要素得分来看（见图13-23），其一，在居民子要素方面，一线城市中仅深圳"一枝独秀"。2022年，居民子要素得分排名前五的城市分别为苏州、深圳、武汉、东莞和杭州，得分分别为0.0016、0.0013、0.0011、0.0011和0.0010。其中，苏州位居的榜首的原因可能在于，2022年苏州城镇人均可支配收入（68191元）居新一线城市首位，并且教育文化娱乐支出占人均消费支出比重较高，在居民消费结构上占有优势。其他上榜前五的新一线城市可能由于消费模式创新、消费业态升级等表现出较强的消费需求引领作用。

其二，在企业子要素方面（见图13-24），4个一线城市列前四位，杭州位列新一线城市榜首。2022年，企业子要素得分排名前五的城市分别为

第十三章　现代城市与产业生态一体化发展子系统评估

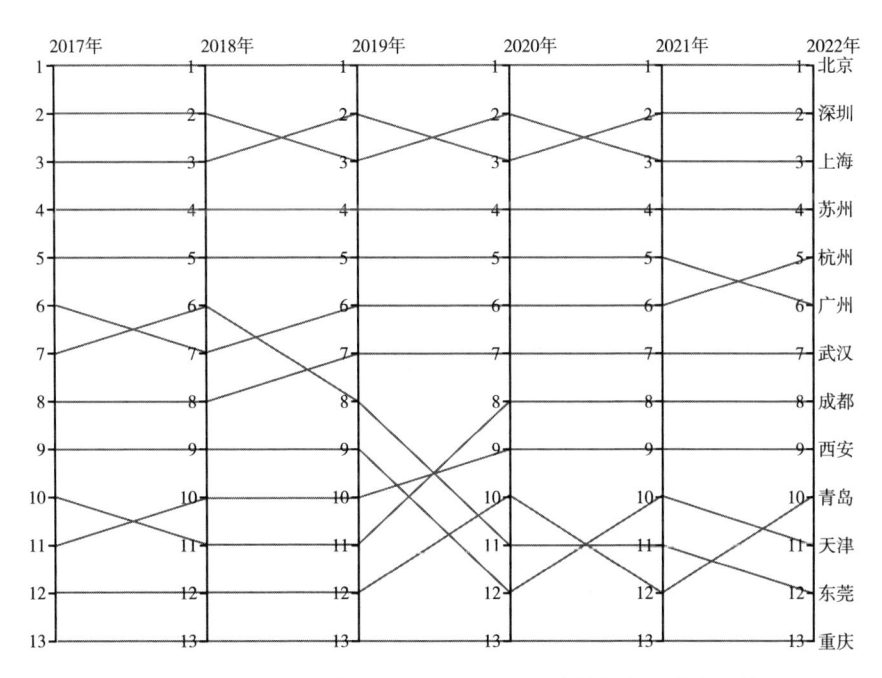

图 13-22　2017~2022 年 13 个评价城市微观主体指数排名变化情况

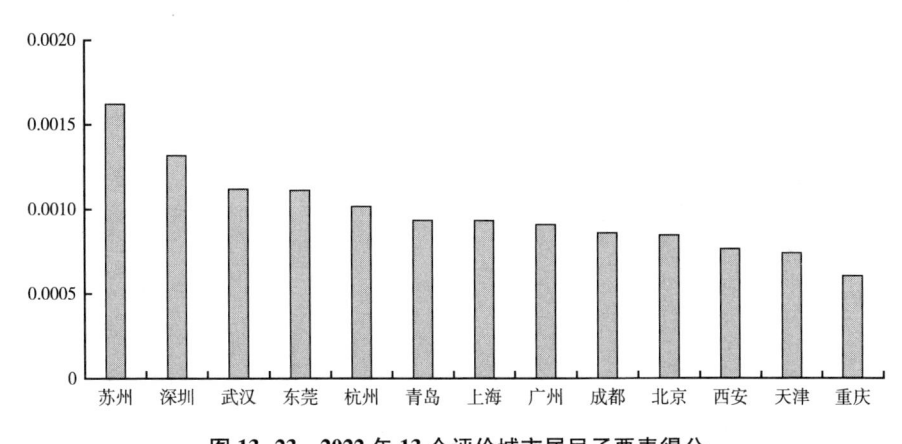

图 13-23　2022 年 13 个评价城市居民子要素得分

北京、上海、深圳、广州和杭州，得分分别为 0.0040、0.0020、0.0019、0.0011 和 0.0010。一线城市特别是北京，优质企业主体集聚度较高，无论在五百强企业数量还是在高新技术企业数量上均占据优势。

273

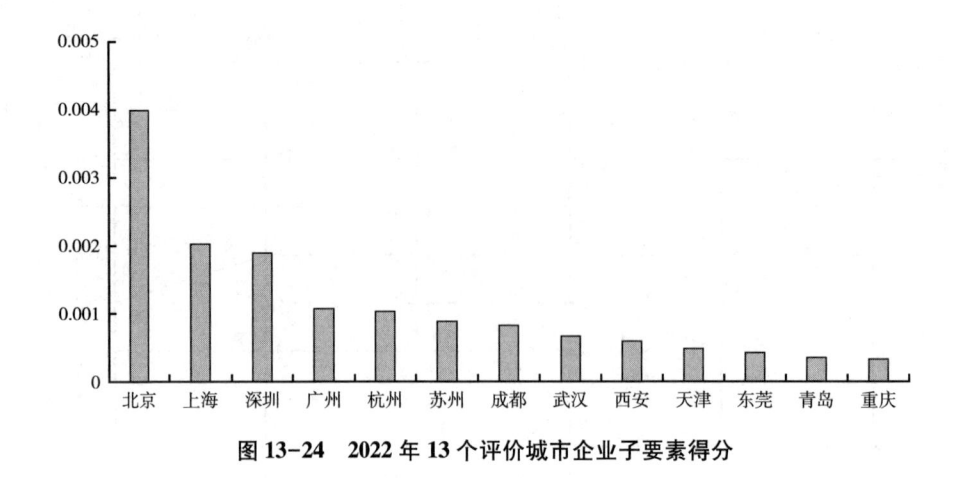

图 13-24 2022 年 13 个评价城市企业子要素得分

其三，在政府子要素方面（见图 13-25），北京、上海优势明显，杭州进入三甲。2022 年，政府子要素得分排名前五的城市为北京、上海、杭州、西安和广州，得分分别为 0.0009、0.0008、0.0007、0.0006 和 0.0006。北京、上海营商环境指数得分较高，前二位置稳固，深圳、广州面临杭州、西安等新一线城市的冲击。

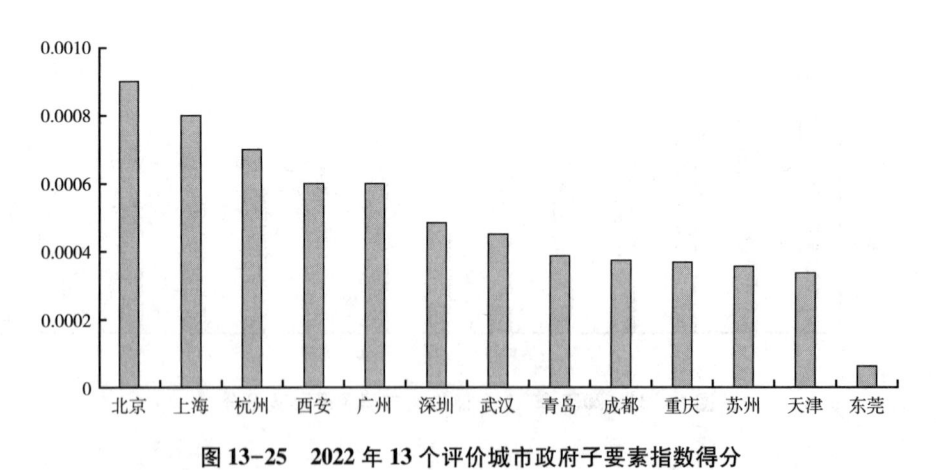

图 13-25 2022 年 13 个评价城市政府子要素指数得分

通过现代城市与产业生态一体化发展指数可以看出，进入以生态一体、创新驱动为主要特征的发展阶段，13 个评价城市的城市与产业生态一体化发展水平均在不断提升，但由于发展速度存在差异，城市间位势排名时有更迭。

一线城市发展指数得分排名稳定，北京、上海、深圳、广州稳居前四位，其中，深圳在以生态一体、创新驱动为主要特征的阶段取得了长足进步，发展指数得分和增速均高于13个评价城市平均水平，但广州发展指数得分及增速低于13个评价城市平均水平，存在掉队风险。

新一线城市发展指数得分排名存在波动，其中，成都的发展指数得分一路上升，从2017年排名第十位，跃升至2022年第八位，排名增幅位列13个评价城市之首，而天津、武汉则分别从2017年的第七位、第九位，下降至2022年的第九位、第十一位，降幅并列首位。

但上述评价结果均是暂时的，在以生态一体、创新驱动为主要特征的发展阶段，13个评价城市均存在突出重围的机会，也均随时面临被赶超掉队的风险。更为重要的是，每个城市都应遵循城市演进规律、顺应新一轮科技革命和产业变革趋势，把握城市与产业互动的律动，在竞争中实现产业迭代升级、城市能级提升。

第五篇

面向未来的一些探讨及建议

当今世界，百年未有之大变局全面步入加速期，全球化新进程、世界经济新格局、科技革命新趋势、国际政治新挑战势必深刻影响全球城市体系与网络的发展，甚至可能使其发生颠覆性变化。这种变化不是全球城市层级结构的消失，而是一些崛起中的节点城市逐渐替代老牌顶级城市，以及全球城市体系从"金字塔"结构加速转向"橄榄型"结构，从而带来全球城市位势能级"大洗牌"。与此同时，越来越多的城市站上全球竞争舞台，全球城市网络进一步扩容，网络节点之间的流量密度和相对地位都将被重塑。面向未来，现代城市能否在全球城市体系与网络中保持不掉队甚至实现进位发展，本书认为关键就在于能否遵循发展规律和演进趋势，在以生态一体、创新驱动为主要特征的新阶段，成功找到并准确把握城市功能、城市空间、生产要素、微观主体四大影响因素促进城市与产业互动发展的重点。

当然，城市产业的进化是永不停息的，而现代城市与产业互动发展是一个常论常新、复杂宏大的话题。本篇立足进入以生态一体、创新驱动为主要特征的新阶段，抓住"创新驱动"是新阶段城市产业互动发展的内核、"生态一体"是新阶段城市产业互动发展的主要表征、"以人为本"是新阶段城市产业互动发展的价值取向这三个基本点,结合笔者多年的研究积累,从把握技术发展趋势、构建创新生态链、发挥创新型企业需求牵引作用、优化产业生态、推动区域生态一体化、关注居民消费新热点、探索绿色低碳发展转型等七个方面进行一些开放式探讨,尝试为读者提供更多参考。

第十四章　在技术演进趋势中把握未来产业"新风口"

第一节　新一轮科技革命带来产业变革

当前，全球科技创新进入密集活跃期，科技创新的门槛越来越高，前沿硬核科技研发成为赢得未来竞争的"杀手锏"。与此同时，多学科群体突破、新技术跨界融合的鲜明特征，推动若干个技术簇协同交替演进，技术发展与产业变革相互交织，将颠覆性创造新的技术轨道和产业范式，对变革经济社会结构产生明显的催化、叠加、培增效应。随着学科之间、技术之间、新技术与实体经济之间的联系愈加紧密，如何抓住这一过程中孕育的新机遇，在技术突破中寻找未来竞争方向，并结合技术成熟度和市场爆发点开辟新领域、制胜新赛道，已经成为现代城市形成新质生产力和掌握未来发展主动权的关键命题。

在此背景下，越来越多城市将依托新科技、引领新需求、创造新动力的未来产业作为城市产业的战略性部署，例如，深圳将未来产业定位为"明天的"战略性新兴产业，在城市层面提出了"20+8"的产业战略谋划，其中"20"是战略性新兴产业，"8"是未来产业。上海将未来产业定位为城市产业的"后天"，在城市层面提出的"3+6+4+5"产业战略谋划，将"3+6"优势产业定位为上海产业的"今天"，将竞相发展的4个"新赛道"定位为上海产业的"明天"，而将技术尚未成熟、需要

10~15年才能实现大规模应用与发展的5大未来产业定位为上海产业的"后天"。

第二节 现代城市培育未来产业的重点领域选择

大国科技的战略博弈焦点，世界顶尖技术预测和产业咨询机构对前沿技术的预测，以及先发城市的未来产业布局，为现代城市选取未来产业重点领域提供了参考。例如，人工智能、量子计算、基因编辑等是大国开展科技竞争的焦点；在麻省理工学院、电气与电子工程师协会等多个全球权威智库对2023年前沿技术的热点判断（见表14-1）中，有近50%聚焦于新一代信息技术领域，此外，前沿生物技术、先进制造技术、能源环境技术等也成为热点领域；上海、深圳、南京等国内先发城市则皆在智能、低碳、健康等抢滩必争之地进行了前瞻部署（见表14-2）。

由此可见，新一代信息技术（包括量子计算、元宇宙等细分领域）、人工智能（包括生成式AI等细分领域）、前沿生物（包括脑科学和类脑智能、基因编辑等细分领域）、先进能源（包括绿色氢能、先进核能、新型储能等细分领域）、未来空间（包括深海、深地、深空等细分领域）、先进材料（包括高端膜材料、高性能复合材料等细分领域）等领域已成为现代城市抢占产业发展制高点的优先选择。

表14-1 国内外主要智库对2023年前沿技术热点领域判断

麻省理工学院	电气与电子工程师协会	高德纳咨询	阿里达摩院	世界经济论坛	ARK投资	亚马逊
詹姆斯·韦伯太空望远镜	云计算	可持续技术	人工智能基础设施	AI和机器学习	人工智能	云计算
用于高胆固醇的CRISPR	5G	元宇宙	Chiplet模块化设计封装（芯片研发）	云技术的广泛应用	智能消费	空间计算

第十四章 在技术演进趋势中把握未来产业"新风口"

续表

麻省理工学院	电气与电子工程师协会	高德纳咨询	阿里达摩院	世界经济论坛	ARK投资	亚马逊
制作图像的AI	元宇宙	超级应用	存算一体	用户身份和访问管理技术	智能钱包	模拟仿真
按需器官制作	电动汽车	自适应AI	云原生安全	—	公共区块链	数字孪生
远程医疗堕胎药	工业物联网	数字免疫系统	云计算	—	比特币	储能表面材料
改变一切的芯片设计	—	应用可观测性	端网融合的可预测网络技术	—	智能合约网络	分布式网格
古代DNA分析	—	AI信任与风险和安全管理	双引擎智能决策	—	精准医疗	智能消费技术
电池回收利用	—	行业云平台	计算光学成像	—	分子诊断	计算机视觉和深度学习
必然到来的电动汽车	—	平台工程	城市数字孪生	—	电动汽车	定制化的专用芯片和专用硬件
大规模生产的军用无人机	—	无线价值实现	生成式AI	—	自动打车服务	—
—	—	—	—	—	自动物流	—
—	—	—	—	—	机器人和3D打印	—
—	—	—	—	—	轨道太空	—

资料来源：根据各智库有关2023年前沿技术研判的专题报告整理。

表14-2 国内先发城市未来产业发展领域选择情况

城市	未来产业方向	未来产业细分领域
上海	未来健康 未来智能产业 未来能源 未来空间 未来材料	未来健康：脑机接口、生物安全、合成生物、基因和细胞治疗； 未来智能产业：智能计算、通用AI、扩展现实(XR)、量子科技、6G技术； 未来能源：先进核能、新型储能； 未来空间：深海探采、空天利用； 未来材料：高端膜材料、高性能复合材料、非硅基芯片材料

续表

城市	未来产业方向	未来产业细分领域
深圳	—	合成生物、区块链、细胞与基因、空天技术、脑科学与类脑智能、深地深海、可见光通信与光计算、量子信息
杭州（浙江）	—	未来网络、元宇宙、空天信息、仿生机器人、合成生物、未来医疗、氢能与储能、前沿新材料、柔性电子、量子信息、脑科学与类脑智能、深地深海、可控核聚变及核技术应用、低成本碳捕集利用与封存、智能仿生与超材料
南京	—	新一代人工智能、第三代半导体、基因与细胞、元宇宙、未来网络与先进通信、储能与氢能
宁波	空天信息 先进前沿材料 氢能开发及应用 先进功能装备 金融科技和区块链应用	空天信息：空天信息应用服务、航天发射服务、航空航天装备、航天育种； 先进前沿材料：石墨烯基新材料、先进高分子材料、新型膜材料、电子信息材料、海洋新材料； 氢能开发及应用：氢能装备制造、氢气制储运、氢能示范应用； 先进功能装备：智能机器人、智能终端设备、智能测控装备、智能汽车； 金融科技和区块链应用：智慧金融、监管科技、区块链核心技术、"区块链+"示范应用

资料来源：根据各城市相关文件整理。

第三节　培育未来产业需要明确时序和抓手

对于现代城市而言，无论是确定未来产业战略定位、目标，还是选择未来产业发展领域、发展路径，都需要充分结合未来产业的特征以及自身的发展基础来统筹谋划。

从未来产业的特征来看，有迹可循的未来技术演进基本逻辑决定了未来产业大方向的确定性，科学技术的偶然性决定了未来产业细分领域的不确定性，未来产业前沿技术的突破性和颠覆性创新要求又决定了发展未来产业更为重要的是营造良好的生态，这些特征为未来产业发展领域和路径选择提供了通用的参考。

从城市自身来看，资源禀赋、发展阶段等不同，注定了不同城市培育未来产业存在差异化的时序考虑和重点选择。例如，上海经历了完整的工业化且已进入工业化后期，处于价值链高端环节的先进制造业占比已经较大，发展未来产业更看重的是对产业体系高级化的支撑。成都处于做大做强制造业的关键阶段，发展具备价值链提升性、短期爆发性的未来产业具有更强的"现实紧迫性"，因此需要短期依托"蓄势待发"的新赛道将未来产业作为制造强市战略的重要支撑，中长期依托"虽远必至"的科技成果转化将未来产业作为产业体系持续演进的支撑。

同时，还应关注到未来产业本质上源于前沿性、颠覆性技术突破，因此相对支柱产业、战略性新兴产业，未来产业还处于技术和产业发展的早期。按照从技术突破到产业发展的培育过程，现代城市要想推动前沿技术变为未来产业，在全球争相抢滩的领域实现前瞻布局，就需要更加注重对概念验证、中试熟化等环节的引导支持，更加注重科技金融和创新人才等要素保障，更加注重应用场景试验示范，更加注重营造包容审慎的政策环境，为未来产业种子茁壮成长提供肥沃的土壤和自由宽松的空间。

第十五章　以构建创新生态链建强创新策源功能

第一节　构建创新生态链的目的和意义

现代城市建设创新策源功能，强调的是在全球城市体系与网络中，形成汇聚配置创新资源、激发创新创造活力、促进科技成果转化、引领产业发展升级等核心能力。这就意味着，现代城市关注重点应在于，为贯通"从0到1"原始创新阶段、"从1到10"创新成果转化阶段、"从10到10000"创新产业化阶段，如何使各类创新主体和参与者在"研究—转化—量产"的链条上形成协同联动。由此，相对单线条的创新链将演进为网络化的创新生态链。

追溯有关创新生态链的定义，美国总统科技顾问委员会在2004年首次提出了创新生态系统，认为创新生态系统主要由科技人才、富有成效的研发中心、风险资本产业、政治经济社会环境、基础研究项目等构成，这初步明确了创新生态系统的组成要素。深圳也曾提出打造"基础研究+技术攻关+成果产业化+科技金融"全过程创新生态链，进一步明确了创新组成要素的链式关系。跟进研究后，本书将创新生态链理解为：在"基础研究—技术研发—概念验证—中试熟化—产品化—产业化"的创新链式活动基础上，为整体提升创新活动的活跃度、质效和价值，通过尽可能打通、激活各环节主体和参与者而形成的良性互动的关系网络。

第二节 创新生态链的基本构成

创新生态链包含三个基本构成。第一是创新链，即构成创新活动关联环节的链式结构，是创新生态链的基础，是一种客观存在的创新要素组织方式。第二是要素生态，即促进创新活动开展的各类主体，包含龙头企业、专精特新企业、隐形冠军企业等企业主体，制造业创新中心、产业创新中心、技术创新中心等平台主体，高校院所、新型研发机构、风投机构、孵化载体等供给创新服务的机构主体，科学家、创业者、投资人等人才主体。第三是环境生态，主要是支持创新活动的外部环境和氛围，包含能够促进、推动创新活动的制度环境、营商环境、创新文化氛围等。值得关注的是，良好的环境生态能够对开展创新活动的各类主体产生催化作用，进而形成一种推动创新链主动作为的动力机制。

创新生态链中有三个关键链节。第一是创新研发链节，即"基础研究—技术研发"，主要依托科学家、高校院所开展基础研究和技术开发，打通创新第一关卡。第二是创新产品化链节，即"技术研发—概念验证—中试熟化—产品化"，主要依托新型研发机构、创新型企业将创新技术通过小批量生产出样品进行熟化，以达到市场要求，在这一阶段，能够进一步发现科技成果产品在投入大规模生产时可能存在的技术、工艺、设备、原材料等各方面的问题。第三是创新产业化链节，即"产品化—产业化"，主要依托创新型企业、投资人、商业运营团队等将中试熟化形成的产品推向市场，并最终形成产业化发展浪潮（见图15-1）。

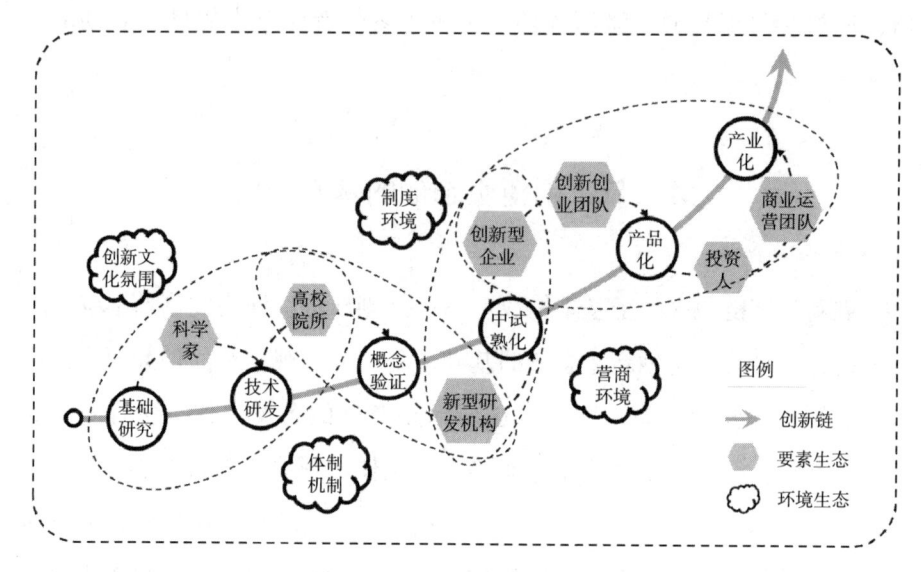

图15-1　创新生态链结构示意

资料来源：笔者自绘。

第三节　建强现代城市创新策源功能新思路

正如前文所言，要使创新活动动态向前推进，需要在创新链完备的基础上，尽可能吸聚创新活动中的各类主体和参与者，并形成网络化协同联动，创新链才能演进成为创新生态链。创新生态链之所以具有重要作用，也源于其更加关注的是满足不同创新生态链节对资源和服务的不同需求，进而放大了创新链的效用。因此，现代城市构建创新生态链，需要在以下这几个方面持续发力。

（一）服务源头端：建设面向产业界的技术转移平台，做强科技成果转移转化的服务能力

高校院所和科学家是创新的源头，是科技成果的生产者。全世界最新的科学成果大量集中在高校院所，我们看到的每一项前沿科技的背后都有

高校院所的支持。如对当今社会产生广泛影响的人工智能，很大程度上是从高校酝酿出来的，在人工智能算法、算力和大数据这三个核心领域取得突破的关键人物，也都出自高校。2006年多伦多大学教授杰弗里·辛顿提出了深度学习算法，2009年斯坦福大学教授吴恩达提出用GPU（图形处理器）解决算力问题，2011年斯坦福大学李飞飞教授找到利用大数据训练人工智能的关键方法，即数据标注。高校院所的科研成果对企业乃至产业的技术创新起到关键支撑作用。

高校院所的创新成果要从学术界走向产业界，有一个很重要的步骤，那就是技术转移溢出。技术转移溢出要取得成功，既需要与高校院所科研人员合作评估技术是否具有潜在商业价值，也需要与购买技术的企业进行谈判，沟通技术转让的商业化细节。这对从事科技转移转化的机构和人员的专业技术背景、法律背景、商业背景等提出了较高要求，同时也对学术界和产业界的信息充分对接提出了新要求。但无论是高校院所还是科学家，大多都不擅长做商业转化或创业，这个时候需要市场技术需求与新技术供给的对接平台和专业服务。在这一过程中，现代城市可以通过建设新型研发机构搭建起学术界与产业界的桥梁，成为技术发明与市场的整合者，集聚一批专业技术经理人，使更多科学家、企业家以及相关创新生态链节的参与者实现有效对接。

例如，合肥瞄准核聚变、稳态强磁场、量子科技等实现真正商业化及成果产出还为时尚早的基础科研领域，立足长远培育重大科技基础设施集群。与此同时，按照"省院合作、市校共建"原则，组建中科大先研院、中科院合肥创新院等新型研发机构，并完善常态化科技成果捕捉机制、科技成果"沿途下蛋"和就地转化机制等，促进战略科技力量向地方落地，陆续促成了"人造太阳"光学技术衍生新型安检设备、稳态强磁场技术助力研发国内首个急性髓系白血病靶向药、同步辐射光源提升新能源汽车电池"续航力"等产业化成果[1]。

（二）服务转化端：构建集成化孵化体系，做强产品研发创业孵化的服务能力

孵化是科技创新实现产业转化的关键"一跳"。一个开创性产品的成型，是多个新技术应用的结晶，涉及众多专业领域，需要多学科领域的专业人才合作。例如，胶囊型胃镜机器人的研发，涉及医学、材料学、微电子技术、控制技术、成像技术等多个学科领域，只有组建一个跨学科的专业研发团队才能实现最终产品的落地。此外，其真正实现商业价值还需要统筹生产、销售、运营等一系列活动，而开展这些活动既需要具备技术专业背景，又需要有丰富的商业运营经验。因此，推动科技创新实现产业转化既需要将多种技术糅合，也需要将创新与创业黏合，而孵化科技型创新创业团队成为必然选择。

在这个过程中，现代城市的集成化孵化体系和服务能力，使创新创业团队"形得成、长得快、活得好"。例如，被誉为东方"硅谷"的深圳湾创业广场，就构建起了创新型孵化平台、创业成长平台、创业项目路演展示平台等八大服务平台，以满足创新创业团队全生命周期成长需求（见表15-1）。

表15-1 深圳湾创业广场创新创业孵化体系

序号	服务平台
1	通过设立创业会客厅，打造开放式交流平台
2	通过公共孵化和加速服务，打造创新型孵化平台
3	通过引进专业创业培训机构，建立创业成长平台
4	通过吸引天使投资和VC/PE机构，搭建创业项目路演展示平台
5	通过与社会媒体合作，构建创业企业宣传和市场推广平台
6	通过探索市场化投融资机制，建设创业项目种子股权交易平台
7	联合专业化服务提供商，为创业企业提供法律、会计、IT等咨询服务平台
8	建设配套齐全的员工公寓、商业、餐饮系列服务设施，打造完善的生活服务平台

---

[1] 徐海涛、刘美子、朱青：《这些国之重器孵化出哪些产业"金蛋"?》，《中国产经》2022年第17期，第2页。

第十五章　以构建创新生态链建强创新策源功能

（三）服务产出端：打造产业创新公地，做强产业迭代演进的服务能力

"产品化—产业化"是创新活动的最后环节，直接决定了创新成果未来的市场规模和变现价值。而这个阶段创新创业团队必须形成企业运作模式，去解决批量生产、市场渠道、品牌推广、法律、商务等一系列问题。

而让一个刚刚向创新企业过渡的创新创业团队以较低的代价快速提高产能、占有市场，甚至实现盈利，需要向其提供高效率、开放式、大规模的制造能力集成和高端专业的生产性服务集成。因此，现代城市可以搭建产业共享平台、培育中介机构，使得这些初创企业可以分享生产服务设施和资源，大幅降低信息搜寻成本、生产成本、服务成本和交易成本等，降低失败的风险。例如，全球知名生命科学之城——圣地亚哥，针对精准医疗产业创新企业的量产短板，建立了既能整合和对接资源，又能评估和降低创业风险的产业中台 BIOCOM[1]，为初创企业提供研发、风投、法务、公关等专业服务，同时帮助其在医药研发生产的各个阶段提升联合议价能力。

---

[1] BIOCOM，全球最大的区域性生命科学组织，能够为基础研究与商业应用之间搭起桥梁。

第十六章　创新型企业需求牵引科技成果产业化

第一节　需求拉动——科技成果转化更为高效的路径

前述篇章所论述的创新生态和技术演进，多是从基础研发切入，重点关注高等学校、科研院所等产出科技成果的主体。这也正是我们过去探讨科技成果转化的惯常逻辑，即以技术供给端为起点，通过"基础研究—技术研发—概念验证—中试熟化—产品化—产业化"各环节推动创新活动前向发展，形成"技术—产业"探索性转化路径。

实际上，现代城市实现科技成果产业化，除了这条科技驱动的转化路径，还可以技术需求端为起点，通过"企业技术需求—校院技术研发"定向转化，形成"产品—技术—研发"确定性的需求拉动转化路径。并且相比之下，供给端探索性的科技成果转化路径较长，转化各环节的主体责任不尽明确、产品应用场景仍需探寻，难以在短时间内见效。而需求端确定性的科技成果转化路径较短、转化主体和应用场景明确，能够在较短时间内实现产业化。

第十六章 创新型企业需求牵引科技成果产业化

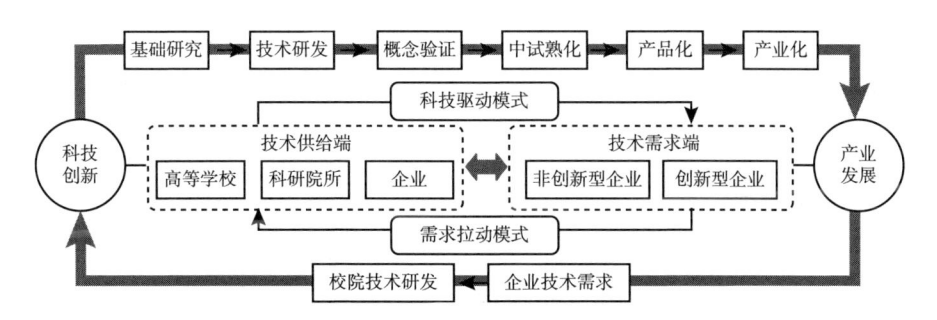

图 16-1 科技成果转化"科技驱动"与"需求拉动"路径对比

资料来源：笔者自绘。

第二节 创新型企业在需求端的主体作用尤为突出

企业作为科技成果的需求端，是承接科技成果向产业端转化的关键主体。其中有一类企业群体的技术需求更为旺盛、成长潜力更为突出，我们称之为创新型企业，主要包括科创板上市企业、高新技术企业、科技型中小企业、制造业单项冠军、专精特新"小巨人"企业、专精特新中小企业、创新型中小企业等类型。这类企业数量庞大，创新属性强，但研发能力难以自我满足，往往还需要借助外部力量提供的技术研发服务，进而形成了拉动科技创新活动、服务地方产业发展的牵引力。因此，它们在科技成果转化需求端的主体作用尤为突出，是提升科技成果转化效能的突破口。

城市高校院所科技成果转让情况也可以充分论证这一点。系统分析各典型城市高校院所的专利交易受让方情况，可以发现在各城市产生转让的专利中，当地创新型企业承接了大部分转让专利，而成都（57.0%）、杭州（54.2%）等城市甚至超过半数（见图 16-2）。在城市的一些优势产业领域，这种牵引作用更为突出，以集成电路产业为例，上海相关科技成果转到创新型企业的比例就高达 60.5%，深圳也达到 53.8%。

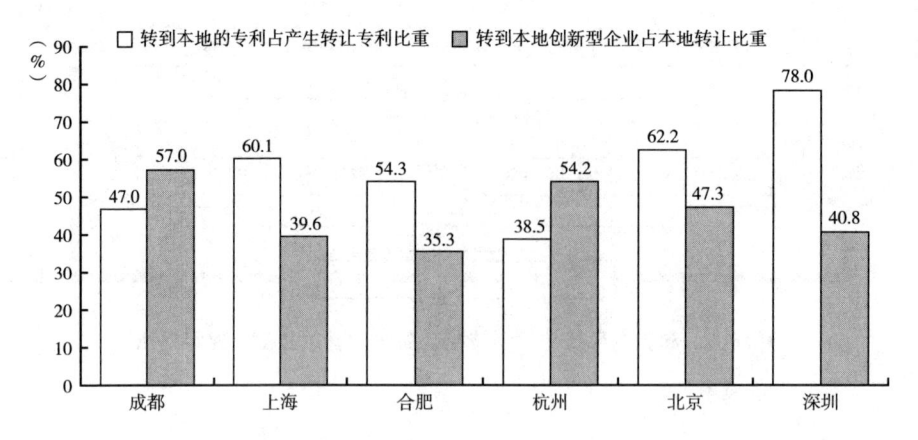

```
          □ 转到本地的专利占产生转让专利比重    ■ 转到本地创新型企业占本地转让比重
```

城市	转到本地的专利占产生转让专利比重	转到本地创新型企业占本地转让比重
成都	47.0	57.0
上海	60.1	39.6
合肥	54.3	35.3
杭州	38.5	54.2
北京	62.2	47.3
深圳	78.0	40.8

图 16-2　部分城市高校院所专利转让情况对比

注：数据截至 2022 年 12 月 31 日。
资料来源：根据 incopat 数据库计算。

第三节　城市发挥创新型企业需求牵引作用的着力点

　　创新型企业群体规模体量大不大、技术需求释放充分不充分，是其牵引高校院所科技成果转化效能好不好的关键所在。因此，进一步发挥创新型企业需求对科技成果转化的牵引作用，现代城市还需加快探索"释放需求—链接需求—匹配需求"的创新型企业需求牵引路径，营造形成创新型企业、高校院所互动合作的创新新模式。为此，可以从以下几个方面开展探索。

　　一是强化评价、优化服务，培育壮大创新型企业群体。创新型企业群体大不大是牵引作用强不强的前提。一方面，要重视强化科技创业新锐团队的识别和培育，夯实创新型企业"后备队"。可以针对在各类创新创业大赛中获奖的团队，优先提供孵化服务和资金扶持，促进其落地设立企业，并量身定制知识产权保护、技术创新、市场开拓等专属服务包。例如，上海针对"国家—市—区"三级科技创新创业获奖团队配套出台扶持

第十六章 创新型企业需求牵引科技成果产业化

措施，有效保障其落地和成长。另一方面，还可以进一步强化评价导向作用，探索建立"科技创业新锐团队/企业"评选机制，为具有旺盛技术需求、较大市场潜力，但尚未纳入创新型企业群体的初创高成长性企业进行认证，并健全其获取创新资源的优先性和便利性措施，在人才引进、院企/校企合作、承担项目等方面给予优先支持，在申报创新型中小企业、专精特新中小企业等时进行优先推送。此外，要重视针对创新型企业梯队细化完善服务体系，实现培育成长精准支持。可以探索建立"小升高、高变强"的创新型企业梯次培育体系，面向高新技术企业、制造业单项冠军、专精特新"小巨人"企业、科创板上市企业等更高层级的创新型企业，分别建立重点培育企业库，组建创新型企业服务队伍，按照"分领域、分阶段、分对象"的原则，为创新型企业成长提供精准化服务。

二是精准识别、资金保障，释放创新型企业潜在技术需求。相比"链主"企业，创新型企业对创新资源的整合能力较差，难以自行生成技术体系，要重视有效激发、精准识别其潜在技术需求，挖掘创新型企业成长潜力。一方面，可以实施创新型企业研发创新"免费诊断+解决方案"全覆盖行动，挖掘和凝练创新型企业的有效需求。围绕推动需求"从无到有"，以政府购买服务方式，依托重点实验室、新型研发机构、重点产业链协会、"链主"企业等，组织技术专家、第三方工程技术服务商、系统解决方案供应商等，为创新型企业提供研发水平免费诊断、评测与指导服务。围绕推动需求"从有到精"，结合诊断结果订制解决方案，提炼出创新型企业应率先突破且愿意出资解决的核心技术，形成创新型企业技术需求"一企一档"。例如，宁波就以引导企业研发创新、技术改造等需求为目的，免费为企业开展诊断服务，并推进诊断与提升相结合，形成了服务诊断、解决方案、服务项目一体化的机制。另一方面，科技创新具有高投入性的特征，创新型企业尤其是创新型中小企业往往没有足够经济实力购买满足其技术需求的专业化科技服务，要重视强化资金支持，保障需求充分释放。可以探索建立科技创新券机制，采用创新券"企业申领、政府兑付"，在创新型企业购买科技创新战略规划、技术研发、技术转移、检验检测、创新人才培养、创新资源共享等科技服务时提供支持。

三是搭建平台、培育中介，提高供需信息对接能力。实现创新型企业技术需求信息高效对接，重在提高需求信息传达的质量和效率，畅通科研端与产业端的话语体系。一方面，要重视提供信息对接平台，并实时发布包含技术需求关键信息的相关资讯，促进供需双方"互通有无"。可以搭建公共服务平台，设置"企业需求库"栏目，定期发布创新型企业需求信息，从当前技术难点、合作需求、能力要求、应用场景等多个方面详细提出需求内容。同时，可以聚焦不同领域的技术需求设置对接专场，组织召开细分领域行业峰会或科技成果路演系列活动，为创新型企业对接科研团队和科研成果提供"线上+线下"接口。另一方面，畅通供需话语体系，还需要通晓"技术语言"和"市场语言"的"翻译官"，其中技术经纪（理）人是关键。要重视加快完善技术经纪（理）人全成长周期培育路径。可以支持高校院所积极争取增列技术转移专业硕士学位点授权，或与高校院所联合共建科技商学院，精准设计"多元化师资+定制化课程+模块化场景"的新型教育培养模式，对技术转移转化人才进行培训和指导。可以探索开展技术经纪专业职称评审，增设高级职称评定、晋升通道，提升专业能力社会认可度。此外，还可以探索技术经纪（理）人从业佣金制度、信用积分制度等多元化的奖励制度，对促成科技成果转化的技术经纪（理）人，按其年度促成的技术交易额设置比例进行积分、给予奖补，持续激发其促进供需对接的主动性。

四是制定榜单、定向研发，完善创新型企业靠前参与机制。高校院所普遍以服务高水平科技自立自强为导向开展基础研究，其技术主线的"大成果"往往难以匹配创新型企业技术升级的"小需求"，但其在中间环节或衍生领域能够"溢出"赋能产业高质量发展的相关技术。充分释放高校

第十六章　创新型企业需求牵引科技成果产业化

院所面向需求的科技成果转化潜力，要重视发挥创新型企业已有的技术基础和对市场的敏锐度，完善其靠前参与科技研发的相关机制。可以探索在高校院所科研项目中定制化满足创新型企业技术需求的机制模式，结合前述的创新型企业"一企一档"，以及定期收集的创新型企业技术瓶颈和特殊技术难题，向高校院所科研项目推送创新型企业的技术需求榜单，同时，对企业联合高校院所实施的"卡脖子"科技重大专项或关键共性技术研发项目立项支持，拓宽"企业出题、科研立项、政府牵线、协同破题"的覆盖面。此外，还可以探索"定向研发、定向转化、定向服务"的订单式研发机制，推动高校院所针对创新型企业需求开展应用型成果研发和转化。例如，合肥鼓励高校院所成立技术转移机构，并探索与本地创新型企业共建校企/院企联合实验室，推动高校院所帮助企业突破发展急需的关键技术，持续提供技术支撑和服务，强化深层次的产学研联合，形成了大中小企业需求牵引高校院所科技成果转化的有效途径。

第十七章 构建多维度网络化协作的产业生态

第一节 构建产业生态是城市经济组织方式的重大变革

随着现代城市发展,仅围绕产业链上下游形成的分工协作关系,越来越无法满足现代城市产业对技术创新、模式创新、业态创新的需求。产业生态作为围绕产业链优化产业发展全要素环境的全新分工协作模式,强调产业实体与科技创新、人力资源、现代金融高效协同,城市功能与生产能力精准对接,能够为城市与产业互动提供新理念、新动能、新机制。可以说,产业生态是以跨产业领域、跨空间范围的分工协作为核心内容,通过人才、技术、资金、物流等要素与产业实体相匹配,形成的产业自行调节、资源有效聚集、企业核心竞争力持续成长的有机整体和多元开放体系,有利于新劳动者运用新生产资料形成新质生产力。在产业生态理念的引领下,现代城市产业发展将由本地集聚向区域乃至全球延展转变,由单线条协作向多维度网络化协作升级,其所带来的现实意义主要表现在资源、产业、区域三个层次(见图17-1)。

在资源层面,产业生态是以集成高效原则推动要素资源精准配置,围绕产业发展所需增强要素运筹能力,促进实体经济、科技创新、现代金融、人力资源协同发展,转变了仅关注产业链单一维度的发展思维和简单线性的要素组合方式。产业生态理念实质上要求产业关联企业及其支撑企

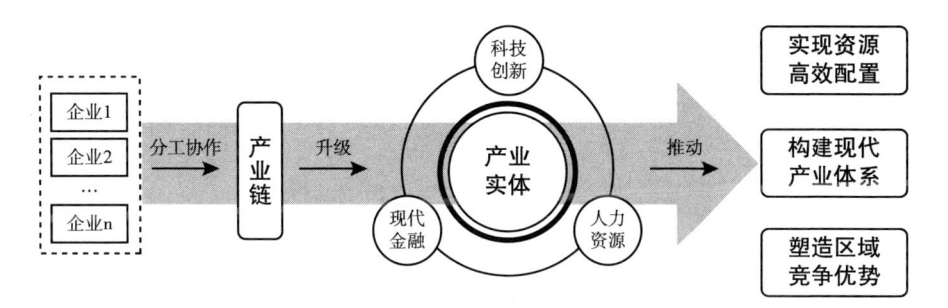

图 17-1　产业生态及其现实意义

资料来源：笔者自绘。

业、相应辅助机构和技术基础设施突破空间约束而相互关联，形成一种响应更快、范围更广、效率更高的柔性生产分工网络。该网络中的人才、技术、资金、物流等要素以及政策支持，由于交互环节有效压缩、交易费用不断降低、共享便利化水平大幅提升，实现了多频次、高密度、网络化的流动和高效配置，最终产生"1+1>2"的运用效果。

在产业层面，产业生态建设能够促进产业链上下游和协作关联企业，通过共享、匹配、融合形成互为依存、分工合作、共促发展的利益共同体。产业生态理念实质上要求通过要素市场化配置改革、经济区和行政区适度分离改革、营商环境改革等创新举措，创造产业链条完善、企业融通发展的产业集群发展新格局。一般来说，当这样的产业集群形成后，将会一定程度上降低成本、刺激创新、提高效率、促进合作、引导竞争。与此同时，不仅仅吸引来的企业会根植于本地，还会有更多关联企业在本地以及相关功能配套区域繁殖和成长，进一步形成城市产业发展的倍增效应。

在区域层面，产业生态建设能够放大区域核心城市的辐射带动作用，使其与腹地城市形成分工协作网络和错位发展格局。产业生态理念实质上要求以核心城市为基点在区域中形成一种有效的生产组织方式，促进专业化分工、要素合理流动和高效集聚。核心城市与腹地城市围绕主导产业发展需求形成双向配套，能够有效促进城市间的联动发展，形成要素资源共享、产业协作共兴、创新能力共升、城市竞争力共增的区域一体化发展新模式。

第二节 产业生态的基本构成

产业生态建设是城市经济组织方式的一次重大变革，其核心是实现资源要素的精准配置，手段是既充分发挥市场在资源配置中的决定性作用又更好发挥政府作用，着力点是推动产业链、创新链、人才链、供应链、资金链融合发展，进而催生技术流、人才流、物质流、资金流与产业各环节叠加赋能的乘数效应，最终形成纵横交错、协同交互的价值链网络结构和实体经济、科技创新、现代金融、人力资源协同发展的现代产业体系。

产业链是产业生态的"基础主干"。推动城市与产业的高质量发展需要分工合理的生产制造能力，以及满足主导产业共性需求的生产服务体系。以产业生态为理念指引，以引育企业、布局载体、制定政策为主要抓手，完善"研发设计—生产制造—生产性服务—营销服务"的产业链，能够加快推动城市产业的错位协同发展。

创新链是产业生态的"活力源泉"。推动城市与产业的高质量发展需要以拓展产业纵深为目的而时刻进行协同耦合的创新活动。以产业生态理念为指引，以壮大创新主体、搭建创新平台、优化创新环境为主要抓手，建强"基础研究—技术研发—概念验证—中试熟化"的创新链，能够促进产业延展和不断进化。

人才链是产业生态的"基础养分"。推动城市与产业的高质量发展需要有适宜主导产业、各配套及相关产业的多层次人才队伍来支撑。以产业生态理念为指引，以健全机制政策、建强院校学科、完善配套设施、提升服务品质为主要抓手，激活与产业实体充分结合的"研发人才—技能人才—专业服务人才—管理人才"的人才链，能够夯实城市产业高质量发展的人才底座。

供应链是产业生态的"营养导管"。推动城市与产业的高质量发展需要实现采购、生产、流通、销售、服务等全过程高效衔接。以产业生态理念为指引,以搭建信息平台、畅通流量通道、开拓交易市场为主要抓手,打通以产业链"链主"企业为中心的"原材料采购—中间产品(零部件)流通—产品(服务)销售"供应链,能够提高信息和物质流通效率,使城市产业加速"循环代谢"。

资金链是产业生态的"催化体系"。推动城市与产业的高质量发展需要发挥资金周转循环促进扩大再生产的正向作用,并防范化解金融系统性风险。以产业生态理念为指引,以激发资本市场、完善金融组织为主要抓手,构筑"资金汇集—增值运作—风险管控"的资金链,能够拓宽城市产业发展投融资渠道,提升金融服务实体经济的能力。

第三节 现代城市构建产业生态的关注重点

构建产业生态,对于现代城市而言是一项横向交织、纵向延展的网络化系统工程,需要在产业链、创新链、人才链、供应链、资金链五大领域统筹推进,因此,找准着力点尤为重要。

一是完善产业链,推动产业环节错位协同。"链主"企业是推进产业链生产活动的核心主体,以主导产业发展为牵引,围绕"链主"企业集聚生产协作企业,打造"链主"和关联企业相互依存的企业群体,能够实现资源共享、优势互补,进而形成生产协同网络。同时,围绕"链主"企业生产需求集聚一系列生产性服务企业和机构,能够创造产业增值新模式,增强产业链韧性。高能级产业载体是优化产业链布局的空间承载,针对不同主导产业所需,完善园区内功能型平台和公共生产设施,能够促进产业集聚向产业集群转变,推动产业链纵向拓展、横向延伸。另外,产业政策

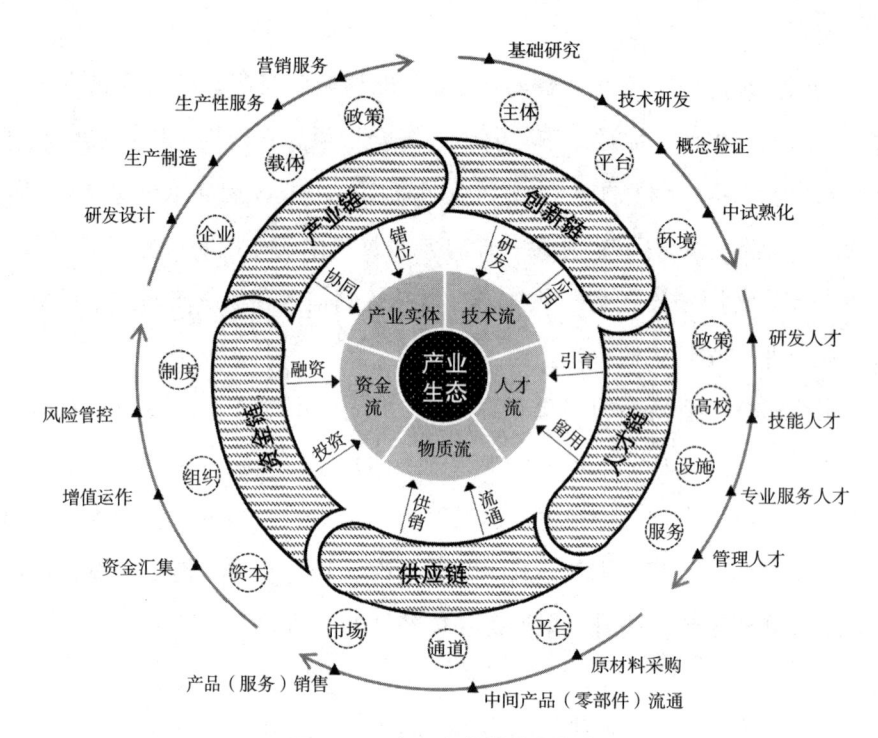

图 17-2 产业生态的基本构成

资料来源：笔者自绘。

是构建产业链的顶层指引，按照"一个产业一个政策、一个企业一套办法"，差异化、精准化制定行业监管、市场培育、创新支持、要素配置等产业政策体系，能够系统强化城市产业发展的要素可及性、发展稳定性、服务专业性和管理规范性。

二是建强创新链，畅通技术研发应用。创新主体是实现创新活动的根本力量，培育壮大以高校与科研机构为骨干领军、以创新型企业和团队为主体的创新主体集群，推动个体与"群智"紧密结合，能够实现创新链各环节功能互补、良性互动。而创新平台是促进创新要素广泛集聚和优化配置的主要承载，建设重大科技基础设施、前沿引领技术创新平台等研发平台，科技企业孵化器、加速器、众创空间等创新成果转移转化平台，以及

第十七章　构建多维度网络化协作的产业生态

创业服务中心、检验检测中心等创新服务平台，并全面整合这些创新资源，能够有力提升创新链研发和转化效率。另外，开放包容的创新环境是创新链赖以生存的基础条件，推动知识产权保护、技术交流活动、营商环境等接轨国际，营造鼓励创新、宽容失败的社会氛围，能够为吸聚优质创新主体、提高创新平台能效、推动创新创业纵深发展提供环境支持，激发创新链的活力。

三是激活人才链，强化产业发展智力支撑。机制政策是吸引人才汇聚的关键，建立符合人才成长规律的培养、引进、使用、激励、评价、流动机制，完善相关政策措施，能够为强化人才链涵养能力和稳定性提供保障。一流的院校学科是培育多层次人才的沃土，加强世界一流大学和一流学科建设，提升高职院校办学水平，能够培育造就优秀的研发人才和专业能力突出的技能人才、服务人才、管理人才，推动人才链拓展延伸。开放便捷的生活配套和高端优质的人才服务是促进人才引育留用的优良环境所必备的要素，整合提质生活配套设施和开放交流空间，规划建设智能化基础设施和品质化公共服务设施，完善"政务服务+创业服务+生活服务"全环节人才服务体系，能够满足各类人才个性化的工作和生活需求，为实现人才从"流"向"留"转变。

四是打通供应链，促进产品全球市场供销。信息平台是供需信息对接的枢纽，推动政府机构、平台型企业、供应链头部企业联合建设信息共享平台，形成信息跨区域、跨领域流动和交互交换机制，能够推动需求信息、资源信息、库存信息、生产信息实时共享，提升供应链整体运行效率。流量通道是促进物流集疏循环的硬件支撑，围绕提升原材料、零配件、中间产品、最终产品等物质流通便利性，建设连接区域、融入国际的大通道，完善产品流通过程中的专业化服务，能够加速物质流集散，实现供应链从生产到消费的高效衔接。交易市场是实现资源、商品配置的重要功能性场所，强化各类交易市场体系化建设和开放公平运行，助力供应商、制造商、分销商、零售商等供应链主体集聚全球资源并扩大供应链辐射范围,能够提升供应链的稳定性和影响力。

五是提高资金链服务产业实体效能。资本市场是活水源头,利用好多类型多层次的资本市场,能够提升各类市场主体开展金融活动的有序性和活跃度,提高社会资金配置效率和效益。金融组织(机构)是资金运作的关键主体,积极招引培育银行、证券公司、保险公司等金融机构及衍生专业服务机构,并支持其提供符合各类市场需求和价值回报规律的多样化新金融产品,能够有效缓解融资难融资贵的现实问题。风险管控体系是防范化解金融系统性风险的制度性保障,有利于鼓励探索以实际价值创造为目标的金融服务,使投融资活动安全、规范、高效地进行,能够促进金融资本更好服务实体经济,提升城市对内对外开放辐射能级。

第十八章 核心城市带动区域生态一体化发展

第一节 区域竞争升级：从城市到城市群

在一定区域范围内，无论是大城市还是小城市，它们都不是"孤立、封闭"的单元。事实上，城市与相邻的城市之间有着密切的联系，以核心城市为中心，在一定范围因较强的流量联系、较近的空间距离相邻城市协同发展，就形成了一个都市圈，多个都市圈联动发展则形成了城市群。当前，城市群正逐渐成为区域竞争的主要形式。这可以从两个视角去观察。

一是城市群相比单个城市，更能够形成在全球具有竞争力的经济体量，它们在所在国或地区都呈现具有绝对优势的经济规模，往往代表了一个经济体的发展水平。例如，英国伦敦城市群贡献了英国超过80%的GDP；日本太平洋沿岸城市群国民收入、工业产值分别占到了日本的2/3和3/4；美国东北部大西洋沿岸城市群是美国规模最大的经济带，GDP占美国GDP比重超过20%，且制造业的产值占了美国的30%；美国西海岸城市群GDP占美国GDP比重接近10%；而我国长三角城市群经济总量占全国的比重近1/4。[1]

---

[1] 叶南客、黄南：《长三角城市群的国际竞争力及其未来方略》，《改革》2017年第3期，第53~64页；屠烜：《长三角城市群与国际城市群的比较及启示》，《上海经济》2015年第4期，第8~14页。

二是城市群逐渐成为参与全球产业竞争的基本单元。一般而言，培育世界级产业集群不仅需要优势企业的国际化布局和开展国际合作交流，同全球经济高度互动，还需要打破地理界限，将产业集群布局从单一城市扩大到都市圈、城市群等区域范畴，形成以核心城市为引领、以周边城市为支撑的分工协作网络。例如，德国斯图加特汽车产业集群相关企业的空间集聚呈现从斯图加特市区向伊姆斯·莫、葛平根、埃斯林根、波普林根、路德维希堡以及周围曼海姆、卡尔斯鲁厄等地区带状迁移的特征，且不同城市围绕产业链上下游错位布局；美国底特律汽车产业集群则依托北美五大湖城市群的发展合力，向南沿密西西比运河延伸打造了"世界汽车之都"。

在我国工信部先后公布的三批次国家级先进制造业集群名单中，跨区域共建的集群数量也从第一批的1个、第二批的3个增长至第三批的7个，"组团参赛"趋势明显。其中，无论是跨省级行政区共建的集群（如成渝地区电子信息先进制造业集群等），还是跨市级行政区共建的集群（如广佛惠超高清视频和智能家电集群等），多以具有一定发展基础的城市群、都市圈为空间承载。

表18-1 三批次跨区域共建国家级先进制造业集群名单

批次	序号	国家级先进制造业集群名称	涉及区域
第一批	1	广佛惠超高清视频和智能家电集群	广州都市圈
第二批	1	广深佛莞智能装备集群	广州都市圈、深圳都市圈
	2	深广高端医疗器械集群	深圳、广州
	3	成都市、德阳市高端能源装备集群	成都都市圈
第三批	1	成渝地区电子信息先进制造业集群	成渝地区双城经济圈
	2	南通市、泰州市、扬州市海工装备和高技术船舶集群	南京都市圈
	3	泰州市、连云港市、无锡市生物医药集群	泰州、连云港、无锡
	4	京津冀生命健康集群	京津冀城市群
	5	"武襄十随"汽车集群	武汉都市圈
	6	佛山市、东莞市泛家居集群	佛山、东莞
	7	苏州市、无锡市、南通市高端纺织集群	苏锡常都市圈

资料来源：工信部，https://www.miit.gov.cn/jgsj/ghs/gzdt/art/2022/art_fa5bd57e9f364b65ae48de37a319046f.html。

第二节 核心城市具有引领区域生态一体化发展的作用

一般而言，城市群的建设重点往往在于其核心城市的引领发展，例如，我国的长三角城市群由上海单核心带动，美国西海岸城市群由旧金山、洛杉矶双核心带动，欧洲西北部城市群由阿姆斯特丹、鹿特丹、鲁尔区及巴黎等多核心带动（见表18-2）。这些核心城市是推动城市群联动发展的引擎，集聚了人才、技术、资本、信息等先进要素资源，以及产业链、供应链、创新链的核心环节，并通过发挥要素聚集、创新引领、生产组织、服务辐射等作用，向腹地城市扩散创新成果、先进技术、资本服务、信息资源以及产业链、供应链、创新链等的协作环节，形成区域生态一体化发展的驱动力，促进了生产要素自由流动、创新能力提升、产业协同共兴，进而实现城市群竞争实力和能级的整体提升。

表 18-2　部分城市群及其核心城市

序号	城市群	核心城市	类型
1	美国东北部大西洋沿岸城市群	纽约	单核心
2	日本太平洋沿岸城市群	东京	
3	英国伦敦城市群	伦敦	
4	中国长三角城市群	上海	
5	中国京津冀城市群	北京	
6	美国西海岸城市群	旧金山、洛杉矶	双核心
7	中国成渝地区双城经济圈	成都、重庆	
8	北美五大湖城市群	芝加哥、匹兹堡、多伦多等	多核心
9	欧洲西北部城市群	阿姆斯特丹、鹿特丹、鲁尔区、巴黎等	
10	中国粤港澳大湾区	香港、澳门、广州、深圳	

一是核心城市通过要素运筹促进城市群要素自由流动。核心城市是城市群要素流动的"中枢"，通过集聚先进、高端要素，提高要素适配度，

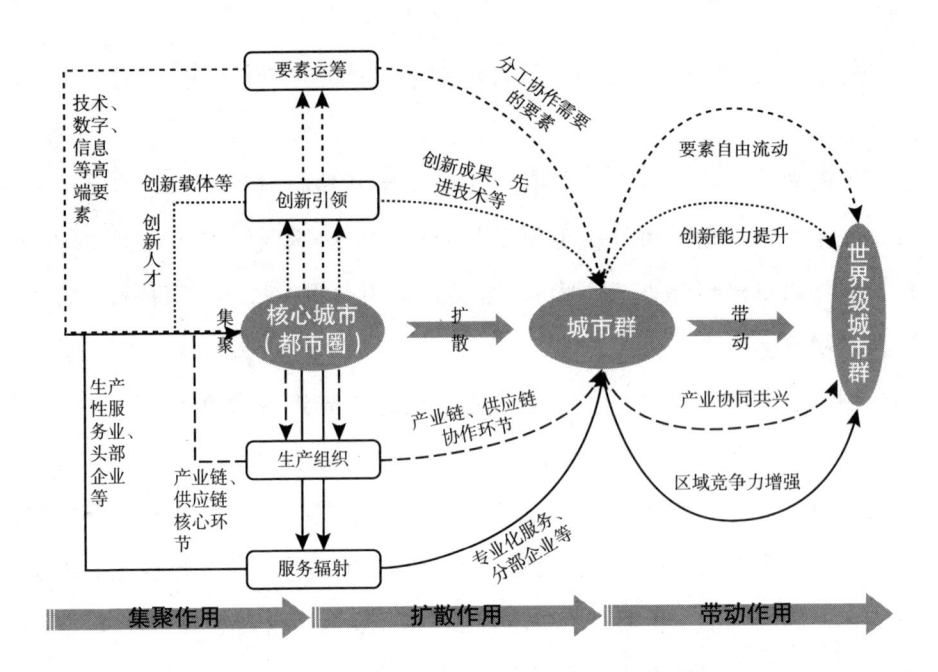

图 18-1 核心城市引领带动城市群发展的作用机理

资料来源：笔者自绘。

促进城市群要素自由流动。一方面，核心城市凭优良的区位条件、基础设施、功能配套等对生产要素产生吸引力和向心力，并且由于技术、数字等新兴要素对交流频率和便捷度要求较高，更倾向于密集"扎堆"在核心城市。另一方面，核心城市空间资源有限，生产生活成本较高、产业高端化演进速度较快，一些生产要素根据"性价比"原则需要向腹地城市扩散。例如，香港、澳门作为粤港澳大湾区核心城市聚集了足够体量的产业资源，通过港珠澳大桥、南沙大桥等基础设施上的"硬"联通，以及"湾区通"[1]"大湾

---

[1] "湾区通"，包括推动湾区规制规则、资质互认"软联通"；推动数据、人才、技术、资金、土地"要素通"；推动政务服务、公共服务、政府治理"政务通"；营造便利化的投资兴业环境，实现企业在粤港澳三地"营商通"等。

第十八章　核心城市带动区域生态一体化发展

区青年就业计划"[1]等制度上的"软"联通相结合，核心城市发展热能开始向外辐射，高端要素不断向珠海、东莞等腹地城市流动，实现了城市群的资源要素整体升级和配置优化。

二是核心城市通过创新引领促进城市群创新能力提升。核心城市因集聚了大量的创新资源，与腹地城市相比，能够走在创新前列。同时，根据创新需求的差异性和新兴技术梯度扩散的趋势，核心城市的创新发展需要与腹地城市形成网络体系，从而促进城市群创新能力提升。一方面，核心城市因在城市群中有最强的创新实力，拥有大量的创新人才、高校院所、技术专利、创新设施等创新资源，能够有效地发挥创新引领功能。另一方面，随着城市群产业协作进程的加快，核心城市创新成果的转化需要向腹地城市扩散，带动腹地城市协同创新，持续形成城市群经济发展的内生动力。例如，截至2023年底，上海集聚了全国普通高等学校68所，其中"双一流"大学15所、国家企业技术中心107家、外资研发中心561家、高新技术企业2.4万家、各类创新创业载体500余家[2]。这些创新资源不断向周边城市辐射，引领带动长三角城市群各城市开展创新创业活动与技术研发合作，为长三角城市群经济发展注入了新动力。

三是核心城市通过生产组织促进城市群产业协同共兴。核心城市是城市群产业发展的"领头雁"和"风向标"，通过聚集生产核心环节、扩散生产协作环节为周边城市提供配套的契机和协同的基点，在城市群范围内构建上下游配套、左右岸协同的产业生态，从而增强产业发展的集聚集群集成能级。一方面，核心城市围绕生产需求进行先进要素的组合配置，从而形成研发、设计、产品化等产业链、价值链、供应链的核

---

[1] 2021年，香港特别行政区政府推出"大湾区青年就业计划"，对于在香港及大湾区内地城市均有业务的企业，鼓励他们聘请香港的大学毕业生派驻到大湾区内地城市工作。
[2]《2023上海科技进步报告》，https://m.thepaper.cn/baijiahao_26100013。

心环节。另一方面，受"比较成本"的制约，核心城市无法完备发展产业链各环节，需要由能够从时间和空间快速响应的腹地城市来提供支撑，从而构建起以核心城市为主、腹地城市协作的产业协同发展格局，进而提升城市群产业基础高级化与产业链现代化水平。以长三角城市群发展集成电路产业为例，其核心城市上海集聚了全球十大晶圆代工企业中的2家、中国半导体设备五强中的2家（总部），全球芯片设计10强中有7家在此设立了区域总部、研发中心，进而带动长三角城市群构建起包含设计、制造和封测三大核心环节的产业链全链条。其中，上海主打芯片设计与制造，苏州主要供应液晶面板，无锡主要优势为封装，合肥等则以代工组装为主，长三角城市群集成电路产业规模已在全国占据半壁江山[1]。

四是核心城市通过服务辐射促进城市群竞争实力增强。核心城市集聚了具有决策、控制、管理、研发等服务职能的企业和总部，并通过集聚和扩散人流、物流、信息流、资金流等流量资源，形成了"平台化"效应，从而提升城市群参与全球竞争的话语权。一方面，核心城市普遍拥有联通世界的交通通信枢纽和高度专业化的生产服务能力，拥有集聚人流、物流、信息流、资金流等流量资源的"入场券"和"敲门砖"。另一方面，随着服务辐射半径的持续扩大，更多的流量资源向腹地城市传输、扩散，从而使腹地城市有机会参与全球竞争。例如，上海在浦东张江设立长三角资本市场服务基地，并与35座长三角地级以上城市结为联盟，在城市群范围内设立了19个基地分中心，为企业提供上市发现培育、上市综合评价、股权投资对接等服务。基地作为硬核科技科创上市资源的输送器，推动上海的金融服务向长三角城市群其他城市辐射，有效实现核心城市与腹地城市的资源共享。截

---

[1]《芯片产业占半壁江山，长三角协同如何再优化》，上观新闻，https://sghexport.shobserver.com/html/baijiahao/2022/09/30/868237.html。

至2023年9月，上海科创板受理的上市企业中，长三角城市群企业已占据半壁江山[1]。

第三节　发挥核心城市作用需找准连接点

发挥核心城市带动区域生态一体化发展的作用，需要一些具有资源整合或运筹能力的平台或主体来充当城市间的连接"桥梁"。具体而言，可以从以下几个方面探索。

一是以平台载体为连接点。以平台载体为连接点发挥核心城市带动作用可以从以下三种模式（见图18-2）着手。整体推广模式，即将核心城市较优的政策及权限在其他区域推广和共享，如将产业政策、园区建管模式进行复制。深汕特别合作区，就是通过将管理权限在一定期限内全面移交深圳，实施深圳的政策和机制，将多层级治理架构转化为单一层级，有效减少了企业在城市间进行产业链迁移的政策顾虑，最大限度提升了核心城市在城市群的统筹效力。局部区域复制模式，即圈定特定的空间范围进行局部复制，如在核心城市与周边城市的毗邻区域设立毗邻地区合作区，或城市群各城市间建立飞地园区等。清远与广州的合作就是一个典型的例子，通过创新打造"反向飞地"，充分吸收广州的优质资源要素进而反哺清远。其中，围绕协同强化"创新飞地"合作，清远在广州科学城共建广清高层次人才交流合作驿站，在广州创新集聚区共建广清产业创新孵化器。专项要素畅通模式，即通过搭建特定领域的平台，促进核心城市的科创资源、资本、人才等关键要素在城市群范围内自由流动。例如，长三角城市群打造了G60科创走廊，并构建起长三角

---

[1]《助推长三角更高质量一体化发展，长三角资本市场服务基地"晒"出成绩单》，https://baijiahao.baidu.com/s?id=1778307399660133452&wfr=spider&for=pc。

科技资源共享服务平台，系统强化上海各类科技资源、科技服务对城市群其他城市的创新辐射效应。

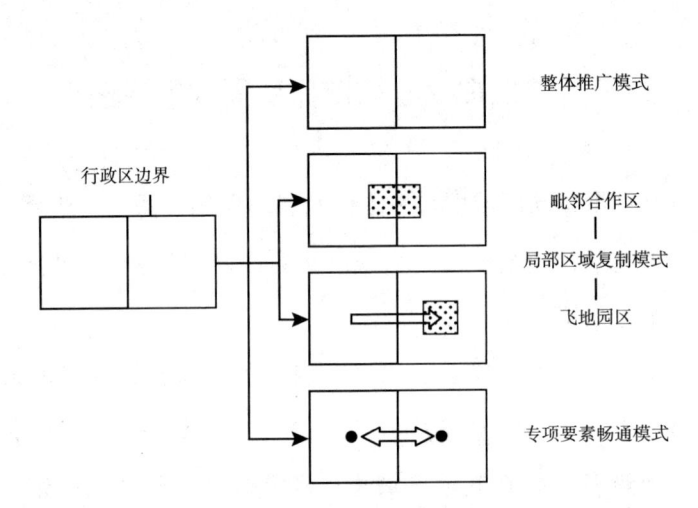

图 18-2　以平台载体为抓手畅通产业要素流动的模式示意

资料来源：刘长辉、周君、王雪娇：《经济区与行政区适度分离视角下跨区域要素流动与产业协作治理路径研究——以成渝地区阆中市、苍溪县、南部县三县（市）为例》，《规划师》2022年第6期，第51~56页。

二是以"链主"企业为连接点。"链主"企业具有生态整合力，通过在核心城市培育重点产业链的"链主"企业，并引导"链主"企业跨区域组织产业链供应链，推动城市群各类企业进入"链主"企业供应配套体系，能够带动提升区域产业集群的竞争力和产业链的根植性。例如，深圳聚焦发挥"链主"企业华为在数字经济领域的辐射带动效应，印发《深圳市推动开源鸿蒙欧拉产业创新发展行动计划（2023—2025年）》[1]，提出围绕建设鸿蒙欧拉产业生态，集聚产业主体超千家的发展目标。再如，

---

[1] 鸿蒙系统是由华为公司开发的全场景、全平台分布式操作系统，旨在实现各种设备之间的无缝连接和协同工作；欧拉系统（EulerOS）是由华为自主研发，面向数字基础设施的开源操作系统。

广州的广汽集团是新能源汽车产业链、智能网联汽车产业链的"链主"企业，当前，围绕广汽埃安的发展，已在广东省范围内引聚并带动了126家一级供应商及几百家上游供应链企业发展，为粤港澳大湾区打造世界级的"汽车硅谷"提供了更强有力的支撑[1]。

三是以中介机构为连接点。特定产业领域的行业协会、产业联盟等中介机构，能够为相关企业提供科技创新、项目撮合、资源嫁接、政策咨询、展会组织等专业服务，进而实现资源的有效整合。依托核心城市共建共享中介机构，能够形成城市群的产业集群综合服务体和网络化协作组织。例如，粤港澳大湾区的核心城市广州，在引领佛山、惠州等腹地城市发展过程中，就以广州超高清视频产业促进会为依托，协同共建广佛惠超高清视频和智能家电产业集群。广州超高清视频产业促进会在广州设置了总部，在佛山、惠州分别设立分支促进机构，由总部对分支机构进行直接管理，分支机构负责管理所在地企业资源、筹划对接活动等工作，形成了"1+2"总分协同的集群促进组织架构，有力提升了集群培育和建设工作的统筹力度。

---

[1]《广东首批！28家"链主"企业如何带动"大产业"？》，https://baijiahao.baidu.com/s?id=1775787483620375173&wfr=spider&for=pc。

第十九章　居民消费新热点牵引城市产业迭代升级

第一节　消费逐渐成为城市经济增长的"第一驱动力"

从"三驾马车"对经济增长的拉动情况看，随着国民经济发展水平的不断提高，发达经济体的消费贡献率[1]呈现先降后升的慢 U 形走势，最终达到 80% 以上。在全球经贸摩擦频繁的当前，我国经济增长也正加快由依靠投资、出口拉动向依靠消费、投资、出口协调拉动转变，2021 年全国消费贡献率为 65.4%，拉动 GDP 增长 5.3 个百分点，是经济增长第一拉动力。2022 年 4 月，中央政治局会议明确要求"要发挥消费对经济循环的牵引带动作用"，2023 年中央经济工作会也强调"必须坚持深化供给侧结构性改革和着力扩大有效消费协同发力，发挥超大规模市场和强大生产能力的优势，使国内大循环建立在内需主动力的基础上，提升国际循环质量和水平"，并提出要激发有潜能的消费，培育壮大新型消费，这充分凸显了扩内需促消费对于牵引生产布局、增强经济发展内生动力的重要性。

同时，我们还应认识到，近年来我国消费增速出现下行，居民消费倾向明显下滑（见图 19-1）、偏离正常轨道，居民存款却呈现快速增长的趋势（增幅快于居民人均可支配收入）（见图 19-2）。我国典型的消费中心

---

[1]　消费贡献率：最终消费支出在 GDP 中的占比。

第十九章　居民消费新热点牵引城市产业迭代升级

城市，如成都、重庆等消费倾向与全国一致，也正处于降中趋稳的U形底部阶段。当前及未来一段时间，提振居民消费、释放居民消费潜力，除了要稳定就业、增加收入，更加要重点关注技术驱动、理念变革及模式创新下消费呈现的新趋势、涌现的新热点，以需求端牵引供给端提质，不断提高产业供给对消费结构升级的适配度。

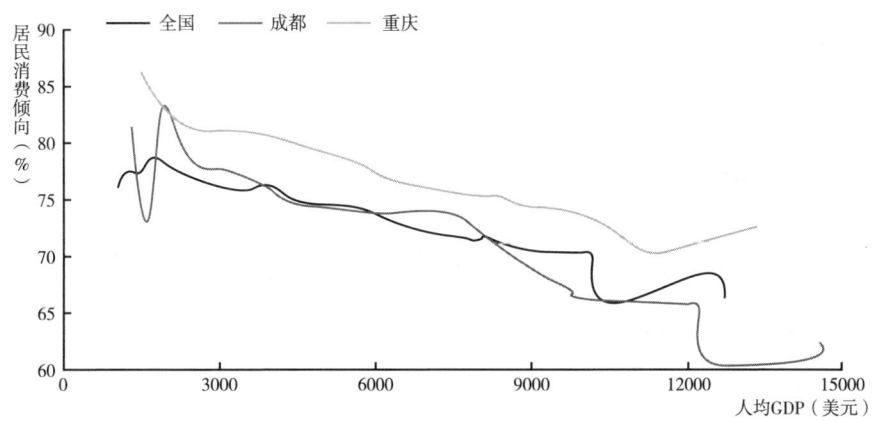

图19-1　2001~2022年全国、成都、重庆居民消费倾向变化趋势

资料来源：根据《中国统计年鉴》、《成都统计年鉴》、《重庆统计年鉴》以及国家统计局网站发布数据计算。

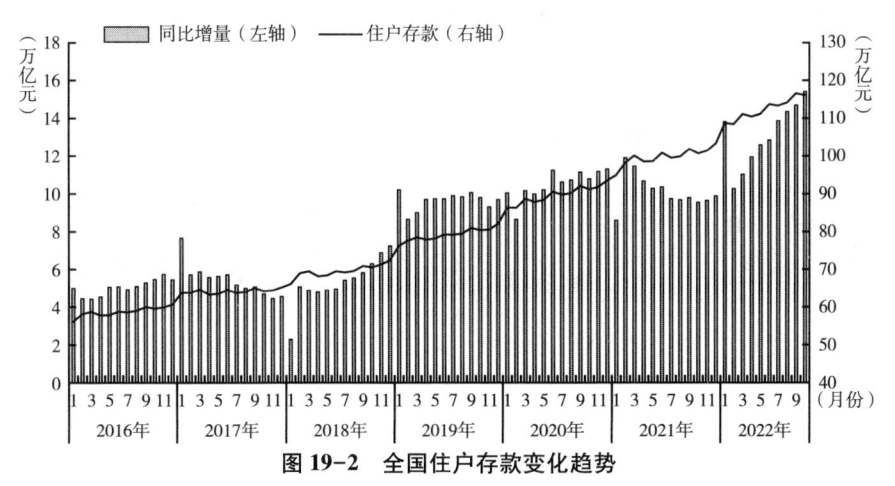

图19-2　全国住户存款变化趋势

注：此处为存款类金融机构住户存款数据，反映了境内人民币存款的总和。
资料来源：中国人民银行，http://www.pbc.gov.cn。

第二节　居民消费呈现新趋势、新热点，催生产业新风口

基于专业咨询机构对消费趋势的研判，上海、重庆、深圳等国家培育建设的国际消费中心城市和部分先发城市的产业布局重点，以及各大电商平台的销量榜单，对市场端、供给端和需求端三个维度进行分析发现，当前居民消费正朝着"健康养生、绿色智能、便捷集成、互动体验、国风国潮、精致悦己"六大趋势（见图19-3）转型和升级，进而带动了以功能性食品、新能源汽车、户外装备等为代表的14个细分赛道的快速发展。

市场端 基于专业咨询机构对消费趋势的研判			供给端 基于国际消费中心城市的产业布局重点			需求端 基于各大电商平台的销量榜单		
欧睿国际《2022全球十大消费者趋势》	百度、京东《618消费趋势洞察报告》	阿里研究院《2022未来消费趋势洞察报告》	上海	深圳	重庆	天猫2021双11热销单品TOP10	拼多多2021商品销量增速TOP10	抖音&快手直播电商2021商品销量TOP10
国潮消费方兴未艾	国货品牌崛起	国潮消费	电子信息	网络与通信	新一代信息技术	滑雪板	自热米饭	服饰内衣
追求环保	绿色低碳	环保消费	生命健康	半导体与集成电路	新能源及智能网联汽车	户外电源	营养代餐	食品饮料
年长消费者涉足数字领域	健康饮食	体验经济	新能源、智能网联	超高清视频显示	高端装备	宠物玩具	健康冲饮	智能家居
金融爱好者群体崛起	预防式健康驶入快车道	健康消费	高端装备	智能终端	智能制造和绿色制造	考古盲盒与手办	坚果零食	美妆护肤
生活方式迎来巨变	运动健身	盲盒经济	新材料	智能传感器	生物技术	氛围灯	潮流玩具	母婴宠物
元宇宙运动兴起	特色产业遍地开花	宠物经济	时尚高端的现代消费品	数字创意	新材料	"早C晚A"	智能小家电	生鲜
二手消费大爆发	更好生活	懒人经济	人工智能	现代时尚	健康服务	文房四宝	国潮美妆	鞋靴箱包
都市化的田园生活	偷懒式下厨	一人食	未来先导产业	智能机器人	商贸服务	预制菜	防晒用品	钟表配饰
追求自爱	户外露营	粉丝经济/潮流经济	新能源/智能网联汽车	新能源生产性服务业	现代物流	洗地机	露营装备	珠宝文玩
新常态的多样回归	"他/她经济"	硬核变美	生活性服务业	生物医药/大健康	现代金融	儿童安全座椅	汉服	运动户外

▶ 趋势一：健康养生（功能性食品、家用医疗器械）　　▶ 趋势四：互动体验（高端酒饮、沉浸式文娱、户外装备）
▶ 趋势二：绿色智能（新能源汽车、绿色智能家电）　　▶ 趋势五：国风国潮（汉服、文创产品、中式食品）
▶ 趋势三：便捷集成（预制菜、全屋家居定制）　　　　▶ 趋势六：精致悦己（医疗美容、宠物消费）

图19-3　基于市场端、供给端、需求端三个维度的消费趋势及热点

资料来源：市场端根据各机构发布报告整理，供给端根据各城市"十四五"规划整理，需求端根据各平台公布数据整理。

更加关注健康养生，功能性食品、家用医疗器械深受欢迎。三年疫情在深刻改变国人健康观的同时，也带动了健康养生类产品消费的快速增

第十九章　居民消费新热点牵引城市产业迭代升级

长。从市场规模来看，功能性食品和家用医疗器械 2019~2021 三年分别年均增长 21.9%、14.5%[1]。从用户需求来看，2021 年，中国居民人均医疗保健支出同比增长 14.8%[2]，京东健康新增用户数同比增长 110%，预防式健康相关需求搜索同比增长 35%[3]。从终端销售来看，2022 年"618"期间，保健功能饮料、益生菌、居家体外检测、心电监测仪等产品成交额同比分别增长 12 倍、3 倍、15 倍、8.6 倍[4]。

更加重视绿色智能，新能源汽车、绿色智能家电成为新风尚。从市场规模来看，2021 年新能源汽车、绿色智能家电市场规模分别突破 6000 亿元、5500 亿元，同比分别增长 76.5%[5]、13.5%[6]，其中新能源汽车市场渗透率由 2019 年上半年的 5% 提升至 2022 年上半年的 21.6%[7]。从搜索热度来看，2022 年以来"绿色消费""新能源汽车"百度搜索量同比分别增长 22%、41%[8]。从终端销售来看，新能源乘用车 2021 年的销售量同比增长 155.4%[9]，以游戏电视、智能洗地机等为代表的绿色智能家电成交额在 2022 年"618"期间同比分别增长 275%、650%[10]。

更加享受便捷集成，预制菜、全屋家居定制成为消费热点。从市场规模来看，2021 年预制菜、全屋家居定制市场规模分别约为 3460 亿元、4270 亿

---

[1] 根据艾媒咨询（新经济产业第三方数据挖掘和分析机构）发布数据整理计算。
[2] 国家统计局。
[3] 百度、京东：《百度×京东 618 消费趋势洞察报告》，2022 年 6 月。
[4] 京东健康 2022 年 618 销售数据。
[5] 艾媒咨询：《2022—2023 年全球及中国新能源汽车行业消费趋势监测与案例研究报告》，2023 年 2 月。
[6] 中信证券研究部发布数据。
[7] 《上半年新能源汽车产销规模创新高市场渗透率为 21.6%》，新浪财经，2022 年 7 月 20 日。
[8] 资料来源：百度指数，截至 2022 年 8 月 30 日。
[9] 资料来源于"乘用车销量查询"微信公众号，基于新车交强险购买数进行统计。
[10] 百度、京东：《百度×京东 618 消费趋势洞察报告》，2022 年 6 月。

元，同比分别增长 19.8%[1]、12%[2]。从市场主体来看，2022 年上半年新增注册预制菜相关企业同比增长 42.7%[3]。从搜索热度来看，2022 年以来"预制菜""定制橱柜"百度搜索量同比分别增长 873%、72%[4]。从终端销售来看，2022 年"618"期间京东平台上预制菜成交额同比增长 203%，定制厨房、定制卫浴等个性化定制服务成交额同比增长超 6 倍。

更加在意互动体验，高端酒饮、沉浸式文娱、户外装备需求大增。从市场规模来看，2021 年高端白酒、精酿啤酒、户外用品、剧本杀行业市场规模同比分别增长 18.1%、22.8%、8.1%、45%[5]。从搜索热度来看，2022 年以来"滑雪""露营""5D 电影"百度搜索量同比分别上涨 59%、122%、36%[6]。从终端销售来看，2022 年"618"期间，中高端白酒、帐篷、野餐垫/防潮垫等产品成交额同比分别增长 5 倍、2.7 倍、1.6 倍[7]。

更加热爱国风国潮，汉服、文创产品、中式食品热度不减。从市场规模来看，2021 年汉服、中式新茶饮、中式糕点、文创产品市场规模同比分别增长 59.7%、51.9%、12%、15.6%[8]。从搜索热度来看，国潮关注度在过去十年间上涨 528%，2021 年国货品牌关注度达到洋货品牌的 3 倍[9]。从终端销售来看，2021 年，中式糕点线上交易额、汉服市场销售额同比分别增长 116%[10]、40.7%[11]，考古盲盒与手办上榜天猫"双 11"十大趋势单品。

---

[1] 艾媒咨询：《2022—2023 年中国预制菜产业发展趋势及商业布局分析报告》，2022 年 6 月。
[2] 根据中商情报网发布数据整理计算。
[3] 资料来源于天眼查。
[4] 资料来源：百度指数，截至 2022 年 8 月 30 日。
[5] 根据前瞻产业研究院、华经产业研究院、智研咨询、艾媒咨询等机构发布数据整理计算。
[6] 资料来源：百度指数，截至 2022 年 8 月 30 日。
[7] 映潮科技：《全国 2022 年"6.18"消费&电商数据简报》。
[8] 根据艾媒咨询、美团、智研瞻产业研究院等机构发布数据整理计算。
[9] 百度、人民网研究院：《百度 2021 国潮骄傲搜索大数据》，2021 年 5 月。
[10] 美团：《2022 年烘焙品类发展报告》，2023 年 1 月。
[11] 资料来源于艾媒咨询，此处为 2020 年数据。

第十九章　居民消费新热点牵引城市产业迭代升级

更加追求精致悦己，医疗美容、宠物消费等深受欢迎。从市场规模来看，2021年医疗美容、宠物消费市场规模同比分别增长15.1%、20.6%[1]。从用户需求来看，2021年医美用户、宠物猫主人同比分别增长19.3%、19.4%，其中男性医美（65%）、"90后"养宠（21.5%）增长较快[2]。从终端销售来看，2022年"618"期间，美妆产品销量、冻干猫粮成交额、宠物智能用品[3]成交额同比分别增长122%[4]、126%、392%[5]。六大消费趋势、14个消费热点以及热销产品汇总如表19-1所示。

表19-1　六大消费趋势、14个消费热点以及热销产品汇总

消费趋势	消费热点	产品/品类/品牌
健康养生	功能性食品	身体健康（解酒护肝、护眼、预防"三高"）、精神健康（助眠、抗疲劳、缓解焦虑）、外在美（运动营养、体重管理、美容养颜）等
	家用医疗器械	居家体外检测、心电监测仪、血糖仪、血压计、呼吸机、洗鼻器等
绿色智能	新能源汽车	比亚迪、特斯拉、五菱、造车新势力（小鹏、蔚来、理想等）
	绿色智能家电	智能冰箱、洗衣机、空调、超高清电视、智能厨卫、智能安防、智能穿戴、智能小家电等
便捷集成	预制菜	即热食品、即烹食品、即配食品等
	全屋家居定制	索菲亚、欧派、尚品宅配等
互动体验	高端酒饮	高端白酒、精酿啤酒、洋酒等
	沉浸式文娱	剧本杀、密室、AR/VR、主题乐园等
	户外装备	运动类（滑雪、骑行、飞盘等）、休闲类（露营、垂钓等）
国风国潮	汉服	—
	文创产品	盲盒与手办（传统文化IP、潮流玩具IP、赛事吉祥物IP、动漫游戏IP）等
	中式食品	中式新茶饮（蜜雪冰城、茶百道、沪上阿姨等）、中式糕点（稻香村、澳门礼记、杏花楼等）
精致悦己	医疗美容	医美塑形、美妆个护等
	宠物消费	宠物食品、宠物医疗、宠物用品等

---

[1] 国内领先专业医美平台更美App：《更美2021医美行业白皮书》；中国畜牧业协会宠物产业分会、派读宠物行业大数据平台：《2021年中国宠物行业白皮书》（消费报告）。
[2] 根据艾媒咨询、新氧数据颜究院、华经产业研究院、派读宠物行业大数据发布数据整理计算。
[3] 宠物智能用品包括智能宠物玩具、智能饮水机、智能喂食器等。
[4] 资料来源于拼多多。
[5] 资料来源于京东宠物发布的618战报数据。

第三节　现代城市发挥消费牵引作用的路径探析

这些消费新趋势、新热点，为城市带来了产业发展的"新风口"。面向未来，城市应当结合自身产业基础与资源禀赋，更加注重从产业吸引力和产业匹配性两个维度，择定效益好、前景优、匹配度高的产业领域，并根据不同产业领域发展应聚焦的核心环节，以终端产品供给为导向补齐产业链薄弱环节，以"服务+产品"集成为导向推动产业链向上下游延伸，以消费场景创新为导向挖掘产业链新增长点，以品牌建设运营为导向提高产业链竞争力，实现扩内需促消费与推动产业升级、壮大市场主体的协同共进，增强城市经济发展内生动力。

一　以终端产品供给为导向，引领产业成链集群发展

终端产品生产强调技术的集成性、产业链的集聚性和产品链的关联性，对于产业链供应链各环节分布变化具有主导作用。现代城市应当针对在原材料和关键零部件等特定环节具有优势，但缺少直接投放用户市场、供消费者购买使用的"大终端""新终端"生产能力的消费领域，补齐薄弱环节，引领推动产业成链集群发展。一方面，围绕解决"有点无链"（即有特点和亮点，但全产业链的引领或支撑不足）的主要问题，依托拥有技术迭代主导权、行业标准定义权、价值格局分配权的终端产品"链主"企业，吸引一批上中游企业快速集聚，带动产业链起势成形。另一方面，围绕解决"有而不新"（即有关联产品链，但在满足消费新趋势的热点产品领域缺乏布局）的主要问题，推动相关企业瞄准消费新热点实现业务领域横向拓展。例如，上海面向居民智能家居、智能穿戴等"新终端"产品的消费需求，提出加快打造市场接受度高、市场空间大、市场竞争力

强的智能终端产品[1],带动智能家电、智能安防、智能手表、运动相机、智能服饰等产业新赛道的发展,为城市产业高端转型积蓄新动能。

二 以"服务+产品"集成为导向,推动产品经济与服务经济融合发展

城市居民对产品的关注点逐步由单纯的功能性转向能够同时满足多种需求的整体解决方案,产品与服务的集成组合已成为产业链条的价值增值关键环节。现代城市应当针对个性化、多元化需求特征显著的消费领域,瞄准解决"集而不群"(即在制造端或服务端集聚了一定数量的企业,但缺少串联前后端的"平台",尚未形成产品与服务一体化供给的集群)的现实问题,重点引导"链主"企业围绕产业"价值链"进行纵向延伸,整合产品研发、柔性化制造、购置方案咨询、交付安装、增值服务等环节,并联动多领域"产品链"进行横向集成,满足多品类融合的一站式消费需求,打造可提供系统化、集成化、定制化解决方案的"平台"。例如,面向居民全屋家居定制的集成化需求,广东粤派家居企业全屋设计、定制等一站式解决方案供给能力加速提升,定制家居领域拥有6家上市企业[2],其中,欧派、索菲亚、尚品宅配2021年全屋定制市场占有率分别达4.9%、2.5%、1.8%。

三 以消费场景创新为导向,促进终端消费与前端生产联动升级

丰富多元的消费场景是吸聚消费人气、增强价值认同、延展消费空间、激发消费意愿的关键。现代城市应当聚焦健康体育、娱乐休闲、文化品鉴等可塑性强、可感度高的领域,创新营造消费场景,并围绕场景创新引致的产品需求,形成产业发展新增长点。一方面,聚焦"有场景缺供

---

[1]《上海市促进智能终端产业高质量发展行动方案(2022—2025年)》,2022年7月。
[2] 资料来源于万得(Wind)数据库,定制家居领域含定制家具和成品家具。

给"（即具有丰富消费场景，但相关消费品产能不足）的问题，顺应消费关联度大幅超越现有尺度的趋势，推动相关产业链向研发设计、生产制造等环节延伸，促进终端消费与前端研发生产互动升级，实现消费与生产良性循环。另一方面，聚焦"有需求缺场景"的问题，顺应主力群体消费日趋年轻化、消费观念"由物向心"的发展趋势，强化内容驱动和技术赋能，植入健康养生、绿色智能等元素，融合打造沉浸式、体验式、互动式消费新场景。例如，成都瞄准满足居民娱乐休闲的需求，在剧本杀、主题密室、沉浸式乐园等娱乐新业态领域，已催生环球魔力、叁千世界、灰烬工作室等沉浸式行业的领军企业，仅剧本杀实体店就超过1000家（全国第一），拥有"成都基因"的剧本杀体验馆覆盖全国170余个城市[1]，打造了成都偷心（超大规模浸没式戏剧）、东郊记忆环球魔力（沉浸式剧场）等具有全国知名度的体验场景。

四 以品牌建设运营为导向，增强产业链整体话语权和竞争力

品牌是高质量发展的重要象征，加强品牌建设是满足人民美好生活需要的重要途径，对于供需结构升级具有显著的推动引领作用。现代城市应当针对覆盖全链条或占据产业链核心环节的优势领域，以及重文化属性和内容生产的特色领域，瞄准解决"有而不优"（即有特色IP或有产品生产能力，但市场占有率不高、品牌影响力不大、产业竞争力不强）的现实问题，以消费为牵引促进品牌培育、品牌推介、品牌增值，进一步提升产品市场占有率，增强产业链整体话语权和竞争力。一方面，倡导质量先行，加强标准制定、检验检测，不断强化产品和服务品质保障。另一方面，重视品牌战略，将对新事物接纳能力强的年轻消费群体作为开拓新兴市场的突破点，同时加强与跨领域龙头企业的协同合作，营造

---

[1] 美团网：《2021实体剧本杀消费洞察报告》，2021年。

全方位服务消费者的品牌生态体系。例如，广州提出实施"品牌树标、品牌培育、品牌保护、品牌推广"四大行动，在医疗、购物、文化等消费领域打造行业引领品牌、消费知名品牌、新晋科技品牌、网络人气品牌、老字号新活力及驰名商标品牌，全力提升产品占有率和影响力，支撑质量强市建设。

第二十章 "双碳"引领城市产业绿色低碳转型

第一节 全球气候变化引发城市产业发展新思考

当前,生态文明发展模式取代工业文明发展模式已经迫在眉睫。相关研究资料显示,工业革命以来,全球持续170余年的大规模工业生产,加速了自然资源消耗和环境破坏,尤其是生产过程中化石燃料的大量使用,促使大气中二氧化碳浓度上涨47%,相当于自然环境下2万年的浓度增长,这直接导致全球平均气温上升超过1℃,诱发了一系列极端天气、自然灾害,造成了全球生态系统的破坏。2022年,全球能源燃烧和工业过程所产生的二氧化碳排放总量达到368亿吨,为历史最高的水平[1]。而其中,城市作为人口聚集和生产活动的主要空间,是资源消耗和环境负荷比较集中的地区,在我国,城市就集中了4/5的GDP、3/4的资源消耗,产生了2/3的碳排放[2]。

为应对全球气候变化的重大挑战,2015年《巴黎协定》[3]设定了

---

[1] 国际能源署:《2022年二氧化碳排放报告》,2023年3月2日。
[2] 国家能源局:《城市能源互联网应运而生》,https://www.nea.gov.cn/2017-09/04/c_136581993.htm。
[3] 《巴黎协定》(The Paris Agreement):由全世界178个缔约方共同签署的气候变化协定,对2020年后全球应对气候变化的行动作出的统一安排。于2015年12月12日在第21届联合国气候变化大会(巴黎气候大会)上通过,于2016年4月22日在美国纽约联合国大厦签署,于2016年11月4日起正式实施。

21世纪后半叶全球实现二氧化碳净零排放的宏大目标，我国在2020年第75届联合国大会上亦做出力争2030年前实现碳达峰、努力争取2060年前实现碳中和（简称"双碳"）的重大宣示，携手擘画零碳图景已成为全球的明确共识。截至2021年底，全球已有130余个国家、116个地区、234个城市以及683家企业提出了碳中和愿景（覆盖全球经济的90%、人口的85%、碳排放的88%)[1]，并明确了在碳减排领域的目标及路线图。例如，哥本哈根提出在2025年成为世界第一个碳中和首都的目标，城市碳排放总量将从2011年的190万吨降低至120万吨[2]；波特兰提出2030年碳排放量较1990年降低40%、2050年碳排放量较1990年减少80%的综合目标[3]。

世界进入了"双碳"时代，无论是前端投入生产的能源，还是末端容纳温室气体排放的环境容量，都将成为城市产业发展的关键，以更加突出的地位带来全球产业链、供应链和价值链重塑。现代城市塑造新的产业竞争优势，意味着要调整优化产业结构和能源结构，形成绿色低碳的产业发展格局和生产生活方式，进而推动经济社会发展全面绿色转型。可以预见，以绿色低碳、可持续为方向推动城市产业全领域、全周期变革，将是未来城市与产业发展应重点破解的命题和跟上全球绿色发展浪潮应努力实现的目标。

第二节 "双碳"目标对城市产业发展带来的影响

在实现"双碳"目标过程中锻造新的产业竞争优势，其路径往往有两

---

[1] 《贺克斌：新一轮产业竞争开启，"双碳行动"或影响我国未来40年》，https://www.tsinghua.edu.cn/info/1662/97099.htm。
[2] 丹麦哥本哈根市：《哥本哈根2025年气候规划》，2009年。
[3] 美国波特兰市：《波特兰气候行动计划》（Portland's Climate Action Plan），2009年。

种。一种是推动存量产业绿色低碳转型，强化"投入—生产—流通—消费"全过程的绿色低碳发展。换言之，既要在供给端突出绿色低碳技术的赋能作用，推动全产业领域的生产绿色化、清洁化，也要在需求端以绿色需求引导供需动态平衡。例如，北京围绕"碳达峰碳中和"建立创新型绿色技术目录清单机制，试点建设和开放了一批创新型绿色技术应用场景。深圳则强调从需求端着力，出台《深圳市"绿色和智能消费"家电、智能产品购置补贴申领工作指引》，鼓励绿色消费，支持消费者购买二级及以上能效等级的电视机、空调、冰箱、洗衣机等节能家电和智能产品。

另一种是抢抓实现"双碳"目标带来的产业增量机遇，打造具有竞争力、显示度的"碳中和"产业集群。而所谓"碳中和"产业，涉及能源利用效率提升、能源结构低碳化和"碳汇"规模化等相关产业。根据我国科技部"碳中和"分类技术路线图，"碳中和"技术链包括碳减排、碳零排、碳负排三大领域，同时，考虑支持"碳中和"技术实现产业化应用的重要领域，由此衍生的产业主要包括新能源产业、储能产业、节能产业、资源综合利用产业、固碳产业、"碳中和+"产业以及"碳中和"延伸服务业等领域。而欧盟在2019年发布的《加强面向未来欧盟产业战略价值链报告》中，就明确提出要布局清洁的自动驾驶汽车、氢技术及其系统等"碳中和"相关产业。

第三节 健全低碳发展正向激励机制是关键

由于生态环境本身具有公共产品的属性，无论是城市中的居民还是企业，都将受到其利益趋向的自身局限，因此难以自发在城市产业绿色低碳转型中发挥主导作用。而破解这一问题的关键，则在于构建起调动全社会主动性、积极性、创造性的激励机制。当前，世界各地为推进绿色低碳发展而普遍采用的激励机制大致可以分为三类：一是引导低碳技术创新与应用，二是通过市场机制推行碳排放权交易，三是通过"碳普惠"机制带动全社会践行绿色低碳行为。现代城市要想在实现碳排放总量削减的同时，获得新的产业竞争优势，就应深入关键领域在"做精做细"上做文章，根据主要行为对象的活动特征，找准构建低碳发展正向激励机制的突破点，建立推动城市绿色低碳发展的制度框架。

第一，促进绿色低碳技术研发与金融资本紧密融合。绿色低碳技术是实现城市绿色低碳转型的核心驱动力，而从"资源依赖"走向"技术牵引"，是城市实现"双碳"目标的必由之路。为加快绿色低碳先进适用技术示范应用，我国制定了《绿色低碳先进技术示范工程实施方案》，并发布《国家绿色低碳先进技术成果目录》。整体来看，现代城市绿色低碳技术仍存在着企业研发创新和应用的动力不足、相关科技成果转化效率不高的问题，解决这一难题可以借鉴推广"绿色技术银行"的经验，例如，上海构建起低碳技术领域专业化、市场化和国际化的"科技+金融"成果转化机制，着力破解低碳技术成果转移转化瓶颈，推动形成"双碳"框架下的"科技—产业—金融"良性循环。

第二，鼓励开发面向小微企业和个人的绿色低碳金融产品。绿色低碳项目的前期投入高、投资回收期长，因此，具有针对性和多元化的金融服务支持是必不可少的。近年来，诸多城市支持金融机构开展绿色金融服务，如成都依托"绿蓉融""绿蓉通"绿色金融服务平台，发行了国内首批"碳中和债"，但普遍尚未形成覆盖小微企业绿色低碳项目投融资需求和个人低碳消费需求的金融产品体系。未来，现代城市可以加快探索面向小微企业和个人绿色金融服务的创新举措，例如，江苏苏宁银行投放"绿色采购贷"，为海尔产业链数万小微商家提供绿色普惠信贷服务；德意志银行推出挂钩"德银气候保护基金"和"德银DWS环境气候变化基金"的理财产品；荷兰合作银行发行与气候变化相关的信用卡，并购买可再生能源项目的减排量用以抵偿信用卡各项消费的碳排放。

第三，推动非碳交易纳入企业加强生产过程低碳化。纳入碳交易的重点企业是碳排放管理关注的重点，而未纳入碳交易的其他企业，因其数量众多，在推动整体碳减排方面更不容忽视。目前，我国碳交易市场尚处于起步阶段，各城市纳入全国碳交易市场的温室气体重点排放单位仍较少，如北京2023年度共有14家发电行业重点排放单位、8家其他行业报告单位[1]，上海2023年度共有30家发电行业重点排放单位[2]，推动高能耗、高温室气体排放企业碳交易实现城市生产领域碳减量固然重要，而数量众多的非碳交易纳入企业生产过程降碳减排也不容忽视。未来，可以借鉴推广浙江省乐清市的"碳均论英雄"激励机制，通过发放"低碳码"和实施规模以上工业企业"碳效"监测全覆盖，针对每一家企业绘制"碳画像五色图"，并根据评定级别辅以阶梯式的政策补贴和优惠利率专项贷款，实现了企业对生产过程的节能诊断和精准降碳。

第四，以低碳产品生产推动消费结构升级。服务"双循环"新发展格局，对城市激发内需市场低碳消费活力和打破国际贸易"绿色壁垒"提出更高要求，因此更加需要构建行业全领域覆盖、产品全生命周期追踪、核算标准统一的产品"碳标签"制度，搭建起低碳生产和低碳消费的桥梁。未来，城市可以学习英国、日本的经验，深化形成碳足迹标识、碳消减标识、碳等级标识等"碳标签"分级制度，为企业开展碳足迹评估和低碳认证提供支撑，并依托自由贸易试验区等功能性开放平台，探索形成了若干针对出口产品的低碳认证政策措施，通过减轻企业的生产和认证成本以及消费者购买贴标产品的溢价成本，引导市场消费结构绿色低碳升级。

第五，强化新能源汽车用车支持。国际能源署（IEA）统计数据显示，

---

[1] 北京市生态环境局官网，https://sthjj.beijing.gov.cn/bjhrb/index/xxgk69/zfxxgk43/fdzdgknr2/zcfb/hbjfw/2022/326053138/index.html。

[2] 上海市生态环境局官网，https://www.shanghai.gov.cn/cmsres/62/62c8f27ad08e463793c5c8e483e65c29/2f1ee6251bc23a0f35118b54170177cb.pdf。

相较于工业、建筑等领域，交通领域已成为各国实现碳中和远景目标的重点和难点，我国交通领域碳排放量占全国终端碳排放的15%[1]，对于北京（27%）[2]、成都（约40%）[3]等城市，交通领域是最主要的碳排放来源。鉴于当前城市机动车保有量持续增长、交通能源消耗仍有90%以上依靠汽柴油等化石能源的现实情况，促进新能源汽车推广与应用已经成为现代城市交通领域碳减排的关键。近年来，各城市在新车购置补贴、充电基础设施建设等方面持续发力，新能源汽车保有量不断上升（2022年我国机动车保有量前十城市新能源汽车保有量对比见图20-1）。未来，城市可借鉴深圳实施电动物流车运营补贴、上海合理解决居住社区建桩难题等先进经验，从补贴新能源汽车购买转向强化新能源汽车用车支持，促进专用车、物流车、私家车等领域的新能源汽车推广。

第六，以"数字+"赋能碳普惠制建设。精准记录公众低碳行为数据，并通过特定的方法学赋予低碳行为资产属性，是调动社会参与"双碳"工作积极性的重要基础。但由于个人碳排放涉及领域宽、排放主体多、单位排放量低，如何准确获取个人分散、异质化的低碳行为数据并转化为相应的减排激励举措，对于拥有众多人口的现代城市而言，仍有诸多难题亟待突破。目前，我国部分城市已经开展了先行探索，例如，深圳依托"低碳星球"平台试点开通和运营个人碳账户，并采用FiT腾讯区块链、腾讯云TcaplusDB的NoSQL分布式数据库等数字技术，实现了公众公共出行碳减

---

[1] 《发展新能源汽车，助力"双碳"目标》，新华网，http://www.xinhuanet.com/science/2022-11/04/c_1310673299.htm。

[2] 《"降碳扩绿"激活首都经济发展新动能》，《北京城市副中心报》，https://ie.bjd.com.cn/5b165687a010550e5ddc06a/contentApp/5b16573ae4b02a9fe2d558f9/AP63c5656be4b043bcce2be6f4?isshare=1。

[3] 《实现碳达峰碳中和目标 推进城市绿色低碳发展，成都怎么做?》，成都发展改革，https://mp.weixin.qq.com/s?__biz=MzA5ODA1MTY2Ng==&mid=2652923878&idx=2&sn=acced55bf3c6d64ca92b7be322e886b3&chksm=8b43b4dbbc343dcd3c905f4c6628c67e899e9c4135563c16d7fdfa684ca3217104664b02df1f&scene=27。

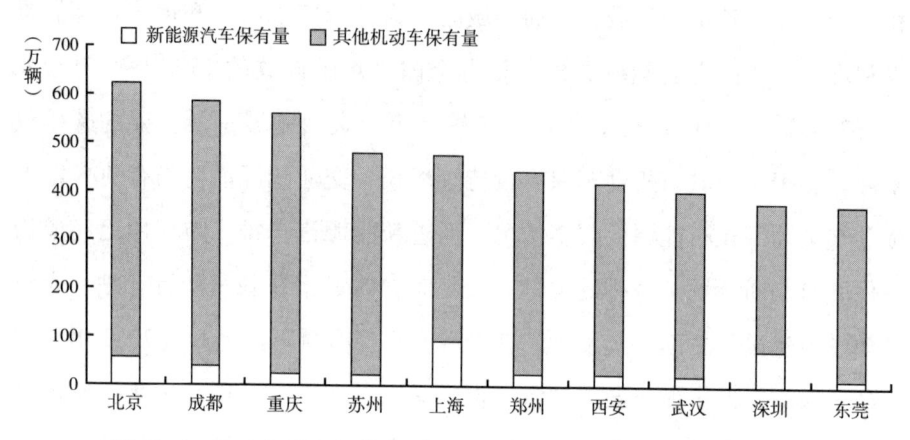

图 20-1 2022年我国机动车保有量前十城市新能源汽车保有量对比

资料来源：根据各城市交管、工信、发改、统计、住建等部门公开资料整理。

排量的高效采集、精准核算。成都以"碳惠天府"为平台，通过与"蓉e行"等数据管理系统对接、收集低碳消费场景线下标识打卡信息等方式获取公众低碳行为数据，并给予"积分"奖励，对引导个人低碳行为具有一定示范效应。未来，城市还可以在"数字+碳普惠"上持续发力，利用数字技术和互联网模式创新开展"碳普惠"底层数据采集、计量标准开发、减排量核证赋值等相关工作。

第七，丰富碳普惠平台激励模式。激励模式是碳普惠制发挥作用的核心因素，而吸引市场主体持续提供丰富多样的商业激励更是碳普惠制可持续运行的关键所在。例如，成都构建了"碳惠天府"机制，并配套上线"碳惠天府"绿色公益平台，与企业合作开发了一批低碳消费场景。深圳建立"碳普惠联盟"，通过联合腾讯公司、兴业银行、广电集团等企业，丰富碳积分获取场景以及在碳普惠平台上换取商业优惠、兑换公共服务的类型，提升了公众参与城市绿色低碳发展的积极性、获得感。未来，城市还可进一步拓展商场、酒店、景区、餐饮类低碳消费场景覆盖区域，扩充碳普惠平台绿色商品品类，以公众低碳行为流量刺激商家机构产品销量。

同时，将个人碳账户取得的"积分"与居民落户、住房保障、医疗优待、子女就学等优惠政策和金融授信额度挂钩，增强碳普惠平台引流能力。

第八，鼓励社会资本参与生态保护修复项目全过程。自然生态系统固碳作用对中和碳排放的贡献较大，是实现"双碳"目标的有效途径。鉴于生态保护修复项目多面临修复任务重、资金压力大的现实难题，平衡项目的资金支出和收益，并撬动社会资本参与成为实现项目建设运营可持续的关键。未来，城市可以进一步借鉴推广湖北、福建等鼓励社会资本参与国土空间生态保护修复的经验，例如，湖北以企业为主体推进试点项目国土综合整治，通过生态引资带来的产业收入反哺项目建设，实现项目收支平衡、要素投入回报自循环；福建吸引企业参与林业碳汇项目开发，并依托福建林业碳汇（FFCER）交易机制（截至2023年6月末，FFCER累计成交金额超过6000万元[1]），为相关企业带来碳汇收益。

---

[1] 《建设全省统一交易平台 打造碳市场"福建经验"》，https://jrb.fujian.gov.cn/xxzx/jrdt/202308/t20230803_6218948.htm。

参考文献

陈志洪：《九十年代上海产业结构变动实证研究》，复旦大学博士论文，2003。

关利欣：《顶级世界城市的消费中心功能比较及其对中国的启示》，《国际贸易》2022年第7期。

李霞、阎星等：《改革开放40年成都经济发展道路》，四川人民出版社，2018。

李晓斌：《产业升级与城市增长的双向驱动——基于中国数据的理论和实证研究》，《城市规划》2017年第5期。

廖为鲲、蔡国梁、涂文桃：《基于因子分析法的城市经济发展评价》，《统计与决策》2005年第24期。

马海倩、杨波：《上海迈向2040全球城市战略目标与功能框架研究》，《上海城市规划》2014年第6期。

庞瑜：《马克思金融资本理论及时代意义》，广西师范大学硕士论文，2023。

上海通志编纂委员会编《上海通志》，上海人民出版社、上海社会科学院出版社，2005。

陶武光、王荣轩：《成都五十年：1949-1999》，中国统计出版社，1999。

王积建：《基于VAR模型的传统产业转型升级影响因素的贡献率分析》，《科技通报》2022年第4期。

闫玉强：《人力资本对产业结构升级的影响研究》，上海师范大学硕士论文，2021。

杨再平：《重新思考政府：一个世界性的课题——评世界银行1997年世界发展报告〈变革世界中的政府〉》，《国际经济评论》1998年第1期。

赵煦：《英国早期城市化研究》，华东师范大学博士论文，2008。

中国信息通信研究院：《数据价值化与数据要素市场发展报告（2021年）》，2021年。

周振华：《伦敦、纽约、东京经济转型的经验及其借鉴》，《科学发展》2011年第10期。

周振华：《增强上海全球城市吸引力、创造力和竞争力研究》，《科学发展》2018年第7期。

朱道林：《土地要素配置与经济增长的辩证关系探讨》，《中国土地》2023年第5期。

庄友刚：《空间生产与资本逻辑》，《学习与探索》2010年第1期。

邹琪、樊丽：《数字经济发展与城市创业活跃度因果关系的识别》，《统计与决策》2022年第23期。

David Harvey, *The Urbanization of Capital: Studies in the History and Theory of Capitalist Urbanization*, Basil Backwell, 1985。

后　记

2008年我开始在成都市经济发展研究院从事研究工作以来，至今已是第15个年头了。在这15年里，我真切感受和近距离观察到，一大批国内城市在全球城市网络体系和产业分工体系中争先进位，在滚滚向前的时代浪潮中勇立潮头，它们是时代的见证者、开拓者，也是中国式现代化发展的受益者和"中流砥柱"，承载和创新了人类文明。

这种承载、创新到底是如何发生和演进的？我从在城市战略、城市功能、区域发展、产业经济、科技创新、市场主体等宏观、中观、微观层面开展的大量研究成果中再挖掘、再提炼，以图找到一些答案。在这抽丝剥茧的过程中，最直观的感受是城市与产业两者之间不仅仅是物理上的联结，更是共生共荣的有机体，产业与每一个承载它的城市的过去、现在和未来血脉相连。而在持续探寻城市产业如何进化的研究中，我越来越感受到城市与产业生态一体化、创新驱动发展成为时代趋势，因此，我迫不及待地想把这一观点和体会与大家分享，这是本书编著的目的。

在成书之际，首先要感谢成都市经济发展研究院李霞院长，正是李院长的指导支持和严格要求，让我沉下心来，从过去的研究工作中找到灵感，并不断延展城市产业的研究图谱，最终形成城市产业的研究视角，以及关于城市产业进化逻辑和影响因素的核心观点。其次要感谢我的研究团队，包括宋瑶、闫博文、何洋、杨会改、罗雨、胡安兵、刘丹等，本书从

后　记

收集整理资料、建立体例框架、开展数据案例分析到讨论组稿，你们做了大量的基础工作，没有你们的支持，本书是无法完成的。最后要感谢我的家人们，夜以继日地工作使我不得不放弃大量陪伴你们的机会，没有你们的理解，本书很难在较短的时间内成稿，也庆幸能在新的家庭小成员即将到来之际完成这一工作。再次致以最真诚的谢意！

本书讨论的命题宏大、内容庞杂，受制于本人能力和知识有限，加之成稿仓促，深感成稿中还有很多遗憾，也难免存在不当、不到、不详之处，请各位读者不吝赐教、批评指正。当然，城市产业的进化一刻不停，本书所提出的一些观点也只是阶段性的成果。未来城市产业会进化成什么样，我也非常期待，为了解决这些遗憾和深化相关研究，我将继续砥砺前行。

黄浩森

2024 年 3 月

图书在版编目(CIP)数据

城市产业进化论：规模·效率·生态 / 黄浩森著
.--北京：社会科学文献出版社，2024.5
 ISBN 978-7-5228-3621-8

Ⅰ.①城… Ⅱ.①黄… Ⅲ.①城市经济-产业发展-研究-中国 Ⅳ.①F299.21

中国国家版本馆 CIP 数据核字（2024）第 092187 号

城市产业进化论：规模·效率·生态

著　　者 / 黄浩森

出 版 人 / 冀祥德
责任编辑 / 吴云苓
责任印制 / 王京美

出　　版 / 社会科学文献出版社·皮书分社（010）59367127
　　　　　　地址：北京市北三环中路甲 29 号院华龙大厦　邮编：100029
　　　　　　网址：www.ssap.com.cn
发　　行 / 社会科学文献出版社（010）59367028
印　　装 / 三河市龙林印务有限公司

规　　格 / 开 本：787mm×1092mm　1/16
　　　　　　印 张：21.75　字 数：292 千字
版　　次 / 2024 年 5 月第 1 版　2024 年 5 月第 1 次印刷
书　　号 / ISBN 978-7-5228-3621-8
定　　价 / 128.00 元

读者服务电话：4008918866

版权所有 翻印必究